KB236687

THEY'RE NOT GASLIGHTING YOU

그건
THEY'RE

가스라이팅이
NOT GASLIGHTING

아니다
YOU

우리는 왜
사랑하는 사람을
가해자로 낙인찍게 되었나

이저벨 몰리 지음
문가람 옮김

글항아리

루커스에게
병뚜껑 제대로 안 닫는 거, 미안해.
그래도 늘 사랑해.

완벽하지 않은 우리 모두에게
아무리 좋은 관계도 때론 힘이 들죠.
그래도 우리는 이미 충분히 잘하고 있어요.

상처를 안고 살아가는 모든 분께
이 용어들은 당신들의 것이어야 해요.
천천히, 하루하루 나아지고 있길.

2021년, 내 상담실에서 흥미로운 현상을 발견했다. 내담자들과 친구들이 약속이라도 한 듯 전 연인을 '사이코패스'라고 진단하고 있었다. 이 일관된 패턴에 문제의식을 느낀 나는 블로그에 "당신의 전 연인이 정말 사이코패스일까?"라는 글을 올렸다. 내 대답은 명확했다. "아마 아닐 것이다." 사람들이 놓치고 있는 건 단순했다. 이별 후 상대방도 나만큼이나 고통받고 있다는 사실이었다. 하지만 우리는 자신의 상처에 압도되어 상대방을 병리적 존재로 규정해버린다. 그래야 이별의 아픔을 견딜 수 있으니까. 이 글은 예상보다 큰 반응을 얻어 내 블로그 조회수 2위를 기록했다(흥미롭게도 1위는 드라마 「석세션」의 시브와 톰 커플을 분석한 글인데, 이들의 복잡한 관계는 그 자체로 책 한 권 분량이 나올 정도다).

전 연인이 사이코패스인지 궁금해하는 사람이 이토록 많다는 사실은 시사하는 바가 컸다.

그래서 나는 관계를 더 입체적으로 바라보도록 돕는 글들을 계속 썼다. 흑백논리에서 벗어나 인간관계의 복잡한 결을 이해하길 바라는 마음에서였다. 그러던 중 '무기화된 심리학 용어'라는 표현이 등장했고, 기자들의 연락이 쏟아지기 시작했다. 심리학 용어 오용 문제에 대한 전문가 의견을 듣고 싶다는 것이었다. 특히 유명인들이 자신에게 유리하게 이런 용어를 전략적으로 활용하는 사례들이 화제가 되었다. 바로 그때 나는 문제의 진정한 심각성을 깨달았다. 한때 치료실 안에서만 조심스럽게 다뤄지던 임상 용어와 진단명들이 이제는 일상 대화 속으로 거침없이 흘러들어온 것이다. 소셜미디어의 확산, 정신 건강 정보 접근성의 향상, 그리고 상담 경험의 대중화가 모든 사람을 순식간에 전문가로 탈바꿈시켰다. 어디를 봐도 레드 플래그red flag가 나부끼고, 트리거가 작동하며, 양극성 장애 진단서가 날아다녔다. 시어머니는 경계선 성격장애가 되었고, 아버지는 강박장애로 분류되었다. 친구들은 우리의 경계를 침범하는 사람이 되었고, 파트너는 싸울 때마다 가스라이팅을 하다가 화해할 때는 러브 보밍love bombing을 퍼붓는 존재가 되었다. 그리고 전 연인은 당연히 나르시시스트나 사이코패스, 아니면 둘 다였다!

이러한 현상은 치료실 안에서도 근본적인 변화를 일으키고 있었다. 동료 치료사들과의 대화 주제가 서서히 바뀌기 시작했다. 우리는 더 이상 내담자들의 심리적 어려움을 어떻게 이해하고 도울 것인가를 논의하지 않았다. 대신 그들이 심리학 용어를 과도하게, 혹은 잘못 사용하는 문제를 걱정하게 되었다. 사례개념화를 위한 깊이 있는 탐구? 그럴 시간이 어디 있겠는가! 우리는 내담자들이 스스로 내린 섣부른 진단에서 벗어나도록 설득하느라 정신없었고, 그러다보니 정작 중요한 치료 작업은 계속 미뤄질 수밖에 없었다. 내담자들은 다른 사람들을 분석하고 진단하는 데 몰두한 나머지, 자기 자신을 이해한다는 본래의 목적을 잊어버린 것처럼 보였다.

무기화된 심리학 용어가 커플 상담 현장에까지 침투하는 것을 목격했을 때, 내 우려는 한층 더 깊어졌다. 물론 개인 상담에서 내담자가 주변 사람들을 진단하거나 라벨링하려는 시도는 늘 있어왔다. 하지만 커플이 내 눈앞에서 서로를 진단하는 광경, 그것도 확고한 신념과 정당화된 분노를 품고 그렇게 하는 모습은 완전히 새로운 현상이었다. 나는 갑작스럽게 그들의 성급한 결론에 반박해야 하는 입장에 놓였고(이는 대개 환영받지 못하는 개입이었다), 그들이 사용하는 용어의 실제 의미를 설명하는 데 많은 시간을 할애해야 했다. 게다가 파트너들이 서로에게 던진 부정확하고 종종 가혹한 진단명으로 입은 상처를 수습하는 일까지 떠맡게 되었다.

그런데 이 문제가 내담자들에게만 국한된 것이 아니라는 사실을 깨달았을 때, 내 우려는 진정한 경계 수준에 이르렀다. 치료사들조차 이러한 용어를 오용하고 있었던 것이다. 일부 동료들은 내담자의 일방적인 서술만을 근거로, 한 번도 만나본 적 없는 사람들을 진단하고 있었다. 그들은 러브 보밍, 경계선, 레드 플래그, 나르시시스트 같은 용어를 무분별하게 사용하며, 내담자들이 관계에서 더 경계하고 의심하도록 부추기고 있었다. 커플 상담 중에 치료사가 한쪽 파트너가 다른 쪽을 가스라이팅하고 있다고 선언했다는 이야기를 여러 차례 들었는데, 이는 불필요할 뿐만 아니라 비윤리적이며 명백히 잘못된 개입이었다. 치료실 내에서 전문가로서의 권위를 유지하고, 과실의 가능성을 차단하며, 내담자의 가장 강력한 옹호자가 되고자 하는 욕구 속에서, 치료사들까지도 동일한 극단적 태도와 용어를 채

택하기 시작한 것이다.

물론 이런 식의 표현 자체가 갑자기 생긴 건 아니다. 우리 모두 상담사나 친구에게 전 연인이 사이코패스 같다거나, 지금 만나는 사람이 선을 넘은 것 같다고 털어놓은 경험이 있을 것이다. 하지만 과거에는 이런 표현들이 명확한 경계 안에 머물렀다. 치료실이나 친구들과의 사적인 대화에서만 사용되었지, 실제 관계 속으로 직접 들어와 무기가 되지는 않았다. 나는 우리가 진단적 사고나 행동 평가 자체를 포기해야 한다고 생각하지 않는다. 다만 이러한 용어들을 관계의 전장으로 끌어들이는 행위, 그것을 멈춰야 한다고 믿는다.

이러한 용어들이 사랑하는 사람들을 잘못 명명하거나 우리 자신의 책임을 회피하는 도구로 사용될 때, 그것들은 해결책보다는 문제를 더 많이 양산한다. 이 단어들은 본래 관계 내에서 심각한 일이 벌어지고 있음을 알리는 신호 체계로 기능해야 한다. 중대한 변화가 필요하다는 신호, 누군가에게 전문적 도움이 필요하다는 신호, 혹은 그 관계에서 벗어나야 한다는 신호 말이다. 이것들은 진정으로 심각한 문제가 있을 때 우리가 그것을 인지하고 대응 방향을 결정할 수 있도록 돕기 위해 존재한다. 우리의 좌절감을 표출하거나 분노를 정당화하기 위한 도구가 아니며, 타인을 강제로 변화시키기 위한 수단은 더더욱 아니다. 만약 그런 용도로 사용해본 경험이 있다면, 이미 그것이 전혀 효과가 없다는 사실을 체감했을 것이다.

점점 더 많은 사람이 심리학 용어를 남발하는 현실을 목도하면서, 나는 블로그 포스트 몇 개로는 근본적인 인식 전환을 이끌어낼 수 없다는 것을 깨달았다. 임상 용어에 의존해서 관계 문제를 해결하려는 시도가 왜 도움이 되지 않는지, 아무리 설득력 있게 설명해도 한계가 있었다. 그래서 이 책을 쓰게 되었고, 나는 두 가지 핵심 목표를 설정했다. 첫 번째 목표는 명확하다. 정신 건강과 관계에 대한 이해를 깊이 있게 추구하는 것 자체는 분명 가치 있는 일이다. 하지만 그 지식을 사랑하는 사람들을 진단하거나 비판하는 무기로 전용하는 순간, 그 가치는 사라진다. 나는 이 근본적인 차이를 분명히 전달하고자 한다. 치료와 심리학적 통찰이 계속해서 사람들을 교육하고 그들에게 힘을 실어주기를 바란다. 그러나 진정한 힘은 사람들이 통찰을 얻고 긍정적인 변화를 만들어낼 수 있는 내적 주체성을 개발할 때 생겨난다. 무기화된 심리학 용어는 때로 통찰을 제공할 수 있지만, 동시에 우리가 타인에게 변화를 지시할 권한이 있다는 착각을 불러일으킨다.

핵심은 간단하다. 우리가 변화시킬 수 있는 존재는 오직 우리 자신뿐이다.

물론 때로는 관계에서 목소리를 내야 한다. 문제가 되는 행동을 지적하고, 상대방에게 자기 성찰과 변화를 요청하는 것 역시 중요한 과정이다. 그러나 이것이 우리가 할 수 있는, 혹은 해야 하는 일의 전부는 아니다. 우리는 언제나 내면을 들여다보는 것에서 시작해야 한다. 자신의 사고와 행동 속에서 변화가 필요한 지점을 먼저 발견하고, 그다음에 관계 개선으로 나아가야 한다. 무기화된 심리학 용어는 바로 이러한 성장의 기회를 앗아간다.

이 책의 두 번째 목표는 이러한 용어들이 지닌 본래 의미를 보호하는 것이다. 내가 목격한 바로는, 가장 빈번하게 무기화되는 용어들이 바로 학대적인 사람이나 상황과 관련된 것들이다. 이러한 용어의 과용이나 오용은 '양치기 소년' 효과를 낳는다. 진짜로 심각한 위험이 있을 때 아무도 그 경고를 진지하게 받아들이지 않게 되는 것이다. 100명 중 한 명, 실제로 자기 삶을 파괴하는 나르시시스트와 결혼한 사람에게는 참으로 절망적인 일이다. 단지 바닥에 옷을 벗어놓는다는 이유로 남편을 나르시시스트라고 부르는 99명의 하소연을 들어야 한다면 말이다. 더 우려스러운 상황은, 뒤에서 자세히 설명하겠지만, 학대적 파트너들이 심리학 용어를 적극적으로 차용하여 자신들의 통제 전략을 더 정교하게 만들고 있다는 점이다. 심리학 용어가 현실을 그들의 의도대로 왜곡하는 새로운 도구가 되어버린 것이다. 나는 학대 가해자가 파트너를 가스라이팅하면서 오히려 파트너가 자신을 가스라이팅한다고 비난하는 경우를 직접 목격했다. 이는 차원이 다른 수준의 조작이다. 이처럼 충격적이고 심각한 전개는 우리 모두가 경각심을 가지고 인지해야 할 현실이다. 우리는 이 용어들이 본래 의미를 유지하도록 보호해야 한다. 그래야 도움이 필요한 사람들이 제대로 된 도움을 받을 수 있고, 학대 가해자들이 자신의 목적을 위해 이 용어들을 왜곡하는 것을 막을 수 있다.

이 책을 활용하는 방법

목차를 이미 훑어봤다면, 아마 지금 당장이라도 읽고 싶은 장 한두 개를 찾았을 것이다. 다행히 이 책은 독자의 필요에 따라 유연하게 접근할 수 있도록 구성되어 있다. 물론 어디든 마음 가는 장부터 시작해도 무방하지만, 가능하면 처음 세 장을 순서대로 읽어나가길 바란다. 이러한 기초 작업이 있어야 이후에 다뤄지는 구체적인 진단명이나 용어들을 더 깊게 이해할 수 있기 때문이다. 1장에서는 무기화된 심리학 용어가 무엇인지, 어떻게 이렇게 널리 퍼졌는지, 그리고 사람들과 그들의 관계에 어떤 문제를 일으키는지 설명한다. 2장에서는 임상가들이 정신장애를 진단할 때 사용하는 공식 참고서를 살펴보고, 그 본래 목적과 한계를 다룬다. 그다음 3장에서는 누군가가 학대적인지 아니면 단지 잘못된 행동을 하는 건지 판단하는 데 도움이 되는, 학대적 관계의 핵심 특징들을 살펴본다.

처음 세 장을 읽고 나면, 이제는 어느 장이든 자유롭게 선택해서 읽으면 된다! 4장부터 12장까지는 순서대로 읽을 필요가 없다. 각 장이 다음과 같이 모두 동일한 구조로 이루어져 있기 때문이다.

- 먼저 해당 용어가 정확히 적용되는 실제 상황을 보여주는 사례를 제시한다.
- 다음으로 그 용어가 진짜 의미하는 바를 임상적 정의를 통해 깊이 살펴본다(참고로 '레드 플래그' 같은 일부 용어는 공식적인 임상 정의가 없다. 이런 경우에는 원래 의도된 의미를 설명한다). 해당되는 경우 진단 기준을 차근차근 설명하고, 그 용어의 실제 임상적 정의와 잘못 알려진 속설을 구별하는 데 도움이 되는 중요한 특징들을 짚어준다.
- 그다음에는 그 용어가 일상에서 흔히 오용되는 모습을 보여주

는 사례를 소개한다(아마 이쪽이 더 익숙할 것이다). 이를 통해 사람들이 그 말의 의미를 어떻게 오해하는지, 언제 가장 많이 잘못 쓰는지, 그리고 이를 무기처럼 사용할 때 생기는 부정적 영향은 무엇인지 설명한다. 심리학 용어를 함부로 쓰는 것이 왜 관계 개선이나 갈등 해결에 도움이 안 되며, 오히려 당신과 당신의 관계에 해를 끼칠 수 있는지 보여준다.

- 마지막으로, 누군가 그런 용어나 진단명으로 당신을 부당하게 공격할 때 어떻게 대응하면 좋을지 실질적인 조언을 제공한다. 또한 당신이 아는 사람이 정말로 그 기준에 해당된다고 의심될 때는 어떻게 해야 할지도 안내한다.

앞에서도 얘기했지만, 4장부터 12장까지는 순서와 상관없이 읽어도 된다. 13장은 덤으로 넣은 장인데, 사람들이 자주 헷갈려하고 엉뚱하게 쓰는 용어 세 가지를 간단히 정리해놨다. 책을 다 읽었다면 마지막 두 장도 꼭 읽어보길 바란다. 요즘 우리 사회에 퍼진 이런 현상을 제대로 이해하고 나면, 보통의 건강한 관계를 잘 가꿔나갈 수도 있고, 정말 문제가 있는 관계라면 과감히 정리할 힘도 생길 것이다.

책을 읽다보면 문득 누군가가 떠오를지도 모른다. 이 책을, 혹은 특정 장을 읽으면 좋을 것 같은 당신 인생의 그 누군가 말이다. 솔직히 말해, 모든 사람이 이 책을 읽었으면 좋겠다. 우리 모두가 무엇이 정상이고 무엇이 병적인지 그 경계를 똑같이 안다면, 서로를 좀더 따뜻하게 바라볼 수 있지 않을까. 물론 현실은 그렇지 못하다는 걸 나도 안다. 그래서 차선책으로, 가까운 사람들이 읽을 만한 부분에

메모라도 해두면 어떨까 싶다. 아무래도 불편한 진실이나 새로운 사실은 가족이나 친구보다는 제3자에게서 듣는 게 더 편하니까. 내가 그 '제3자'가 되고 싶다. 심리학 용어를 무기처럼 휘두르는 걸 멈추고 진짜 문제를 제대로 다룰 수 있도록, 필요한 정보를 전달하는 사람 말이다.

무엇보다 이 책이 필요할 때마다 꺼내 볼 수 있는 실용적인 지침서가 되기를 바란다. 용어를 다시 정리하고 싶을 때나, 이런 용어들로 부당하게 낙인찍힌 어려운 상황에서 구체적인 조언이 필요할 때 도움이 될 것이다. 그리고 만약 이 책을 읽고서 당신이 정말로 이런 장애를 가진 사람이나 학대적 행동을 보이는 사람과 건강하지 못한 관계에 있다는 걸 깨닫는다면, 용기를 내어 도움을 구하고 그 관계를 바꾸거나 떠나기를 바란다.

하지만 내가 정말로, 가장 간절히 바라는 건 이거다. 이 책을 통해 당신이 인간의 불완전한 모습을 있는 그대로 받아들이는 법을 배웠으면 한다. 요즘 우리는 자신과 삶을 끊임없이 최적화하려고 애쓰면서 마치 완벽이 손에 잡힐 듯 가까이 있다고 착각한다. 하지만 완벽은 예나 지금이나 똑같이 불가능하다. 그렇다면 완벽한 관계를 만들려고 애쓰는 대신, 우리 모두가 마음의 상처와 비효율적인 대처 방식, 역효과를 내는 방어기제를 가지고 있으며, 이기적으로 굴거나 감정적으로 불안정한 순간들을 겪는다는 사실을 받아들이는 것은 어떨까. 이런 모습이 우리를 병리적인 존재로 만드는 것은 아니다. 우리가 가진 여러 어려움에도 불구하고, 인간은 여전히 서로 강력하고 의미 있는 유대를 형성하는 놀라운 존재다. 때로 불완전할지라도 우리 관계는 엄청난 행복과 소속감, 안정감, 그리고 사랑을 선사한다. 그러니 이제 심리학 용어를 내려놓고 사랑하는 사람들에게 연민을 품는 법을 배우면서, 인간 경험에 내재된 복잡함을 받아들이자. 아니, 기꺼이 끌어안자!

심리학 용어가 치료실을 벗어나 무기가 되기까지

고백하는 것으로 시작하겠다. 나는 정신 건강 교과서에 등장하는 모든 장애를 경험했다. 주요우울장애, 강박장애, 범불안장애, 외상후 스트레스 장애, 주의력결핍 과잉행동장애…… 심지어 자기애성 성격장애까지 몇 주간 겪었다. 당시 연인에게는 특히나 고통스러운 시간이었을 것이다. 이름 붙일 수 있는 장애라면 모두 가졌던 것이다.

물론 이러한 진단들은 내가 임상심리학 박사학위를 취득하던 대학원 시절, 불안감 속에서 부정확하게 스스로 내린 것이었다. 다행인지 불행인지, 나만 그런 건 아니었다. 동기들도 심리적으로 완전히 엉망이었다. 교수님이 새로운 장애를 설명할 때마다 강의실 전체는 전율했다. 그것이 우리 각자를 완벽하게 묘사하고 있다는 깨달음 때문이었다.

우리는 자신이 임상적으로 엉망인 존재라고 진단하는 데 그치지 않았다. 아는 모든 사람을 열정적으로 진단하기도 했다. 공부가 깊어질수록, 우리는 예전에 좌절감을 주지만 정상적이라고 여겼던 모든 행동과 감정이 실제로는 만성적인 정신적, 정서적 장애의 증상이라는 것을 깨달았다. 내가 아는 이들 중에 무사한 사람은 없었다. 새로운 장애를 배울 때마다 그 설명에 딱 들어맞는 사람이 떠올랐다. 어떤 사촌은 경계선 성격장애, 부모님 중 한 분은 분명 회피성, 친구 하나는 주의력 문제, 전 남자친구는 사이코패스였다. 내게 조금이라도 상처를 주거나 짜증을 유발한 모든 사람을 마침내 설명할 수 있게 되었다는 것이 얼마나 안도감을 주었는지 모른다.

이런 이야기를 하는 이유는 단순하다. 이 책 때문에 당신이 비난받는다고 느끼길 원치 않기 때문이다. 정말이지, 나도 안다. 나 역시 내가 다양한 장애의 기준을 충족하는지 궁금해했고, 내 파트너, 가족, 또는 친구들도 임상 수준의 문제를 가지고 있는지 의문을 품었다. 그렇다고 내가 심각한 문제를 가진 사람이라는 뜻은 아니다. 다만 나도 당신처럼 나 자신과 주변 사람들을 이해하려고 자주 애썼고, 삶이 왜 이렇게 힘들게 느껴지는지에 대한 납득할 만한 설명을 찾고 싶었다는 것이다.

우리는 모두 자신의 내면과 관계에서 일어나는 일을 이해하고 싶어한다. 혼란스럽고 상처받은 상황에서, 어디로 가야 할지 누구를 믿어야 할지 모를 때, 심리학 용어는 객관적이고 믿을 만한 설명처럼 다가온다. 이런 용어들은 문제를 해결하고 고통을 피할 방법까지 제시하는 것처럼 보인다. 무언가나 누군가를 진단하고 라벨링하는 것은 미래의 고통으로부터 우리를 보호할 수 있는 방법처럼 느껴진다. 하지만 우리가 놓치는 것은, 그것이 똑같이 우리에게 곧잘 독이 될 수 있다는 사실이다. 이제 그 이유를 살펴보자.

무기화된 심리학 용어의 등장

정신 건강에 대한 인식이 높아지는 시대에 성장한다는 것은 어떤 면에서는 축복이다. 하지만 이러한 시대 흐름은 동시에 모든 것을 라벨링하고 진단하며 병리화하려는 해로운 경향도 함께 가져왔다. 젊은 시절 열심히 공부하던 나 역시 이런 흐름에 자주 휩쓸렸다.

우리가 겪는 일들을 설명해주는 이론이 있다는 건 참 위안이 된다. 특정 상황에서 어떻게 행동해야 할지 알려주는 대본이나 건강한 관계를 위한 실용적인 안내서가 있다는 것도 마찬가지다. 인간은 이런 인지적 지름길을 만들어서 혼돈스럽고 말이 안 되는 세상을 어떻게든 이해하려고 애쓴다. 게다가 이런 도구들은 고통을 피할 수 있는 방법까지 약속하는 것처럼 보인다. 사람들의 나쁜 행동이나 특성을 식별하고 분류하면, 앞으로 그런 사람들을 피할 수 있을 거라는 희망 말이다. 하지만 우리의 경험을 이해하고 더 나은 결정을 내리려던 이런 시도가 어느 순간 변질되기 시작했다. 심리학 용어를 빌려와서 다른 사람에게 딱지를 붙이고 비난하기 시작한 것이다. 이것이 바로 우리가 '무기화된weaponized 심리학 용어'라고 부르는 현상이다.

그런데 사실 심리학 용어를 일상에서 가볍게, 때로는 경솔하게 써서 자신이나 남을 묘사하는 건 새로운 현상이 아니다. 누군가가 비이성적으로 행동하거나 못되게 굴 때 그를 "사이코"라고 부른 지는 얼마나 오래되었는가? 솔직히 말해, 나는 의사소통의 맥락에서 이런 단어들을 가볍게 사용하는 것 자체가 큰 문제라고 생각하지는 않는다. 우리는 실제로 그 사람이 사이코패스라고 주장하는 것이 아니다. 단지 그들의 행동이 일탈적이거나 용납할 수 없다는 점을 표현하려는 것뿐이다. 이런 경우 우리는 심리학 언어를 오용하고 있을지언정, 반드시 그것을 무기화하고 있는 것은 아니다. 우리의 진단적 추측이 명백히 부정확한 것은 맞지만, 애초에 정확성을 추구한 것도 아니었다. 우리가 느끼는 바를 전달하려 했을 뿐이다.

그러나 무기화된 심리학 용어라는 경향은 전혀 다른 양상을 보인다. 요즘 사람들은 심리학 용어로 진짜 상대를 진단하고 단정 짓는다. 관계에서 한 명만 나쁜 사람으로 만들고, 다른 사람은 아무 잘못도 없다는 식이다. 원래는 우리가 세상을 더 잘 이해하고 삶을 헤쳐 나갈 방법을 찾기 위해 치료실 안에만 머물러야 했던 말들이, 이제는 타인을 강제로 변화시키려는 수단이 되어버린 셈이다. 정신 건강 문제와 학대의 본질에 대한 우리의 증대된 인식은 역설적으로 평범한 감정적 문제나 관계의 어려움을 병리적인 것과 혼동하게 만드는 결과를 낳았다.

우리는 종종 이러한 심리학 용어를 학대적인 파트너로부터 자신을 보호하고, 우리의 시간과 감정적 에너지를 '낭비'하지 않기 위한 방어기제로 활용한다. 그러나 이런 용어들의 사용은 동시에 관계 속에서 자신의 행동에 대한 책임을 회피하는 심리적 도피처가 되기도 한다. "내 강박장애 때문에 어쩔 수 없었어"라거나 "그녀가 나르시시스트여서 우리가 헤어진 거야"라는 식의 설명은, 관계의 문제에서 자신이 차지하는 역할을 직시하고 그 이면의 진짜 문제를 탐색하는 어려운 내적 작업을 회피하게 만든다.

커플 치료사로 일하다보면, 이런 용어들이 멀쩡한 관계마저 망가뜨리는 걸 정말 자주 본다. 참 우려스러운 일이다. 상담을 하다보면 난감한 순간이 가끔 찾아오는데, 바로 내담자가 자기 파트너를 무슨 장애로 몰아가며 내게 맞는지 확인해달라고 할 때다. 이렇게 심리학 용어가 무기로 변질되면 우리의 상담 시간은 본래의 목적에서 벗어나 심리학 개론 수업이 되어버린다. 진짜로 중요한 건 그런 비난의 이면에 숨겨진 상처를 함께 들여다보는 일인데도 말이다.

더 큰 문제는 학대 가해자들이 이 경향을 악용하기 시작했다는 점이다. 영원한 피해자 의식 속에서 살아가는 학대자들은 이미 자신이 경험하는 모든 부정적 감정의 책임을 파트너에게 전가하는 데 능숙했는데, 이제는 심리학 용어라는 강력한 정당화 도구까지 손에 넣게 된 것이다. 파트너가 이성 친구와 만났다면? 그것은 경계 침범이자 부정한 행동이다. 친구가 자신의 왜곡된 시각이나 과한 반응에 동의하지 않는다면? 그 친구는 공감 능력이 결여된 나르시시스트이며 적극적으로 가스라이팅을 하고 있는 것이다(이는 실제로 3장에서 다룰 잘 알려진 학대 전술이다). 우리는 대개 과학적 언어나 임상적 언어 앞에서 본능적으로 주눅 들어서, 이를 반박하거나 부정하는 건 뭔가 잘못된 것처럼 느껴진다. 그러나 이런 종류의 비난에 타당성을 부여하는 순간, 학대자는 거짓 서사를 구축해 관계의 역학에서 우위를 점하게 된다. 기억에 남는 한 상담 회기에서, 어떤 내담자는 20분 만에 파트너가 나르시시즘, 가스라이팅, 러브 보밍, 피해자 비난, 책임 회피, 공감 결핍에 해당한다고, 그리고 전반적으로 학대적이고, 조작적이며, 문제적이라고 비난했다. 그 파트너는 이러한 특징을 전혀 보이지 않았음에도, 이 모든 라벨을 완전히 수용하고 내담자의 모든 요구에 굴복하지 않는 한, 이러한 비난은 결코 끝나지 않을 것이 분명했다.

이런 무기화된 심리학 용어 문제는 특정 사람들에게만 또는 인생의 어느 한 시기에만 나타나는 게 아니다. 그래서 더 중요하게 다뤄야 한다. 이 용어들을 사용하는 건 청소년부터 성인에 이르기까지 거의 보편적인 행동 양식이 되었을 뿐 아니라, 학대자들까지도 열광적으로 채택한 도구가 되었다. 철없는 사춘기 때나 하다가 크면서 자연스럽게 안 하게 되는 그런 게 아니라는 얘기다. 따라서 우리는 좀 더 적극적으로 무기화된 심리학 용어를 그만 사용하기로 선택해야 한다. 그리고 이것이 왜 비효과적인지, 어떻게 다르게 접근할 수 있는지에 대한 명확한 이해 없이는 우리는 그러한 선택을 하지 않을 것이다. 이것이 바로 이 책이 존재하는 이유다.

정상적인 행동을 병리화하는 무기화된 심리학 용어

친구들과 만나 관계에 대해 이야기할 때, 우리는 종종 다른 사람에게 쉽게 꼬리표를 붙인다. 물론 이런 심리학 용어들은 장황한 설명 없이도 상대를 빠르게 파악하는 데 도움이 될 수 있다. 하지만 누군가의 지극히 평범한 행동마저 정신병리로 몰아가고, 그것이 다소 서툴거나 상처가 되는 행동이었다 해도 모든 잘못을 그 사람 탓으로 돌리는 것은 완전히 다른 차원의 문제다. 무엇보다 심각한 것은, 가해자들이 심리학 용어를 교묘하게 이용해 오히려 자신을 피해자로 둔갑시키는 법을 익혔고, 이를 아무렇지 않게 활용한다는 사실이다.

이런 현상이 연인관계에서 어떻게 나타나는지 살펴보자. 대부분의 커플에게 문제란 두 사람이 함께 만들어내고 함께 풀어가야 하는 것이다. 한쪽이 더 잘못할 수도 있지만, 상대가 어떻게 반응하느냐에 따라 향후 관계가 달라진다. 그런데 누군가 심리학 용어를 무기 삼아 모든 책임을 상대에게 떠넘긴다면 어떨까. 그 사람은 결국 이런 메시지를 전하는 셈이다. "그래, 나도 이 관계에 있어. 하지만 문제는 내가 아니라 너에게 있다고 봐. 그러니까 내가 굳이 해결에 나설 이유가 없지."

나는 정서 중심 부부 치료EFCT 자격을 갖고 있는데, 이는 애착 이론에 기반한 부부 치료 방법이다. 너무 깊이 들어가지는 않겠지만(그건 완전히 다른 책 한 권 분량이니까!), EFCT는 부부가 그들의 '부정적 고리'를 찾아내고 다루도록 도와서, 상처받았을 때 나타나는 비효과적인 상호작용 패턴에서 벗어나게 한다. 파트너가 우리에게 불만이 있을 때 어떻게 거부감, 수치심, 무력감 같은 고통스러운 감정들이 올라오는지, 그리고 우리가 그런 감정을 달래기 위해 어떤 대처 전략을 개발하는지를 탐구한다. 이런 취약하고 고통스러운 감정들은 종종 초기 아동기 상처에서 비롯되어 견디기가 꽤 힘들기 때문에, 우리의 대처 전략은 축소, 부정, 합리화 같은 방어기제를 동원하게 된다. 예를 들어, 당신이 파트너를 실망시켜서 스스로가 실패자처럼 느껴진다면, 즉시 파트너의 감정을 축소하면서 그런 작은 일에 그렇게 예민하게 반응하지 말라고 말할 수 있다(궁금해하는 분들을 위해 말하자면, 이건 가스라이팅이 아니다). 그러면 파트너는 무시당하고 중요하지 않게 여겨진다고 느껴서 더욱 화가 나고, 당신은 상대의 반응을 드라마틱하다고 치부하고, 이렇게 계속 돌고 돈다.

이 부정적 고리를 이해해야 하는 중요한 이유는, 이 고리에 갇히면 사람들이 정말 나쁘게 행동할 수 있기 때문이다. 밖에서 보면 '저 사람한테 진단명 붙여도 되겠다' 싶을 정도로 말이다. 그러나 사랑하는 사람과 한창 갈등 중일 때, 극심한 고통으로부터 자신을 보호하려고 거칠게 행동하는 그 순간의 누군가를 진단하는 것은 공정한 평가가 아니다. 만약 당신이 나와 내 남편 루커스가 심하게 다투는 중간에 나를 본다면, 분명 라벨 한두 개는 찾아낼 수 있을 것이다. 하지만 그 라벨은 정확하지 않다. 우리 관계의 나머지 맥락은 전혀 고려하지 않은 채, 내 삶의 아주 작은 순간만 반영한 것이기 때문이다. 게다가 루커스가 좋은 사람이긴 하지만 싸움에서 완벽하지 않았고 갈등이 커진 데 그의 몫도 있었다는 점도 무시하는 셈이다.

실제로 부정적 고리는 어떻게 작동할까

구체적인 상황을 하나 그려보자. 당신의 파트너가 오늘 저녁 당신이 회사 행사에 늦게 온 것 때문에 마음이 상했다고 말한다고 하자. 그 순간, 당신은 파트너를 실망시켰다는 수치심에 휩싸인다. 하지만 이 불편한 감정을 피하고 싶어서 즉시 변명을 늘어놓는다. "나가기 전에 부엌을 정리하느라 그랬어. 당신이 깨끗한 집에 들어오는 걸 좋아하잖아." 이런 설명으로 당신은 죄책감에서 벗어난다. 자신이 그렇게 나쁜 사람은 아니라고 느낀다. 하지만 파트너 입장에서는 전혀 다르게 받아들여진다. 당신이 자신의 말을 제대로 듣지 않고, 자신의 감정은 중요하게 여기지 않으며, 오히려 상황의 책임을 자신에게 돌리고 있다고 느끼게 된다.

이번엔 파트너가 반격한다. 당신이 늦은 것이 왜 그렇게 상처가 되었는지 구체적으로 설명하기 시작한다. 과거에 당신이 늦었던 일들까지 하나씩 꺼내놓는다. 급기야 당신의 형편없는 시간 관리 능력이 바로 부엌조차 제때 제대로 정리하지 못하는 이유라고 지적하면서 문제를 키운다.

이 한마디가 당신의 수치심을 깊이 찌른다. 완전히 실패자가 된 기분이다. 파트너 눈에 당신은 게으르고, 늘 늦고, 비효율적인 사람으로 비치고 있다고 느낀다. 하지만 억울하다. 고작 10분 늦은 것 가지고 이렇게까지 화를 내다니. 그것도 파트너를 위해 부엌을 치우느라 늦은 것인데. 당신은 점점 더 방어적이 된다. 그리고 이제는 역공에 나선다. "진짜 문제는 당신이 말하는 방식이야. 너무 비판적이잖아. 좋은 저녁을 다 망쳐놨어." 더 나아가 한마디 보탠다. "애초에 당신이 아침 그릇을 싱크대에 안 놔뒀으면, 내가 시간 들여서 치울 일도 없었겠지."

이렇게 싸움은 걷잡을 수 없이 커져간다.

만약 내가 이 시점에서 개입하여 각자와 따로 대화를 나눈다면, 분명 당신들은 서로의 행동을 병리적으로 해석할 것이다. 당신은 파트너를 이렇게 묘사할지 모른다. "감정 기복이 심하고 한번 상처받으면 절대 용서하지 않아요. 경계선 성격장애가 아닐까 싶어요. 사소한 일에 과도하게 반응하고, 말로 공격하는 게 거의 정서적 학대 수준이에요."

하지만 파트너의 입장은 다를 것이다. "그 사람이야말로 나르시시스트예요. 제 감정은 완전히 무시하고, 늦어서 제가 얼마나 속상했는지는 전혀 공감하지 않아요. 게다가 모든 걸 제 탓으로 돌리는데, 이게 바로 가스라이팅 아닌가요? 전형적인 나르시시스트의 행동이죠!"

물론 두 사람 모두 틀렸다. 하지만 이러한 결론에 도달하게 되는 심리적 과정은 충분히 이해할 만하다. 문제는 이런 성급한 판단을 검증 없이 받아들일 때 발생한다. 일단 특정한 결론을 내리고 나면, 우리는 그것을 뒷받침할 증거를 찾아 나서게 된다. 이것이 바로 확증편향이라 불리는 현상이다. 어떤 대상에 대해 선입견을 가진 상태에서, 우리는 들어오는 정보를 필터링하여 자신의 결론을 지지하는 정보만을 선택적으로 인식하고, 그에 반하는 증거는 무의식적으로 간과하게 된다.

무기화된 심리학 용어는 분명 우리가 살면서 마주치는 여러 사람과 상황을 이해하려는 시도다. 하지만 동시에 책임을 회피하는 전략이기도 하다. 모든 비난을 상대에게만 돌리면서 우리 자신의 역할은 무시할 수 있게 해주기 때문이다. 이러한 경향이 만들어낸 가장 우려스러운 결과는, 인간이 정서적 격동 상태에서 보이는 자연스러운 반응까지도 병리적 증상으로 해석하게 된다는 점이다. 우리는 원래부터 '일상적으로 나쁜' 행동과 '임상적으로 나쁜' 행동 사이의 경계선을 찾는 데 어려움을 겪어왔고, 특히 연인관계에서는 이 구분이 더욱 모호했다. 그런데 무기화된 심리학 용어는 이러한 복잡한 문제를 명료화하는 대신, 오히려 그 경계를 더욱 불분명하게 만드는 역설적 결과를 초래하고 있다.

인터넷과 소셜미디어는 어떻게 우리가 스스로를 전문가로 착각하게 만들었을까

역사적으로 임상 언어는 의사들이 행동을 병리화하는 데 사용한 도구였다. 다시 말해 정상과 비정상의 경계를 설정하는 기준이었다(2장에서 이 주제를 더 깊이 다룰 예정이다). 본래 이런 용어들의 목적은 개인의 일상 기능을 저해하는 감정과 행동을 찾아내고, 그에 맞는 적절한 치료 계획을 세우는 것이었다. 이 용어들은 누군가를 모욕하거나, 비난하거나, 또는 그들의 행동을 정당화하기 위해 만들어진 게 아니었다. 전문가들이 내담자가 경험하는 문제를 정확히 파악하여 올바른 도움을 제공할 수 있도록 설계된 도구였던 것이다.

그래서 치료사들은 이런 임상 용어를 올바르게 사용하기 위해 오랫동안 훈련받는다. 진단을 내릴 때 신중해야 한다는 것도 배운다. 그 모든 교육을 마친 후에도 치료사들은 계속해서 자문 그룹이나 슈퍼비전에 참여하며 내담자를 정확하게 평가하고 치료하려 노력한다. 진단이라는 것은 누군가의 인생을 크게 바꿀 수 있는 강력한 도구이기 때문에, 훈련받은 전문가의 객관적 관점이 반드시 필요하다. 수십 년 경력의 임상가들도 자기 자신이나 주변 사람들을 진단하려

해서는 안 된다. 소셜미디어 알고리즘으로 얻은 임상 "지식"에 의존하는 사람들은 더 말할 것도 없다.

그런데 이렇게 전문가들의 영역에만 머물렀던 임상 용어들이 이제는 일상의 언어로 스며들었다. 치료와 상담에 대한 관심이 높아지고 정신 건강을 둘러싼 대화가 활발해지면서 일어난 현상이다. 인터넷이 이러한 변화의 시작점이었다. 정신 건강 정보와 실제 경험담을 누구나 쉽게 찾아볼 수 있게 됐기 때문이다. 소셜미디어는 이런 접근성을 더욱 높였다. 여기서 중요한 건, 인터넷과 소셜미디어가 정신 건강에 대한 편견을 없애는 데 큰 역할을 했다는 점이다. 심리적 어려움을 부끄러워하지 않고 당연한 것으로 받아들이면서, 사람들은 자신의 문제를 인정하고 필요한 도움을 받을 수 있게 됐다. 오늘날 우울증을 앓는 사람들은 혼자 침묵 속에서 고통받지 않아도 된다. 의학적 문제로서 당당히 밝히고 치료받을 수 있다. 이런 변화가 긍정적이라는 사실은 누구도 부정할 수 없다.

예상치 못한 문제는 사람들이 이제 자신과 타인을 지나치게 병리화한다는 점이다. 소셜미디어에서는 거의 모든 사람이 공감할 만한, 특정 증상들을 다룬 짧은 게시물이나 영상을 쉽게 찾을 수 있다. 가령 집중이 잘 안된다고 해보자. 그러면 당신도 지금 보고 있는 인플루언서처럼 ADHD를 가진 것이다! 그들이 올린 릴스를 보면 일하다가 자꾸 딴생각에 빠지고, 여러 가지를 동시에 시작했다가 하나도 끝내지 못하는 모습이 나온다. 그것이 당신의 경험과 똑같다고 느껴진다. 이어서 청소처럼 부담스러운 일을 시작하기 어려워하는 영상을 보게 되는데, 그것 역시 깊이 공감된다. 어느새 당신은 스스로를

ADHD 환자라고 규정한다. 관련 증상을 다룬 영상을 더 찾아보기 시작한다. 그러면 알고리즘이 당신을 점점 더 깊이 끌어들인다. 앱은 ADHD 영상만 끊임없이 추천하고, 의심 대신 확신을 강화하는 콘텐츠만 보여준다. 결국 당신은 확증 편향의 늪에 빠진다(사실 균형 잡힌 시각의 영상은 애초에 거의 없기도 하다).

지식 접근성이 높아지면서 생긴 또 다른 흥미로운 결과도 있다. 우리가 "최선"이자 "가장 건강한" 삶의 방식을 알게 되면서 기대치가 높아진 것이다. 이제 우리는 연인이나 파트너에게 정신 건강 상태, 자기 관리 방법, 개선 중인 문제점, 개인적 경계, 애착 유형, MBTI, 상담 경험, 전이 문제, 사랑의 언어 등 온갖 것을 요구한다. 이런 수준의 인식을 유지하려면 모든 심리 자기계발서를 읽고 전문 용어를 다 알아야 한다. 그런데 만약 이걸 모른다면? 자기 성장에 관심이 없다는 신호로 받아들여진다.

그러나 이렇게 가장 책임감 있고 치유된 사람이 되려는 열망은 역설적인 결과를 낳았다. 우리는 이제 지극히 평범한 감정이나 행동까지도 병리적 현상으로 해석하는 데 익숙해졌다. 이는 다시 한번 말하지만 복잡하고 미묘한 인간 경험을 놓치는 일이다. 자신이나 타인을 정해진 범주에 끼워 맞추려는 시도는 인간이 보일 수 있는 행동과 감정의 폭이 매우 넓다는 현실을 무시한다. 우리는 잘못된 행동을 하면서도 학대자는 아닐 수 있다. 서툴게 행동하면서도 장애 진단 기준에는 해당하지 않을 수 있다. 우리 자신(그리고 타인)에게 끊임없이 라벨을 붙이려는 시도는 인간이 얼마나 다채롭고도 복잡한 존재인지를 인정하고 받아들이는 것을 방해한다. 이런 복잡함이

때로는 도움이 되지 않을 수도 있지만, 그렇다고 병리적인 것은 아니다.

10년 전, 내가 치료사로서 첫발을 내디뎠을 때만 해도, 소셜미디어라는 새로운 진단의 통로가 이토록 강력한 영향력을 발휘하리라고는 상상하지 못했다. 그때는 인스타그램이 그저 일상 사진을 나누는 앱이었고, 틱톡은 아직 존재하지도 않았다. 짧은 영상이 우리 인식을 지배하기 전까지, 정신 건강에 대한 정보는 주로 의료 전문가들의 영역이었다. 지금은 다르다. 인플루언서들이 팔로워들에게 특정 장애가 있다고 확신시키거나, 그들의 부모가 치료받아야 할 문제를 가지고 있다고 설득한다. 팔로워가 충분하면 누구나 전문가의 권위를 가질 수 있게 된 것이다. 여기서 우리가 주목해야 할 지점은 이러한 심리학 용어들이 본래의 맥락을 벗어나 남용되지만 여전히 그 언어가 지닌 본질적 무게와 파급력은 유지된다는 사실이다. 바로 이 역설적 상황에 우리가 직면한 문제의 핵심이 숨어 있다.

사람들이 서로를 진단하고 분류하려는 욕구는 충분히 이해할 만하다. 삶의 어려움이 피할 수 없는 인간의 조건이 아니라 치료 가능한 문제라면 얼마나 위안이 되겠는가. 우리는 불확실하고 고통스러운 현실 앞에서 어떤 형태로든 통제감을 찾고 싶어한다. 하지만 앞서 설명했듯이, 심리학 용어를 무기로 삼는 행위는 우리가 성장할 수 있는 영역을 인식하지 못하도록 가로막는다. 더 나아가 상대방에게 깊은 상처를 남기고 그들을 고립시키며, 서로를 향한 비난과 병리화가 만연한 문화를 조성한다.

치료사들도 문제의 일부다

요즘 많은 사람이 자신과 주변 사람들에 대해 이미 결론을 내린 채 상담실을 찾는다. 그러면서 예상치 못한 일이 벌어지고 있다. 내담자들이 전문가와 함께 관계 문제를 차근차근 파악하는 대신, 자신의 진단을 확인해줄 존재로 치료사를 동원하고 있는 것이다.

상담실은 더 이상 호기심을 갖고 함께 탐구하는 공간이 아니다. 대신 사람들은 미리 확립한 결론에 대한 치료사의 승인을 원한다. 치료사라는 전문가는 더 이상 진단의 주체가 아닌, 내담자가 가져온 진단을 목격하고 증명하는 역할로 밀려났다. 이러한 역학관계의 변화는 치료사들에게 딜레마를 안긴다. 근거 없는 진단에 문제를 제기해서 내담자에게 상처를 주고 치료가 중단될 위험을 감수할 것인가, 아니면 정확하지 않을 수도 있는 내담자의 자가 진단에 맞춰줄 것인가? 어떤 선택을 해도 위험하다. 일부 치료사들은 후자를 택한 뒤, 시간이라는 완충제를 활용한다. 다시 말해 즉각적으로 대립하는 대신, 치료적 관계가 충분히 형성된 이후 증상에 대한 새로운 해석의 여지를 열어주거나, 좀더 체계적인 심리 평가를 통해 진단의 정확성을 함께 검증해나가는 과정을 제안하는 것이다.

내담자들이 가까운 사람들을 이미 진단한 채로 상담실에 오면, 치료사들은 더욱 난감한 상황에 놓인다. 치료사가 그 진단에 동의하지 않을 경우, 치료 관계가 깨질 위험이 훨씬 커진다. 내담자는 치료사가 자신을 인정하지 않고 (심지어 "가스라이팅"한다고 느끼며) 상대방 편을 든다고 받아들이기 때문이다. 내담자들은 치료사가 상대방을 탓해주길 바라는데, 오히려 자신이 관계 문제의 원인으로 지목당한다고 느낄 수 있다.

그런데 여기서 분명히 해야 할 사실이 있다. 치료사가 한 번도 만나본 적 없는 사람에 대해 진단적 결론을 내리는 것은 무책임한 일이다(윤리 규정 위반이기도 하다). 그럼에도 무기화된 심리학 용어 사용의 증가는 우려스러운 경향을 낳고 있다. 치료사들이 한 번도 평가하거나 치료해본 적 없는 내담자의 친구, 연인, 가족에게 쉽게 꼬리표를 붙이거나 진단을 내리는 일이 늘어나고 있는 것이다.

커플 상담을 하다보면 정말 많은 내담자가 개인 치료사와 함께 파트너를 진단했다고 말한다. 특히 기억에 남는 부부가 있다. 그들은 서로에게 해가 되는 패턴에 깊이 빠져 있었고, 두 사람 모두 자신이 공격받고, 고립되며, 분노한다고 호소했다. 몇 년째 싸우고 누가 "맞는지" 증명하려고 애쓴 탓에 갈등을 제대로 해결하지 못했다는 걸 본인들도 알고 있었다. 나와의 개별 세션에서 아내는 놀라운 사실을 털어놓았다. 개인 상담에서 자신과 치료사가 남편을 나르시시스트로 진단했다는 것이었다. 그녀는 자신이 무언가를 요청하거나 불만을 제기할 때마다 남편이 보이는 방어적 태도가 바로 그 때문이라고 설명했다. 오직 아내의 관점만을 들은 치료사가 이 진단을 제안했다고 했다. 하지만 내가 본 아내의 "불만 제기" 방식은 달랐다. 대부분 인신공격으로 시작했다("당신이 그렇게 무책임한 건 어머니가 평생 떠받들고 키워서 그런 거야!"). 거기에다 남편이 "잘못한" 일을 열 가지씩 더 끄집어냈다. 이런 식이라면 남편이 방어적으로 나오는 게 당연했다. 아내의 치료사는 매우 다른 버전의 이야기를 들었을 것이다("키친타월 좀 더 사달라고 했는데 자기가 챙길 일이 아니래요!"). 그러고는 부정확한 결론으로 뛰어든 것이다.

안타깝게도 이 치료사는 드문 예외가 아니다. 나는 비슷한 이야기를 정말 자주 듣고, 왜 이런 일이 일어나는지 충분히 이해한다. 내 경력 초기를 돌이켜보면, 커플 중 한 사람과 상담하고 나서 속으로 이렇게 생각한 적이 셀 수 없이 많다. '맙소사, 상대방은 정말 끔찍한 사람이네. 왜 아직도 헤어지지 않았을까.' 그런데 막상 그 상대방을 만나서 이야기를 들어보면 완전히 다른 관점이 펼쳐졌다. 똑같이 타당하고 이해할 만한 그들의 이야기를 듣고 나면, 내가 한쪽 말만 듣고 누군가를 악인으로 만들어버렸다는 사실이 부끄러웠다. 이제 수년간의 커플 상담 경험을 통해 나는 관계라는 것이 한쪽 이야기만으로는 절대 이해할 수 없는 복잡한 퍼즐이라는 걸 안다.

무엇보다 중요한 건 양쪽 모두 진실을 말하고 있다는 점이다. 사람들은 파트너에게 받은 상처를 정확히 기억하고 있지만, 그 파트너들도 나름의 상처와 이유를 갖고 있다. 단 한 번의 대화에서도 수많은 해석이 가능하며, 파트너를 바라보는 렌즈가 결론을 완전히 바꿔놓을 수 있다. 특히 커플 치료 연구자 존 가트맨이 '부정적 감정 압도'라고 명명한 상태는 정말 강력하다. 한번 이 상태에 빠지면 파트너가 무엇을 해도 부정적으로만 보이고, 심지어 치료사인 나조차 그런 편견에 휩쓸릴 수 있다.

이제 나는 이러한 사실을 알지만, 그렇지 못한 치료사들은 내담자의 파트너가 심각한 문제를 안고 있어 전문적 도움이 필요하다고 쉽게 판단할 수 있다. 하지만 내담자에게 정말 필요한 것은 다른 무언가일지도 모른다. 파트너의 행동에 영향을 줄 수 있는 여러 상황을 살펴보도록 부드럽게 이끌고, 자신이 내린 결론과 맞지 않는 증거들도 찾아보게 하며, 공감 능력과 상대방 입장에서 생각하는 기술을 기르도록 돕는 치료사가 필요할 수 있다는 것이다. 내담자의 파트너가 뭘 잘못하는지에만 매달리지 않고, 내담자 스스로 바꿀 수 있는 부분에 주목해서 긍정적인 변화를 만들어가도록 안내하는 치료사 말이다. 예를 들어, 개지 않은 빨래를 침대에 아무렇게나 놓았다고 파트너가 과하게 화를 낸다고 하자. 그럴 때마다 내담자가 차갑고 무관심하게 대응하는 것도 분명 상황을 악화시킨다.

커플 상담을 하지 않는 치료사들은 양쪽 이야기를 다 들을 기회가 없을 수 있다. 내담자와 신뢰를 쌓고 공감하는 데 너무 집중하느라, 정작 내담자가 더 균형 잡히고 관대한 시각으로 상황을 바라보도록 돕는 일은 놓치기 쉽다. 하지만 이 글을 읽는 동료 치료사들에게 조심스럽게 당부하고 싶다. 명확한 증거 없이는 섣불리 판단하지 말자고. 내담자 주변 사람들을 최악으로 가정하지 말고, 우리가 듣지 못한 타당한 이야기가 있을 거라고 생각해보자고. 학대의 징후는 주의 깊게 살펴야 하지만, 섣불리 학대라고 단정 짓지는 말자고. 통계가 이를 뒷받침한다. 대부분 사람들의 파트너는 학대자도, 소시오패스도, 나르시시스트도 아니다. 그저 가끔 잘못된 행동을 하는 복잡한 인간일 뿐이다. 내가 수학에 능하지는 않지만, 소시오패스가 기껏해야 전체 인구의 6퍼센트라는 사실은 모든 전 애인이 소시오패스일 수 없다는 걸 분명히 보여준다.

여기서 한 가지 더 짚고 넘어가자면, 치료사가 내담자 주변 사람들에 대해 관찰하거나 설명해주는 것이 치료 과정에서 중요한 부분이 될 수 있다. 예를 들어보자. 어떤 내담자는 어머니의 지나친 청결 집착이 사실은 세균에 대한 임상적 공포증 때문임을 전혀 모를 수 있다. 그는 평생 자신이 집을 엉망으로 만드는 더럽고 부주의한 아이라고 믿어왔을 것이다. 이런 경우, 어린 시절 세면대에 치약 자국을 남겼다고 어머니가 화내며 질책했던 순간들이 사실은 어머니 정신 건강 문제의 증거였지, '나쁜 아이'였던 자신의 실패가 아니었음을 이 내담자가 깨닫도록 돕는 것은 매우 강력한 치료적 개입이 될 수 있다. 하지만 어머니가 강박장애라고 단정적으로 진단하고 시간을 들여 어머니를 분석하고 비난하는 것은 별로 도움이 되지 않는다(그리고 다시 한번 말하지만, 비윤리적이다).

이는 치료의 핵심 원칙을 관통하는 진실을 담고 있다. 치료사는 내담자가 타인이 자신의 내적 경험에 미친 영향을 이해하도록 조력해야 하며, 이러한 통찰을 통해 삶의 변화를 주도할 책임을 수용하도록 안내해야 한다. 여기서 중요한 것은 타인을 향한 비난과 독선적 분노에 머무르는 것이 아니다. 그러한 정체는 치료적 성장을 가로막을 뿐이다. 오히려 타인이 우리에게 미친 긍정적 영향과 부정적 영향 모두를 인정하고, 그 인식을 토대로 주체적 행동의 가능성을 회복하는 것이 진정한 치유의 길이다.

걱정스러운 것은 심리학 용어를 무기처럼 휘두르는 문화가 확산되면서 우리가 이런 건강한 접근법에서 점점 멀어지고 있다는 점이다. 우리는 자신의 몫을 돌아보는 대신 남을 탓하는 데만 급급해지고 있다. 하지만 가족이든 직장 동료든 친구든 연인이든, 상대방만을 문제의 원인으로 규정해버리면 스스로 관계를 개선할 소중한 기회를 놓치게 된다.

우리는 왜 이런 용어들을 조심해서 써야 할까

이 책에서 다루는 진단과 용어가 관계에서 실제로 나타난다면, 그 관계에서 심각한 피해가 일어나고 있다는 뜻이다. 하지만 이런 용어를 잘못 쓰거나 남용하면, 그 의미가 희석되고 실제 피해자들의 고통스러운 경험은 가벼워진다. 이 책의 핵심 목표는 이런 단어들의 진정한 의미를 지키는 것이다. 그래야 위험한 상황을 정확히 판단하고 자신을 보호할 수 있기 때문이다. 또한 우리는 이런 단어가 존재하는 이유를 잊지 않아야 한다. 실제로 비정상적이고 고통스럽고 파괴적인 경험들을 설명하기 위해서 존재한다는 것을 말이다.

물론 실제로 학대하는 파트너, 나르시시스트인 친구, 진짜 성격장애가 있는 부모와의 관계로 고통받는 사람들이 있다. 이들은 그 때문에 감정 기복이 심하고, 지나치게 많은 걸 요구하며, 관계 맺는 것 자체를 어려워한다. 바로 이런 사람들이 진단 기준을 충족하며, 주변 사람들에게 상처를 주고 있기에 자기 성찰과 변화가 필요한 이들이다. 진짜 나르시시스트와 가까이 지낸 사람을 알거나 진짜 나르시시스트를 직접 경험한 적이 있다면, 그 피해가 사람들이 생각하는 것보다 훨씬 심각하다는 사실을 알 것이다. 명절에 집에 와라 마라 하며 다투거나 나보다 동생을 더 챙기는 정도의 문제가 아니다. 그것은 당신을 뿌리째 흔들어놓는 전방위적인 정서적 학대로, 자존감을 무너뜨리고, 스스로를 믿지 못하게 만들며, 삶 전체를 장악한다.

하지만 대부분 파트너나 친구들은 사이코패스도 나르시시스트도 학대자도 아니다. 그들은 단지 결함을 지닌 존재일 뿐이다. 불안정하거나, 까다롭거나, 통제적이거나, 감정적이거나, 그 외 수많은 형용사로 묘사될 수 있지만, 이러한 특성들 자체는 병리적이지 않다. 그들은 관계를 잘 꾸려가려고 불완전하나마 최선을 다하는 사람들일 뿐이다.

좋든 싫든 요즘은 누구나 심리학 용어를 많이 안다. 그런 용어를 쓴 적이나 잘못 낙인찍힌 적이 있을 것이다. 어쩌면 둘 다일 수도 있다. 다음 장들을 읽다보면 당신도 그런 말을 잘못 썼다는 사실을 깨달을지 모른다. 그럴 때는 호기심을 갖고 돌아보되 자책하지는 말자. 우리 모두가 빠진 함정이기에, 과거에 심리학 용어를 무기로 썼다고 해도 괜찮다. 당신만 그런 게 아니라 나도 마찬가지다. 다행인 것은 이 책을 통해 이런 강력하고 민감한 용어들을 언제, 어떻게 써야 하는지 제대로 배울 수 있다는 점이다. 심리학 용어가 맞지 않는 상황에서는 다른 방법을 찾게 될 것이다. 거친 진단명으로 관계를 망치는 대신, 갈등에 대처하고 문제를 함께 해결하는 방법을 익히게 될 것이다.

인간은 놀랍도록 불완전한 존재다. 가장 깊고 의미 있는 관계에서조차 정서적 고통은 불가피하게 찾아온다. 우리가 할 수 있는 건 계속해서 자신을 돌아보고 성장하는 것뿐이고, 성장은 평생에 걸친 과정이다. 이 책에서 나는 자주 오용되고 오해받는 용어들을 하나씩 설명하며 당신이 자신과 주변 사람들을 더 잘 이해할 수 있도록 도울 것이다. 그러니 이 과정을 거치는 동안 스스로에게 너그러워지길 바란다.

추가적인 주의 사항　　　　　　　　　　　　　　　○○○

현재의 파트너를 진단하고 싶은 마음도 드는데, 헤어진 연인을 진단하고 싶은 욕구는 훨씬 더 클 수 있다. 물론 전 연인을 진단의 관점에서 바라보는 것이 정말 도움이 되고 필요할 때가 있다. 가령 나르시시스트와 결혼했던 사람이 있다고 해보자. 그 경험은 매우 혼란스럽고 상처가 되었을 것이다. 그렇기에 그 사람이 전 배우자에게 이름표를 붙이고, 관련 책을 읽고, 다른 사람들의 지지를 받는 것은 회복 과정에서 중요한 역할을 한다. 좋은 치료사는 전 연인이 관계에서 보인 까다롭거나 학대적인 면들이 어떤 장애의 특징인지 파악하는 데 도움을 줄 수 있다. 하지만 대부분의 경우 전 연인들은 임상적 장애 진단 기준에 맞지 않는다. 그럴 때 그들을 양극성이나 경계선으로 부르면 당장은 마음이 편해지고 이별이 내 탓이 아니라는 위안을 얻을 수 있다. 하지만 그것은 사실이 아닐 수 있고, 왜 관계가 틀어졌는지 돌아보는 중요한 기회를 놓치게 만들 수도 있다.

2장

진단의 목적과 한계

임상 진단은 인간의 경험을 설명하는 유용한 방법일 뿐만 아니라, 정상과 비정상 사이에 선을 긋는 역할을 한다. 그 선이 다소 임의적이긴 하지만 말이다. 우리가 이상 징후를 파악할 수 있다면, 축적된 지식을 활용해 문제를 다루고 고통받는 이들의 아픔을 덜어줄 수 있다. 정신 질환에 대한 이해가 부족했던 과거에는 비정상적인 사고와 감정, 행동으로 괴로워하는 사람들이 제대로 된 공감이나 지원을 받지 못했다. 그들은 단지 '미친 사람'으로 낙인찍혀 사회에서 격리되었다. 그러니 정신 건강 장애라는 개념이 어떻게 형성되었는지 그 역사를 간단히 들여다보자. 이를 통해 우리는 진단에 대한 좀더 현명하고 비판적인 시각을 기를 수 있을 것이다.

시간을 거슬러 1800년대로 돌아가보자. 당시만 해도 마음이 어떻게 병들 수 있는지, 그리고 그것이 사람의 일상생활에 어떤 영향을 끼치는지는 완전히 미지의 영역이었다. 의사들은 정신장애라는 개념을 겨우 인식하기 시작한 단계였고, 지금 보면 터무니없는 가설과 치료법들을 내놓곤 했다. 이러한 시도들이 늘 효과적이지는 않았지만, 이 선구자들은 정신 건강 문제로 고통받는 사람들을 돕는 데 집중했다는 점에서 의의가 있다.

오늘날 우리 대부분은 최소한 지크문트 프로이트라는 이름 정도는 들어봤을 것이다. 오스트리아 출신의 이 신경학자는 정신 건강이라는 미지의 영역을 탐험한 선구자였다. '정신분석학의 아버지'라는 거창한 별명까지 얻으며, 마음의 병을 진지하게 다루는 시대를 열었다. 물론 지금 기준으로 보면 어이없는 주장도 많았다. 여성들의 심리적 고통을 모두 '열등한 성'이라는 지위에서 비롯된 것으로 설명하려 했으니 말이다. 하지만 당시엔 이런 이론에 반박할 만한 경쟁자도 없었다. 프로이트의 말이 곧 정설인 시대였다. 그나마 다행인 건, 세월이 흐르며 더 많은 학자가 과학적 근거를 바탕으로 마음을 연구하기 시작했다는 점이다. 만약 그들이 없었다면 어땠을까. 산후우울증을 겪는 엄마들은 '남근 선망' 따위로 진단받았을 테고, 우리는 아직도 의사 처방전을 들고 약국에서 코카인을 사 먹고 있었을지도 모른다. 실제로 프로이트는 코카인의 열렬한 팬이었다. 환자들에게도 적극 권했다니, 의학사의 흥미로운 한 페이지다.

프로이트가 후대에 남긴 가장 소중한 유산은 아무리 기이하고 혼란스러워 보이는 인간의 마음속 현상에도 나름의 논리와 이유가 있다는 깊은 통찰이었다. 이 혁신적인 시각은 후대의 의사들과 학자들을 움직였고, 그들은 오랜 세월 정신의 병을 찾아내고 명명하는 일에 헌신했다. 그 긴 여정의 첫 결실이 1952년에 탄생한 정신장애 진단 및 통계 편람, DSM이었다. 야심 찬 첫 시도였지만, 아이러니하게도 이 책이 설명하려던 환자들 못지않게 책 자체도 문제가 많았다. 1968년의 2판까지도 여전히 프로이트의 정신분석 이론에만 의존했고 생물학적 설명이나 객관적 측정 방법은 없었다. 하지만 이는 어쩌면 당연한 한계였다. 보이지 않는 마음의 움직임을 관찰하고, 환자의 주관적 호소만으로 정확한 진단을 내린다는 게 얼마나 어려운 일인가. DSM의 기준은 모호해서 같은 환자를 놓고도 의사마다 다른 진단을 내릴 수 있었다. 이후 개정판들이 문제를 개선하려 했지만, 인간 정신의 복잡성을 온전히 담아내는 일은 여전히 현재진행형의 과제로 남아 있다. 현재 우리가 쓰는 2022년판 DSM-5-TR은 5판을 세심하게 수정한 것으로, 완벽하지는 않지만 정신 건강 전문가들이 환자를 이해하고 치료하는 데 가장 중요한 기준이 되고 있다.

그렇다면 오늘날 DSM은 누가 만드는가? 바로 DSM 태스크 포스다. 미국정신의학회가 구성한 전문가 위원회로, 임상가와 정신과 의사, 연구자 등 다양한 분야의 전문가들이 모여 있다. 자문 위원과 관련 기관들도 참여하고 대중의 의견도 수렴하지만, 최신 연구를 검토하고 진단 기준을 조정하는 핵심 작업은 이들이 맡는다. 개인적으로 고백하자면, 아무리 돈을 준다 해도 이 태스크 포스에는 들어가고 싶지 않다. 생각만 해도 머리가 아프기 때문이다. (게다가 돈을 받는 것도 아니고, 모두 자원봉사다.)

DSM도 우리와 마찬가지로 불완전하다

DSM은 임상가들에게 매우 중요한 도구다. 고통스럽고 복잡한 심리적 경험을 설명하고, 치유의 길을 찾아가는 지도 역할을 하기 때문이다. 하지만 이 편람이 완벽하거나 모든 것을 아우르는 것은 아니다. 태스크 포스가 아무리 열심히 최신 과학 연구를 반영하려 애써도, DSM에는 언제나 빈틈이 있다. 그렇다면 새 개정판이 나오면 어떤 일이 벌어질까? 임상가와 내담자들은 곧바로 다음 판을 기다리기 시작한다. 자신들이 마주한 독특한 고통이 좀더 잘 담기길 바라면서 말이다.

편람 자체도 이것이 치료 계획의 유일한 기준이 되어서는 안 된다고 명시한다. 그럼에도 임상가들이 여전히 DSM을 쓰는 데는 이유가 있다. 무엇보다 내담자를 이해하기 위한 공통의 언어를 제공해주기 때문이다. 동료와 사례를 논의할 때 특히 그렇다. 하지만 더 현실적인 이유는 보험 회사가 진단명을 요구한다는 점이다. 만약 이런 제도적 압박이 없었다면 우리가 이 책에 이렇게까지 의존했을까? DSM이 필요하고 유용한 도구임은 분명하지만 그 한계도 직시해야 한다.

앞서 이야기했듯이 DSM의 가장 큰 약점은 평가자 간 신뢰도가 떨어진다는 점이다. 쉽게 말해, 같은 내담자를 두고도 두 임상가가 다른 진단을 내릴 수 있고 결과적으로 다른 치료를 권할 수 있다. 이는 분명 심각한 문제다. 하지만 여러 장애가 비슷한 증상을 보이는 현실을 생각하면 어느 정도는 불가피한 일이다.

DSM의 또 다른 맹점은 타당성의 부재다. 우리가 내리는 진단이 항상 정확하지는 않다는 의미다. 물론 정신장애를 측정하는 과학적 방법들이 존재한다. 하지만 이런 측정은 표준편차라는 틀에 기댄다. 고등학교 통계 시간에 배웠던 그 종 모양 곡선 말이다. 그래서 수치로 딱 떨어지는 당뇨병 같은 신체 질환과는 사정이 다르다. 공복 혈당이 126mg/dL 이상이면 당뇨병이다. 명확하다. 그런데 버림받을 것에 대한 두려움이 얼마나 강하고 지속적이어야 경계선 성격장애일까? 이런 애매함이 정신 건강 진단의 본질이다. 마음의 고통에는 경중이 있고, 그 미묘한 차이를 읽어내는 섬세함이 진단의 핵심이다.

그런데 DSM의 더 근본적인 문제가 있다. 이 편람이 인간의 증상과 경험을 깔끔하게 분류할 수 있다고 전제하는 의학적 모델에 기반한다는 점이다. 이를 비판하는 이들은 인간의 감정과 행동이 그렇게 단순하지 않다고 지적한다. 마음의 고통들 사이에는 자연스러운 경계도, 뚜렷한 구분선도 없다. 대부분은 연속선상에서 서로 얽혀 있다. 물론 심리적 문제에 하나의 진단명을 붙이는 것은 실용적이다. 치료 방향을 잡고 보험 혜택을 받는 데 유용하기 때문이다. 하지만 문제의 원인이 무엇인지, 어떤 치료가 도움이 될지, 회복 가능성은 어떤지를 알려주지는 못한다.

구체적인 예를 들어보자. 주요 우울 장애 진단을 받으려면 아홉 가지 증상 중 다섯 가지 이상을 보여야 한다. 불면증, 피로감, 식욕 저하 같은 것들이다. 그런데 이 증상들은 사람마다 정도가 천차만별이다. 최소 기준만 충족해서 증상이 가벼운 사람(그래프에서 오각형)은 아홉 가지 기준을 모두 충족하는 증상이 심각한 사람(그래프에서 사각형)에 비해 훨씬 건강해 보인다. 하지만 둘 다 진단명은 똑같이 주요 우울증이다. 이제 이런 진단 범주가 얼마나 불완전한지 보이는가?

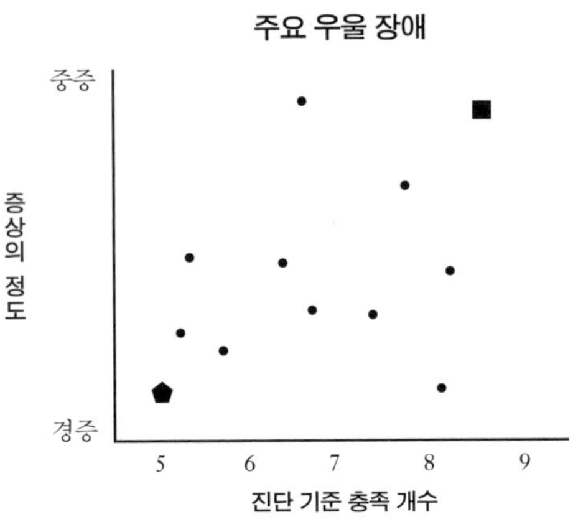

　문제를 더 복잡하게 만드는 것은, 같은 장애를 가진 두 사람이 완전히 다른 모습을 보일 수 있다는 점이다. DSM-5-TR의 주요 우울 장애 기준 아홉 가지를 보면, 같은 진단을 받고도 증상이 거의 겹치지 않을 수 있다. 한 사람은 하루 종일 잠만 자고, 삶에서 기쁨을 찾지 못하며, 식욕이 없어 체중이 줄고, 자기혐오에 빠진다. 반면 다른 사람은 초조하고 짜증을 내며, 집중을 못 하고, 불면증에 시달리다가 과식으로 체중이 늘어난다. 둘 다 우울감을 겪지만 증상의 양상은 현저히 다르다. 이는 하나의 장애가 얼마나 넓은 스펙트럼을 가질 수 있는지 보여주므로 기억해둘 필요가 있다. 자기애성 성격장애의 경우도 모든 기준을 충족하는 사람과 최소 기준만 만족하는 사람은 매우 다른 모습을 보인다.

　마지막으로, 이 책의 목적상 가장 중요하기도 한 단점은 DSM이 정상적인 행동을 병리화해온 역사다. 동성애가 대표적인 예다.

1980년 DSM-Ⅲ에서 삭제되기까지 30년 가까이 동성애는 정신 장애로 분류되었다. 의사가 누군가를 동성애로 진단하고 이 '장애'를 '고치기' 위한 치료를 권하거나 강요할 수 있었다는 의미다. 이는 DSM이 결코 완벽하지 않음을 분명히 보여준다. 그렇다면 우리는 자문하지 않을 수 없다. 인간 존재가 펼쳐 보이는 다양한 모습, 감정의 풍부한 층위, 행동의 자연스러운 변주 사이에서 아직도 잘못된 병리학적 틀에 갇혀 있는 것들은 무엇일까?

예를 들어 현재 DSM에는 지속성 애도 장애라는 진단이 있다. 상실 후 1년이 지나도 뚜렷한 애도 증상을 보이는 사람들을 위한 진단이다. 여덟 가지 기준 중 세 가지만 충족하면 되는데, 떠난 이를 간절히 그리워하는 마음, 자신의 일부가 함께 사라졌다는 공허함, 상실과 연결된 감정적 고통이나 무감각, 깊은 외로움 등이 포함된다. 그런데 잠시 생각해보자. 소중한 사람을 잃은 후 이런 감정을 느끼는 것이 과연 비정상적인가? 이 진단은 애도의 고통 속에서 헤매는 이들이 보험 혜택을 받아 치료를 받을 수 있도록 돕는다. 하지만 그들의 애도가 문제적이거나 병리적이라는 뜻은 아니다.

이 사례는 DSM의 본래 목적을 다시 생각해보게 한다. DSM은 결국 임상가가 내담자를 이해하고 돕기 위한 도구다. 내담자는 자신의 경험을 설명하는 진단명에서 어떤 안도감을 찾을 수도 있다. 하지만 그 진단명이 내담자의 모든 경험을 담아낼 수는 없다. 진단은 치료의 방향을 제시하는 데 유용하지만, 임상가들은 그것에 과도하게 의존해서는 안 된다고 배운다. 진단명은 내담자를 이해하는 출발점일 뿐, 그 사람 자체를 정의하는 것은 아니다.

DSM은 어떻게 심리학 용어를 무기로 만들었을까

딱히 비난하고 싶지는 않지만, 요즘 심리학 용어가 무기처럼 쓰이는 현상에는 DSM도 한몫했다고 본다. DSM은 원래 정신과 의사들이 환자를 진단하고 치료할 때 참고하는 지침서였다. 그런데 어느새 '방구석 전문가'들이 남의 일상을 병으로 규정하는 도구가 되어버렸다. 바로 이런 이유로 많은 임상가가 DSM을 활용하면서도 그 접근법에 불편함을 토로한다. DSM이 모든 걸 의학적 관점에서만 해석하려 하니, 사람들은 자신이 실제보다 훨씬 아프다고 믿게 되고, 의사들도 굳이 필요 없는 치료를 권하게 된다는 것이다. 사실 우리는 누구나 힘든 감정을 겪는다. 문제는 이런 정상적인 감정과 정말로 치료가 필요한 상태를 구분하기가 쉽지 않다는 점이다. 그런데 DSM은 이 경계를 더욱 모호하게 만들어버렸다.

내게도 이런 일이 있었다. 대학원 시절, 나는 극심한 불안을 경험했다. 밤새 뒤척이고 이미 지나간 일을 계속 곱씹었으며 가슴은 터질 듯 뛰었다. 남자친구 노아와 막 헤어졌고, 대학원 과제는 산더미처럼 쌓였으며, 가족과도 여러 가지로 부딪쳤다. 그런데 정말 운 좋게도 좋은 상담사를 만났다. 나를 따뜻하게 받아주면서도 내가 다른 각도로 생각해볼 수 있게 이끌어주는 분이었다. 내게는 정말 의미 있는 첫 상담 경험이었다. 초기 세션에서 나는 약이 필요할 것 같다고 털어놨다. 그녀는 내 말을 경청하고 고개를 끄덕였다. 원한다면 그것도 하나의 선택이라고 했다. 그러면서도 내가 처한 상황을 고려할 때 이런 불안은 자연스러운 반응이며, 나에게는 이를 스스로 헤처나갈 힘이 있다고 믿는다고 덧붙였다.

그녀의 말은 정확했다. 약을 복용하기 시작했다면 증상이 완화되었을까? 아마 그랬을 것이다. 하지만 내 불안은 삶의 고통스러운 사건들에 대한 반응이었지, 내가 스스로 다룰 수 없는 만성적 장애가 아니었다. 겨우 몇 번의 상담을 받았을 뿐인데도 DSM의 기준에 따르면 나는 항불안제 치료 대상이었다. 그래서 나는 당장이라도 정신과에 가려고 했다. 다행히도 내 상담사는 내 경험을 실제보다 과대해석하지 않았다. 오히려 따뜻하게 이해해주면서, 지금 겪는 게 힘든 건 맞지만 누구나 겪을 수 있는 일임을 알게 해줬다.

이 얘기를 꺼낸 건 약을 먹지 말라는 뜻이 아니다. 약이 절실한 사람들이 있고, 실제로 약 덕분에 삶이 나아진 사람도 많다. 문제는 진단을 받고 나서 그 진단명에 갇혀버리는 경우다. 진단서를 받는 순간, 평범한 일상조차 병의 증상으로 보이기 시작한다. 가장 흔한 예가 일을 미루는 습관 때문에 자신을 ADHD라고 진단하는 경우다. 그런데 일을 미루는 게 ADHD일까? 아니다. 그것만으로는 부족하다. 정말 문제가 되려면 일상이 무너질 정도여야 한다. 직장에서 제대로 일할 수 없거나, 관계가 파탄 나거나, 위생 관리, 규칙적인 식사와 수면 같은 건강한 생활을 유지하지 못하는 지경에 이르러야 한다.

결국 우리가 기억해야 할 것은 이거다. 나쁜 습관이 있는 모두가 정신장애를 가진 건 아니다. 의학 서적에 나와 있어도 마찬가지다. 힘든 경험을 했다고 모두 트라우마로 남는 것도 아니다.

실제로 우리는 이런 경향을 너무나 자주 목격한다. 아니, 우리 자신이 그럴 때도 있다. 몸에 뭔가 이상하다 싶으면? 바로 구글부터 켠다. 두드러기가 났다, 배가 이유 없이 아프다, 그러면 증상을 하나하나 검색한다. 그러다보면 평범한 피부 트러블도 희귀 난치병이 되고, 백만분의 일 확률로 걸린다는 병에 내가 걸렸다고 확신한다. 결과는 어떨까? 약국에서 산 연고 하나로 해결된다.

이게 바로 인간이라는 존재의 아이러니다. 몸과 마음을 가졌다는 것 자체가 우리를 각종 통증에 노출시킨다. 그게 신체적이든 심리적이든 말이다. 더 큰 문제는 거기에만 몰두하면 정말로 아픈 것처럼 느껴진다는 점이다. 의사들은 이 현상을 '증상 사냥symptom spotting' 이라고 부른다. 재밌는 건, 의대생들이 특히 이런 경향이 심하다는 것이다.

심리 문제로 넘어가면 양상이 더 흥미로워진다. 우리는 자신보다 남을 진단하는 데 훨씬 능숙하다. 가령 남자친구가 며칠 못 자서 예민해졌다고 하자. 그러면 즉시 진단명이 쏟아진다. "우울증이야! 수면 장애와 과민성, 전형적인 우울증 증상이잖아." 아니면 "조울증일 수도 있어. 불면증과 기분 변화는 조증의 전조 증상이거든". 혹은 "ADHD가 아닐까? 자야 한다는 걸 알면서도 계속 깨어 있는 걸 보니". 또 다른 가능성도 제기된다. "불안장애지! 머릿속이 멈추지 않아서 잠을 못 자고, 그래서 더 예민해진 거야." 그런데 잠깐, 이것도 조증의 증상 아닌가?

평범한 일상을 병으로 만드는 일은 이토록 쉽다. 하지만 하룻밤 못 잔다고 정신병에 걸린 건 아니다. 한 번 무심했다고 사이코패스인 것도 아니다. 진단이란 그렇게 가볍게 내리는 것이 아니다. 오랜 관찰과 데이터, 그리고 전문가의 객관적 판단이 필요하다.

성격장애란 무엇일까

DSM-5-TR에는 약 300개의 정신장애가 실려 있다. 불안장애, 우울장애, 발달장애, 수면장애, 그리고 성격장애까지. 이중에서도 성격장애는 특별히 논란이 많고 오해받기 쉬운 영역이다. DSM 전체도 그렇지만 말이다. 그래서 성격장애의 의미를 잠깐 짚고 넘어가려 한다.

성격장애를 이해하려면 먼저 그것이 무엇인지 알아야 한다. 사회가 기대하는 방식과 너무 다르게 느끼고 행동해서 삶 자체가 어려워지는 상태, 그것이 성격장애다. 직장에서 제 역할을 못 하고, 관계는 늘 파탄 나고, 심지어 자기 관리조차 제대로 하지 못하게 된다. 이들의 가장 큰 문제는 자신과 타인을 있는 그대로 보지 못한다는 점이다. 마치 깨진 거울로 세상을 보는 것처럼, 모든 것이 왜곡되어 보인다. 변화에 적응하지 못하고, 문제가 생기면 엉뚱한 방법으로 대처해서 상황을 더 꼬이게 만든다. 자기감정이 뭔지도 모르고, 왜 그런 감정이 드는지도 모른다. 당연히 감정 조절은 불가능하다. 특히 가까운 사람들과의 관계에서 이런 문제가 폭발한다. 오늘은 사랑한다고 했다가 내일은 미워하고, 끊임없이 싸우고 화해하기를 반복하며, 심할 때는 서로에게 깊은 상처를 남긴다. 정작 가장 소중히 여겨야 할 사람들과는 제대로 된 관계를 만들지 못하면서, 그저 스쳐 지나가는 사람들과는 별 탈 없이 지낸다는 게 아이러니다.

바로 이런 성격장애의 복잡한 세계에서, 우리가 특별히 주목해야 할 세 가지가 있다. 자기애성 성격장애, 반사회성 성격장애(흔히 소시오패스라고 부른다), 그리고 경계선 성격장애다. 이 셋은 공통점이 있다. 모두 '극적이고 불안정한' 유형에 속한다는 것이다. 성격장애를 분류하는 방식은 이렇게 성격의 특징에 따라 나뉜다. 불안에 떨며 두려움에 사로잡힌 유형도 있는데, 여기에는 의존성, 회피성, 강박성 성격장애가 들어간다. 세상을 의심의 눈으로 보며 기이하게 행동하는 유형도 있다. 편집성, 분열성, 분열형 성격장애가 바로 그것이다.

그런데 여기서 까다로운 문제가 생긴다. 모든 정신장애가 그렇듯, 성격장애도 흑백으로 나뉘는 게 아니라 스펙트럼상에 존재한다. 사실 우리 누구나 열 가지 성격장애 중 최소한 하나와는 살짝 닮은 면이 있다. 사랑하는 사람을 배려하지 않고 이기적으로 행동한 적, 근거 없이 연인을 의심한 적, 힘든 감정을 술이나 과식으로 달랜 적이 누구에게나 있다. 이것이 인간의 모습이다. 그러나 이런 모습을 가끔 보인다고 해서, 혹은 유독 한 사람과의 관계에서 그런다고 해서 성격장애인 것은 아니다. 진정한 성격장애는 대부분의 친밀한 관계에서 동일한 문제가 반복적으로 나타날 때 비로소 진단할 수 있다.

이런 사실을 알면서도 우리는 종종 함정에 빠진다. 관계에서 문제가 생기면 상대방을 성격장애로 진단하고 싶어지는 것이다. 모든 갈등의 원인을 상대의 정신적 문제로 돌리면 편하기 때문이다. 물론 실제로 그런 사람들도 있다. 진정한 나르시시스트는 건강한 관계가 무엇인지 모르고, 모든 관계를 자기 손으로 망친다. 경계선 성격장애가 있는 사람은 버림받을 두려움에 시달리며 극단적인 감정 변화를 겪지만, 이를 조절할 방법을 모른다. 소시오패스는 타인의 고통에 공감하지 못하고 사회적 규범을 이해하지 못해 정상적인 관계를 맺기가 불가능하다. 그러나 대부분의 사람은 이러한 범주에 속하지 않는다. 표면적으로 몇 가지 특징을 공유할지라도, 진단이라는 문턱을 넘는 것은 전혀 다른 차원의 문제다.

이제 DSM을 내려놓을 시간이다

DSM은 원래 우리가 집에서 뒤적이며 스스로를 진단하라고 만든 책이 아니다. 일상생활에서 임상 용어를 남발하는 우리의 과도한 열의를 이제는 좀 식혀야 한다. 언제부턴가 우리는 이상한 믿음에 사로잡혔다. 무언가를 제대로 이해하고 바꾸려면 먼저 진단명부터 찾아야 한다는 믿음, '이름 붙이기'가 성장의 첫 단추라는 믿음 말이다. 그런데 정말 그럴까? 사실 누군가를 이해하고 관계를 개선하는 데 진단명 따위는 필요 없다. 상대가 무슨 문제를 가졌을지 전전긍긍하며 증거 수집에 몰두하는 대신, 그 사람 자체를 있는 그대로 바라보고 왜 그런 행동을 하는지 이해하려 할 때 진짜 모습이 보인다. 요컨대 진단명에 집착하지 말고 사람 그 자체를 보자는 얘기다. 재미있게도, 이게 바로 정신 건강 전문가들이 가장 먼저 배우는 기본 중의 기본이다.

3장

학대와
나쁜 행동의 차이

관계란 참으로 경이롭고 충만하면서도 복잡하고 버거운 경험이다. 삶의 의미와 따뜻한 연결감을 선사하지만, 동시에 가장 깊은 상처와 외로움을 안겨주기도 한다. 특히 연인관계가 그렇다. 내가 이 일을 업으로 삼은 이유도 여기에 있다. 연애는 우리에게 풀기 어려운 숙제를 던지지만, 그 숙제를 풀어냈을 때의 행복과 만족감은 그 무엇과도 바꿀 수 없다. 문제는 이게 정말 어렵다는 것이다. 아무리 좋은 관계도 견디기 힘든 시간을 겪는다. 서로가 완전히 단절된 것 같은 순간들, 끝없이 이어지는 원망의 시간들. 심지어 '이제 정말 끝인가' 싶을 때도 온다. 놀라운 건 이 모든 게 정상이라는 사실이다. 그래서 어디까지가 평범한 관계의 어려움이고 어디부터 학대인지 구분하기가 정말 어렵다.

이런 혼란스러움 때문일까. 내 관계가 학대적인지 아닌지 고민하는 사람들의 마음이 정말 잘 이해된다. 사실 나도 젊었을 때는 분명히 학대받고 있다고 믿었다. 하지만 시간이 지나 돌아보니 달랐다. 그 관계들은 생각보다 훨씬 복잡했다. 물론 상처를 받았지만 그게 학대는 아니었다. 우리는 미숙했고, 자신에게 솔직하면서도 상대를 배려하는 방법을 찾아 헤맸을 뿐이었다. 그래서 진짜 학대적 관계인지, 아니면 서로 미숙해서 실수하고 상처 주는 평범한 관계인지 구별하는 게 정말 중요하다. 우리 마음을 지키기 위해서는 말이다.

학대는 인간의 심리적 기반을 근본부터 파괴한다. 자기 신뢰, 자존감, 자아 가치, 정신의 온전함까지 무너뜨린다. 학대 가해자는 피해자의 자아와 타인에 대한 신뢰를 회복 불가능할 정도로 손상시킨다. 나는 이런 파괴가 일어나는 과정을 직접 보았고, 생존자들이 삶을 재건하려 애쓰는 모습도 지켜봤다. 내 상담 경험 중 가장 고통스러운 작업이었다. 학대는 개인의 모든 것을 침식한다. 정체성과 현실감을 빼앗고, 사랑하는 사람들로부터 고립시키며, 투쟁-도피 반응을 지속적으로 활성화해 일상 모든 곳에 불안 요소를 심어놓는다. 그래서 학대, 가스라이팅, 러브 보밍 같은 용어를 함부로 쓰는 걸 볼 때 화가 난다. 이런 오남용은 실제 피해를 가볍게 만들기 때문이다. 학대적 관계는 다른 관계 문제와 명확히 구별해야 한다.

또한 중요한 것은 한 차례의 나쁜 행동이 학대는 아니라는 점이다. 학대의 본질은 해로운 행동들이 마치 복잡한 그물망처럼 서로 얽히고설켜 관계 전반에서 끊임없이 반복되는 데 있다. 그래서 시간이 흘러야만 그 전체 모습이 드러난다. 그런데 우리가 학대를 경계하는 마음이 지나치게 예민해지면 어떻게 될까? 한 차례의 위험 신호만 봐도 즉시 '학대'라는 딱지를 붙이게 된다. 이런 과민 반응을 나는 너무도 이해한다. 학대 관계에 갇힐지도 모른다는 두려움은 우리 내면의 가장 깊은 곳을 건드리기 때문이다. 그런 관계가 한 사람을 얼마나 처참하게 무너뜨릴 수 있는지 우리는 이미 알고 있고, 그렇기에 누구도 학대받기를 원하지 않는다. 하지만 이 두려움 때문에 오히려 없는 학대를 상상하게 된다. 실제로는 문제가 없는데도 학대라고 착각하는 것이다.

하지만 정작 상담실에서 마주하는 현실은 정반대다. 내담자가 실제 가해자인 파트너의 학대를 스스로 인식하는 경우는 극히 드물다. 관계가 끝난 후에야 깨닫는 경우가 대부분이다. 오히려 내가 "당신이 겪는 것은 학대입니다"라고 알려주는 일이 많다. 이유는 간단하다. 학대는 피해자의 현실 인식을 왜곡하기 때문이다. 천천히, 교묘하게 혼란을 만들고, 자기 의심을 심어주며, 판단력을 흐린다. 학대자는 계속해서 "문제는 너"라고 주입한다. 결과적으로 피해자는 관계의 위험성을 모른 채 상담을 받으러 온다. 더 안타까운 건 모든 게 자기 잘못이라고 믿는다는 점이다.

그렇다면 이제 우리가 해야 할 일은 명확하다. 진짜 학대가 무엇인지, 그리고 학대에 대한 오해는 무엇인지 정확히 구분하는 것이다. 이를 명확히 구분해야만 우리는 학대 관련 용어들을 제대로 사용할 수 있다.

학대적 관계의 정의

주의	ooo
혹시 지금 학대적 관계에 있다고 느낀다면, 반드시 도움을 요청하세요. 가정폭력 상담 전화, 피해자 지원 모임, 전문 상담사 등 당신을 도울 수 있는 곳이 있습니다.	

학대적 관계에서 가해자가 추구하는 것은 권력과 통제다

학대자의 심리적 특징은 뚜렷하다. 내면의 불안정성과 과도한 예민함이 핵심이다. 이들은 자신과 관계에 대한 불안을 권력과 통제로 해결하려 한다. 아주 작은 무시의 낌새에도 폭발적으로 반응한다. 건강한 사람은 자신의 과민함을 인식하고 개선하려 노력하지만, 학대자는 반대다. 파트너가 자신을 불편하게 만들 가능성 자체를 차단하려 한다. 내가 설명할 학대 전술들은 모두 이런 통제욕에서 나온다. 이를 통해 학대자는 모든 상황을 자기 뜻대로 해석하고 파트너의 삶을 지배한다.

학대는 대개 천천히 진행되지만, 때로는 갑작스럽게 시작된다. 관계마다 학대의 양상이 완전히 다를 수 있는데, 이런 다양성이 학대를 이해하고 정의하기 어렵게 만든다. 많은 경우 작은 학대 행동들이 시간이 지나면서 점점 심각해진다. 어느 날 문득 자신이 심각한 학대 관계에 있다는 걸 깨닫는데, 어떻게 이 지경까지 왔는지는 알 수 없다. 미지근한 물 속 천천히 익어가는 개구리와 같은 상황이다. 반대로 어떤 커플은 줄곧 건강해 보이다가 갑자기 한쪽이 학대적으로 변한다. 이런 급격한 변화는 피해자에게 큰 충격을 준다. 피해자는 받아들이기 어려운 현실 앞에서 혼란에 빠진다. 이성적으로는 떠나야 한다는 걸 알지만, 마음으로는 예전의 파트너가 돌아올 거라는 희망을 버리지 못한다.

학대적 관계의 핵심 요소는 고립이다

학대자들은 점진적으로 파트너를 고립시키며, 자신의 영향력에

도전할 수 있는 지지 기반을 체계적으로 제거한다. 이 과정을 통해 생존자들은 현실을 검증해줄 가족과 친구들로부터 단절된다. 이들은 원래 학대자의 왜곡된 서사에 대항하고, 생존자에게 학대자의 행동에 대한 책임이 없음을 확인시켜주는 중요한 역할을 한다. 학대자들은 다양한 방법으로 이를 달성하는데, 파트너의 친구나 가족이 부정적 영향을 미친다거나 그들의 행복을 원하지 않는다고 주장하는 것이 대표적이다. 고립이 위험한 이유는 분명하다. 고립된 사람은 통제하기 쉬워지고, 자신의 상황을 말하거나 도움을 요청할 가능성도 줄어든다. 이것이 학대가 무서운 이유다. 학대는 외부의 시선이 닿지 않는 곳에서, 닫힌 문 뒤의 어둠 속에서 조용히 자라난다.

건강한 관계 행동이 사람을 학대에 취약하게 만들 수 있다

대부분의 사람은 갈등을 해결하는 올바른 방법을 안다. 상대방의 입장에서 생각하고, 자신의 잘못을 인정하며, 개선하려고 노력하는 것이다. 이는 분명 성숙한 관계의 모습이다. 그런데 학대적 관계에서는 이런 미덕이 독이 된다. 학대자들은 파트너의 선한 마음을 악용한다. 상대방이 자신의 뒤틀린 시각을 받아들이게 하고, 모든 잘못을 스스로 떠안게 하며, 결국 자신이 문제라고 믿게 만든다. 이렇듯 건강한 관계의 기본인 신뢰와 선의에 대한 믿음이 학대 관계에서는 오히려 위험이 된다. 좋은 파트너가 되려는 바로 그 노력 때문에 학대자의 손아귀에서 놀아나게 되는 것이다.

좋은 관계는 끝맺기 쉽지만, 학대적 관계는 벗어나기 매우 어렵다

직관과 반대되는 것 같지만 사실이다. 건강한 관계에서는 문제를 터놓고 이야기할 수 있고, 잘되지 않으면 헤어질 수 있다. 자존감이 무너지지 않은 상태에서는 혼자서도 충분히 살아갈 수 있고 새로운 사람을 만날 수 있다는 믿음도 있다. 좋은 관계는 서로 합의하에, 때로는 아름답게 마무리될 수도 있다. 학대 관계에서는 불가능한 일이다. 학대받는 사람은 불만을 말하는 것도, 떠나는 것도 두려워한다. 정서적, 신체적 안전이 위협받기 때문이다. 삶의 기반이 무너져서 도움받을 곳도, 돈도, 자존감도 없다. 자신이 사랑받을 가치가 없다는 왜곡된 신념에 갇힌다. 학대를 알아차리면 당장 떠날 수 있을 것 같지만, 실제로는 건강한 관계를 정리하는 것이 훨씬 쉽다.

학대의 순환

1970년대 후반, 미국 심리학자 레노어 E. 워커는 신체적 폭력이 있는 관계에서 반복되는 일정한 패턴을 발견했다. 이 순환은 네 단계로 이루어진다. 긴장이 쌓이는 시기, 폭발, 화해, 그리고 잠깐의 평화다. 처음에는 긴장이 조금씩 쌓이기 시작한다. 학대하는 사람은 점점 예민해지고 사소한 일에도 짜증을 낸다. 피해자는 무엇을 해도 틀린 것 같고, 폭발을 막아보려고 숨을 죽이며 살얼음판을 걷는다. 하지만 피할 수는 없다. 아무리 조심해도 결국 무언가가 방아쇠가 되어 학대로 이어진다. 이때 가해자는 상대를 통제하려고 온갖 학대 행동을 한다. 폭풍이 지나가면 가해자는 후회하거나 상대가 떠날까봐 두려워한다. 그래서 사과하고 화해하려 한다. 지나치게 미안해하고, 다정하고 너그럽게 굴며 자신을 탓한다. 다시는 안 그러겠다고 약속한다. 그러면 잠시 평화가 찾아온다. 이때는 관계가 안정되고 괜찮아 보인다. 학대 관계에서 유일하게 숨 쉴 수 있는 시간이다. 하지만 오래가지 않는다. 긴장이 다시 쌓이고 똑같은 일이 반복된다.

이러한 신체적 학대의 순환과 달리, 정서적 학대는 더욱 미묘하고 파악하기 어려운 형태로 나타난다. 단계가 명확하진 않지만, 그 심리적 파괴력은 결코 가볍지 않다. 대부분의 경우 신체적 폭력이 시작되기 전에 정서적 학대가 먼저 그림자를 드리우며, 피해자의 내면 깊숙이 치유하기 어려운 상처를 남긴다. 실제로 많은 생존자는 정서적 학대가 신체적 학대보다 더 깊고 지속적인 고통을 준다고 증언한다. 정서적 학대에는 가스라이팅이나 러브 보밍 같은 교묘한 심리 조작이 포함된다. 이런 전략들은 상대방의 현실 인식을 체계적으로 왜곡해 자신의 판단력을 의심하게 만들고, 결국 학대자가 구축한 거짓 현실만을 진실로 받아들이게 한다.

이처럼 학대는 단일한 형태로 존재하지 않는다. 다음의 표에서 볼 수 있듯이, 학대는 신체적, 정서적, 경제적, 성적 차원을 아우르는 복합적 현상이다. 어떤 행동은 그 자체로 명백한 학대지만, 많은 경우 그 행동이 일어나는 관계의 전체 맥락과 역학을 살펴봐야만 학대인지 아닌지 판단할 수 있다. 학대의 복잡한 심리적 지형을 이해하는 것은 방대한 작업이다. 더 깊이 있는 이해를 원한다면 학대를 전문적으로 다룬 서적들을 찾아보길 권한다.

<table>
<tr><td>

신체적 학대   ○○○

- 물건으로 때리기
- 주먹으로 치거나 뺨 때리기
- 몸을 붙잡아 못 움직이게 하기
- 떠나지 못하게 막기
- 목 조르기
- 상대가 차에 탄 상태에서
  난폭 운전 하기

</td><td>

정서적 학대   ○○○

- 비웃으며 흉내 내기
- 이유 없이 질투하고 의심하기
- 사람들 앞에서 망신 주기
- 욕하고 무시하기
- 겁주거나 위협하기
- 가스라이팅하기

</td></tr>
<tr><td>

경제적 학대   ○○○

- 용돈이나 생활비 제한하기
- 카드 사용 통제하기
- 통장 못 쓰게 하기
- 공동 명의로 빚 만들기
- 생활비 안 주기

</td><td>

성적 학대   ○○○

- 동의 없이 성관계 강요하기
- 원치 않는 신체 접촉 하기
- 성관계 협박하거나 강요하기
- 술에 취했거나 의식이 없을
  때를 이용하기

</td></tr>
</table>

우리가 심리학 용어를 무기처럼 휘두르며 누군가의 행동을 '학대'라고 명명할 때는, 대개 그것을 정서적 학대로 착각한 상황에서 비롯된다. 신체적 폭력은 경계가 명확하다. 주먹이 날아오면 누구나 안다. 어떤 변명도 통하지 않는다는 사실도 우리 모두가 인정한다. 하지만 파트너가 조용히 속삭인다면 어떨까. "네가 너무 예민해서 그래." "네 기억이 잘못됐어." 이런 말을 들으면 우리는 혼란에 빠진다. 이게 정말 정서적 학대일까, 아니면 내가 실제로 예민하고 기억이 흐릿한 걸까. 이런 상황이 두려운 이유는, 6개월 뒤든 2년 뒤든 10년 뒤든 나중에서야 자신이 파트너에게 조종당하고 통제받았다는 걸

깨달을 수 있기 때문이다. 여기에 정서적 학대에 대한 사회 전반의 인식까지 높아졌다. 이런 것들이 모이면서 우리는 정서적 학대가 아닐까 싶은 순간들을 포착하는 데 지나치게 민감해졌다.

하지만 여기서 우리가 놓치는 중요한 지점이 있다. 학대는 때로 명백하게 드러나지만, 실제로는 그 경계가 모호한 경우가 훨씬 많다. 잠시 생각해보자. 학대로 분류되는 행동 중 상당수가 사실은 평범한 다툼에서도 나타난다. 화가 나서 목소리를 높이거나, 상대의 말을 가로막거나, 과거의 일을 끄집어내며 따지는 것. 이런 행동이 반드시 상대를 무너뜨리려는 학대 전술인 것은 아니다. 대부분은 그저 감정 조절에 실패한 순간일 뿐이다. 그런데 우리는 이 미묘하지만 결정적인 차이를 구분하지 못한다. 그래서 너무나 쉽게, 상대에게 가스라이터나 학대자라는 무거운 꼬리표를 붙여버리고 마는 것이다.

자, 이제 본격적으로 중요한 이야기로 들어가고자 한다. 하지만 그 전에 당신에게 꼭 전하고 싶은 말이 있다. 관계를 끝낼 때 그것이 학대인지 확신할 필요는 없다. 얼마나 심각한 학대인지 정의할 필요도 없다. 지금 당신이 상처받고 있고, 그 관계를 원하지 않는다면, 그것만으로도 충분히 떠날 이유가 된다. 물론 나는 좋은 관계도 어렵고 많은 노력이 필요하다는 이야기를 할 것이다. 하지만 그 관계에 남아서 노력할지 말지는 언제나 당신의 선택에 달렸다. 상대가 학대적일 수도 있고 아닐 수도 있다. 하지만 그건 중요하지 않다. 떠나고 싶다면 떠나면 된다.

어떻게 구별할 수 있을까

그렇다면 학대하는 파트너와 단지 잘못된 행동을 할 뿐 변할 수 있는 사람을 어떻게 구별할까? 이 질문에 답할 수 있게 해주는 두 가지 기준이 있다. 첫째, 학대하는 파트너는 책임을 지지 않는다. 둘째, 학대하는 파트너는 변하지 않는다.

하나. 학대하는 파트너는 책임을 지지 않는다

첫 번째 기준부터 살펴보자. 학대하는 파트너는 관계의 모든 문제가 상대방 때문에 발생한다고 생각한다. 자신이 느끼는 질투, 분노, 불안 같은 부정적인 감정을 전부 파트너가 만들어냈다고 탓한다. 게다가 그런 감정 때문에 파트너를 고립시키거나 물건을 집어 던지는 자신의 행동마저 파트너 책임으로 돌린다. 그들은 진심으로 파트너가 자기 말을 잘 듣고 자신을 화나게만 하지 않으면 아무 문제 없을 거라고 믿는다. 문제는 이런 생각이 서서히 파트너에게도 전염된다는 것이다. 파트너는 점점 '내가 항상 문제야. 계속 실수하고 있어. 내가 더 잘하면 괜찮아질 거야'라고 생각하게 된다. 그래서 눈치를 보고, 자신을 억누르고, 희생한다. 그러면 학대하는 파트너가 행복해질 거라는 희망을 품고서.

바로 이런 이유로 학대 관계에 있는 사람들은 그 순간 자신에게 무슨 일이 벌어지는지 알아차리지 못한다. 그들은 자기만의 현실감각을 잃어버리고 학대자의 왜곡된 시각에 빠져들어, 결국 모든 게 자기 잘못이라고 믿게 된다. 학대자들은 관계의 문제를 파트너 탓으로 돌리는 데 아주 능숙한데, 이를 DARVO라고 부른다. 부인하고 Deny, 공격하고Attack, 피해자와 가해자를 뒤바꾸는Reverse Victim and Offender 전략이다. 그들은 자신의 잘못을 절대 인정하지 않고, 파트너의 신뢰성과 인격을 공격하며, 자신은 피해자인 척하면서 파트너를 진짜 가해자로 만든다. 이런 방식으로 학대자들은 심리학 용어마저 무기로 쓴다. 파트너가 친구들과 어울리다가 약속보다 늦게 들어오면 "네가 내 경계를 침범했어"라고 말한다. 단지 의견이 다르다는 이유로 "네가 나를 가스라이팅하고 있어"라고 비난한다. 학대자가 이런 용어들을 오용하는 이유는 분명하다. 피해자의 행동과 현실 인식을 통제하려는 것이다(바로 이것이 심리학 용어를 무기로 쓰는 것이 그토록 위험한 이유다).

학대하는 파트너는 이처럼 자신의 행동에 대한 책임을 결코 받아들이지 않는다. 관계에서 특별히 애정을 쏟는 단계에서는 잠시 그럴 수도 있지만, 그것조차 지속되지 않고 진정성도 없다. 학대자들은 자신의 행동이 전적으로 정당하다고 느끼며, 파트너가 "자신을 그렇게 만들었다"고 주장한다. 하지만 이 책을 읽는 모든 사람이 꼭 기억했으면 하는 사실이 있다. 나쁜 행동이 나쁜 행동을 정당화할 수는 없다. 피해를 입은 파트너가 거짓말을 했든, 학대자를 모욕했든, 불륜을 저질렀든, 그 무엇을 했든 상관없다. 상대방의 잘못이 아무리 크다 해도 학대하는 파트너에게 보복할 권한이 부여되지는 않는다. 우리는 상처받았다고 해서 복수할 자유를 얻지 못한다. 하지만 학대하는 파트너들은 다르게 생각한다. 그들은 파트너의 지극히 정상적인 행동을 용납할 수 없는 것으로 받아들이고, 훨씬 더 나쁘게 반응한다. 그러면서도 끊임없이 말한다. "네가 제대로만 했으면 내가 이렇게 화낼 일도, 이렇게까지 할 일도 없었어."

둘. 학대하는 파트너는 변하지 않는다

학대하는 파트너들은 모든 것을 상대방 탓으로 돌리기 때문에 자신의 감정과 행동이 정당하다고 믿는다. 이런 사고방식은 당연히 치료를 매우 어렵게 만든다. 나는 이런 내담자들을 금방 알아본다. 그들은 어떤 책임도 지려 하지 않고, 자신이 문제의 일부라는 생각을 전혀 하지 않는다. 물론 누구나 자신의 감정과 행동이 정당하다고 느낀다. 하지만 보통 사람들은 그것이 다른 사람에게 어떤 영향을 미쳤는지는 인정할 수 있다. 그런데 학대하는 파트너들은 다르다. 자신은 사과할 일이 없고 어떤 잘못도 없다고 철석같이 믿는다. 그들이 조금이라도 다르게 생각해보도록 부드럽게 이끌어도 소용이 없다.

그런데 어떤 학대자들은 더 교묘한 방식으로 움직인다. 사소한 잘못은 인정하는 듯한 모습을 보이거나, 공감하는 것처럼 연기한다. 하지만 이것은 진심에서 우러나온 것이 아니며, 우리는 본능적으로 이를 감지할 수 있다. 무언가 조작되고 있다는 불편한 감각이 느껴진다. 그들이 상담에서 적절한 말을 하고 참여하는 듯한 제스처를 취하는 것은, 결국 계산된 행동이다. 나중에 변화하려는 노력을 하지 않는다는 지적을 받을 때 즉각적으로 꺼내 들 수 있는 패를 준비하는 것이다. "뭐라고? 내가 부부 상담까지 받으러 갔잖아. 너는 뭘 해도 만족하지 못하는구나!" 이런 식으로 말이다. 이처럼 치료실에 나타나 형식적으로 참여하는 모습을 보이는 것조차, 사실은 파트너를 계속 통제하기 위한 정교한 전략의 일부일 뿐이다.

내가 상담실에서 목격한 바로는, 학대하는 파트너들도 아주 드물게 번쩍이는 자각의 순간을 경험한다. 그 짧은 순간, 그들은 자신이 얼마나 파괴적이고 문제가 많은지 인정하는 것처럼 보인다. 하지만 안타깝게도 그 깨달음은 오래가지 못한다. 1분 후든, 한 시간 후든, 일주일 후든, 그들은 다시 원점으로 돌아간다. 자신이 피해자라는 입장으로 돌아가 파트너를 탓하며 모든 행동을 정당화한다. 왜 이런 통찰이 지속되지 못할까? 그들에게는 자신의 행동이 얼마나 용납될 수 없는지 인식할 능력도, 의지도, 감정적 여유도 없기 때문이다. 때때로 이들은 개인 상담을 받겠다고, 변하겠다고 약속한다. 하지만 실제로는 절대 그렇게 하지 않는다. 그저 파트너가 떠나지 못하도록 붙잡아두기 위한 공허한 말일 뿐이다.

좋은 사람들도 때로는 나쁘게 행동한다

학대를 구별하는 일이 왜 이렇게 어려울까. 여기엔 불편한 진실이 하나 끼어 있다. 좋은 사람도 때로는 정말 나쁘게 행동할 수 있다는 사실이다. 학대까지는 아니더라도 말이다. 나는 늘 이 점을 강조한다. 특히 정확하지 않은 진단명에 매달리는 사람들에게 말이다. 공감 능력과 양심이 있는 좋은 파트너도 때로는 정말 못되게 굴 수 있다. 그 행동이 학대의 범주에 들어갈 정도로 심각할 때도 있다. 하지만 그렇다고 그 사람이 구제 불능인 학대자라는 뜻은 아니다. 나쁜

게 행동하지만 학대적이진 않은 파트너들의 특징이 있다. 상대를 통제하려 하지 않고, 진심으로 후회할 줄 알며, 변하고 싶어하고 실제로 변한다.

반면 학대하는 파트너들은 이런 변화가 불가능하다. 아니, 애초에 변하고 싶어하지도 않는다. 그들에게는 자기를 돌아보는 통찰력이나 자각이 없다. 가끔 보이는 후회도 껍데기뿐이며 금세 사라진다. 때로 변하겠다고 말하지만, 실제 행동으로 옮기는 일은 거의 없다. 파트너가 원하니까 마지못해 상담에 가기는 해도, 진지하게 참여하지는 않는다. 이와 달리 학대적이지 않으면서 나쁘게 행동하는 사람들은 치료를 통해 충분히 변할 수 있다. 그들은 처음에는 자기 행동의 문제점을 완전히 깨닫지 못할 수 있다. 하지만 누군가 지적해주면 진심으로 후회하고, 개선하기 위해 노력한다.

이런 유형의 파트너들은 상담실에서 진정으로 이해받는다고 느낄 때 비로소 변화의 가능성이 생긴다. 자신의 이야기가 온전히 수용되면 방어적 자세가 누그러지고, 관계의 문제에 자신이 어떻게 원인을 제공하고 있는지 들여다볼 수 있게 된다. 그들에게 먼저 필요한 것은 이런 공감의 언어다. "파트너가 당신의 감정을 무시할 때 왜 그렇게 화가 나는지 이해해요. 중요하지 않은 사람 취급받는 게 얼마나 고통스러운지 저도 알고, 그래서 무시당하지 않으려고 목소리를 높이게 되는 것도 충분히 이해가 됩니다." 자신의 감정이 비정상적이지 않다는 것, 그리고 비록 건설적이진 못했지만 자신의 행동도 나름의 이유가 있었다는 것을 아는 것이 중요하다. 이런 토대 위에서야 진짜 작업이 시작된다. 자신이 소리를 지를 때 파트너가 느끼는 두려움이나 분노, 감정적 단절을 인식하게 되고, 이것이 어떻게 진정한 소통을 가로막는지 깨닫게 된다. 그러나 학대하는 파트너는 결코 이 지점에 도달하지 못한다. 그들은 자신의 감정이 타당하다는 확인만을 계속 요구하며, 내가 자기 성찰과 책임의 영역으로 안내하려 하면 곧바로 익숙한 패턴으로 돌아간다. "파트너가 나를 화나게 하지 않으면 소리 지를 일도 없을 텐데!"

일반적으로 평소에는 문제없던 사람들도 싸울 때는 다르다. 감정에 압도되고 당황하며 절박해지면 평소답지 않은 행동을 한다. 내 경험상 이런 사람들이 파트너를 무시하거나 거짓말하는 이유는 권력과 통제를 원해서가 아니다. 자신을 보호하고 견딜 수 없는 갈등을 끝내고 싶어서다. 사람의 행동을 평가할 때 이 차이를 이해하는 것은 매우 중요하다. 통제가 아닌 연결을 절실히 원하며 행동하는 사람들은 스스로를 돌아볼 수 있고 변할 수 있다. 하지만 심리학 용어를 무기로 사용하면 대화는 끊기고, 그들은 자기 행동을 성찰하기보다 부당한 낙인을 방어하는 데 집중하게 된다. 잘못을 인정했다간 '봐, 네가 진짜 그런 사람이잖아'라는 확신만 심어줄 것 같으니, 차라리 취약한 모습을 보이거나 책임을 인정하지 않는 쪽을 택하게 된다.

여기서 내 개인적인 이야기를 하나 들려주겠다. 20대 중반에 나는 질투가 심한 남자와 잠깐 만났다. 그때는 내가 좋아하는 사람을 별명으로 부르던 시절이었는데, 그 추억을 살려 그를 '페퍼'라고 부르겠다. 우리가 그냥 썸 타던 사이일 때 페퍼는 괜찮았다. 그런데 우리가 정식으로 사귀기 시작하자 그는 돌변했다. 내가 다른 남자와 얘기만 해도 화를 내고, 불안과 의심으로 가득한 문자를 보냈다. 솔직히 나도 지쳤다. 그런데 이상한 건, 이런 행동에도 불구하고 나는 그와 함께 있을 때 안전하다고 느꼈다는 것이다. 다른 면에서는 전혀 학대적이지 않았기 때문이다. 나는 직감적으로 알고 있었다. 그의 질투가 나를 통제하려는 욕구에서 나온 게 아니라, 내가 떠날까봐 두려워서 생긴 거라는 걸. 하지만 그는 그 두려움을 솔직하게 말하는 대신 화로 표현했다. 나중에 차분히 대화하면 그도 자신의 질투가 불안을 감추는 방어막이라는 걸 인정했다. 그는 진심으로 변하고 싶어했다. 하지만 나는 그와 함께 그 과정을 거치고 싶지 않았다. 만약 내가 그를 더 사랑했다면 관계에 남아 함께 노력했을 것이다. 하지만 그만큼의 감정이 없었기에 헤어졌다. 페퍼는 분명 나쁘게 행동했지만 학대자는 아니었다.

그렇다면 왜 평소엔 괜찮은 사람들이 이렇게 못된 행동을 하는 걸까? 답은 의외로 단순하다. 사랑하는 사람, 가장 깊은 정서적 유대를 맺은 바로 그 사람과 갈등을 겪거나 관계가 불안정해지면 우리의 감정 조절 능력이 완전히 무너진다. 싸움은 관계 전체가 흔들리는 것처럼 느껴지게 하고, 절망이나 공포 같은 견디기 힘든 감정을 불러일으킨다. 가장 중요한 관계가 불안정하다고 느껴지면, 우리 자신도 불안정해진다.

이런 감정들이 얼마나 견디기 어려운지는 누구나 안다. 너무 크고 압도적이어서 우리는 어떻게든 그 감정에서 벗어나려고 발버둥친다. 때로는 우리의 입장을 관철하려 고함을 지르기도 하고, 상대의 불만을 축소해 별거 아닌 일로 만들려 하기도 하며, 아예 침묵으로 일관하면서 문제가 저절로 사라지기를 바라기도 한다. 하지만 우리 대부분은 상대를 이기거나 지배하려고 이러는 게 아니다. 단지 싸움을 끝내고 평화를 되찾고 싶을 뿐이다.

물론 이러한 방어 전략들은 관계의 본질적 문제를 해결하지 못한다. 오히려 미성숙한 대응 방식은 갈등을 심화시키고 관계의 균열을 확대한다. 그럼에도 우리가 공황 상태에 빠지면 원시적인 뇌가 작동해서, 어린 시절 부모에게서 배웠거나 과거에 효과를 봤던 방법들을 무의식적으로 반복한다. 더 나은 방법을 모르기 때문에 계속 같은 패턴을 되풀이하는 것이다. 내 말을 들어주지 않는다고 느끼면 더 크게, 더 절박하게 외치는 게 당연하지 않은가? 내가 상대에게 상처를 줘서 상대가 떠날까봐 두려우면 "네가 너무 예민하게 구는 거야"라고 설득하려 드는 게 이상한가? 상대의 분노를 감당하기 어려워서 대화를 피하고 시간이 해결해주기를 바라는 게 비논리적인가? 이런 행동들은 미친 짓이 아니다. 단지 효과가 없을 뿐이다.

나도 고등학교 때부터 8년이나 질질 끌었던 노아와의 관계에서 별의별 바보 같은 짓을 다 했다. 노아가 내 마음을 아프게 하면 나는 아예 입을 다물어버렸다. 며칠씩 말도 안 했다. 솔직히 반쯤은 일부러 그랬다. TV에서 본 모든 장면이 가르쳐준 것은 남자친구가 화나게 하면 차갑게 대해야 한다는 것이었다(「오렌지 카운티The O.C.」의 머리사 탓이다). 하지만 한편으론 내 감정이 너무 벅차서 어떻게 해야 할지 몰랐던 것도 사실이다. 그를 무시한 건 권력이나 통제를 원해서가 아니었다. 반은 연기였고, 반은 나를 지키려는 몸부림이었다. 나는 학대하는 사람이 아니었다. 그냥 10대, 20대가 다 그렇듯 연애에 서툰 애송이였을 뿐이다. TV의 나쁜 예를 따라 하며 감정을 다루려고 애썼고, 그 과정에서 실수도 많이 했다. 침묵으로 대응하는 건 미성숙하고 도움이 안 되는 방법이었지만, 학대는 아니었다. (참고로 그 녀석은 졸업 파티 날 나한테 이별을 통보했다. 그런 충격적인 상황을 감당하려고 애쓰던 열여덟 살의 나를 조금은 이해해주길 바란다.)

사랑하는 사람이 문을 쾅 닫거나 싸울 때 말을 하지 않는 것도 학대의 범주에 들어갈 수 있다. 하지만 때로 이런 행동은 공황 상태에서 나오는 서툰 연결 시도일 수 있다. 이런 사람들은 보통 싸움이 끝난 후 자신의 행동을 깊이 후회한다. 죄책감을 느끼고, 절망하며, 다음에는 더 잘 해결하고 싶어한다. 반면 학대하는 파트너는 싸운 뒤 갑자기 과도한 애정을 보이거나 모든 책임을 상대에게 돌리며 자신의 잘못은 인정하지 않는다. 결국 관계가 학대적인지 판단하려면 단편적인 행동이 아닌 관계의 전체 모습을 봐야 한다.

모든 관계는 어렵다

우리는 누구나 이용당하거나 학대적 관계에 갇힐까봐 두려워한다. 그러니 상대의 나쁜 행동에 재빨리 '학대'라고 이름 붙여 자신을 지키려는 것도 이해가 간다. 늘 경계하고 있으면 당하지 않을 거라고 믿는 것이다. 하지만 안타깝게도 현실은 그렇게 단순하지 않다.

첫째, 과도한 경계심은 평범한 행동까지 학대로 오해하게 만든다. 통제당하는 게 두려우면 단호한 상사가 내 자율성을 빼앗으려는 독재자처럼 느껴진다. 무시당할까봐 걱정되면 의견이 다른 친구가 나를 가스라이팅한다고 생각한다. 관계에서 나를 잃을까봐 불안하면 둘만의 시간을 갖자는 배우자의 순수한 제안조차 나를 고립시키려는 시도로 받아들인다. 결국 우리의 두려움과 집착은 자기실현적 예언이 되어, 애초에 찾고 있던 위협을 어디서든 발견하게 만든다.

둘째, 진짜 학대는 알아차리기가 정말 어렵다. 학대자들은 우리의 현실감각을 천천히 왜곡하는 데 전문가다. 그래서 우리는 모든 게 내 잘못인 것 같고, 뭐가 뭔지 헷갈리고, 혼자라고 느끼게 된다. 우리가 그들의 질투를 지적하면 "왜 그렇게 동료와의 관계를 지키려고 애쓰느냐"고 되묻는다. 가족과 주말을 보내고 싶다고 하면 "지난번에 네 부모님이 나에게 얼마나 무례했는지 잊었느냐"며 피해자 행세를 한다. 문제를 짚으려 할 때마다 그것은 '우리의' 문제로 둔갑한다. 설령 학대를 정확히 파악했어도 이를 학대하는 파트너에게 말하면 상황은 악화된다. 그들은 화를 내고 모든 것을 뒤집어서, 결국 우리가 상처를 주고 인생을 망쳤다며 사과하게 만든다.

가장 힘든 순간에도 항상 올바른 선택을 하는 파트너를 갈망해봤자 우리는 스스로를 실망시킬 뿐이다. 앞서 말했듯이, 정말 좋은 사람도 때로는 정말 나쁘게 행동할 수 있다. 하지만 이런 행동은 대개 반복되지 않고, 계획적이지도 않으며, 상대를 지배하려는 의도에서 나온 것도 아니다. 상대의 모든 실수를 감시하며 즉시 학대라고 낙인찍는다고 해서 그들의 나쁜 행동이 멈추지는 않는다. 오히려 우리는 그 행동 때문에 어떻게 느꼈는지 이야기하는 대신, 용어 사용이 맞느냐 틀리느냐를 놓고 싸우게 된다.

이런 구분을 제대로 하지 못하면 결국 우리는 두 가지 함정에 빠진다. 진짜 학대를 그냥 힘든 시기일 뿐이라며 넘기거나, 반대로 작은 실수도 못 참고 괜찮은 관계를 포기해버리는 것이다. 어느 쪽이든 손해는 우리가 본다. 그런데 만약 배운 것들을 조금 다르게 활용하면 어떨까? 상처받을 때마다 즉시 학대라고 외치는 대신, 진짜 위험한 상황은 경계하면서도 사랑하는 사람들의 불완전함은 이해하려고 노력하는 것이다. 이런 균형 감각이 있으면 소시오패스 같은 정말로 위험한 사람은 피하면서도, 함께 노력할 가치가 있는 관계는 더 좋게 만들어갈 수 있다.

4장

'가스라이팅'인가, 의견이 다를 뿐인가?

상담실에서 내담자들을 만나다보면, 가스라이팅의 정확한 의미를 설명하는 데 생각보다 많은 시간을 쓰게 된다. 내담자들은 자주 묻는다. "파트너와 의견이 다른 게 가스라이팅인가요?" "사랑하는 사람이 틀렸다고 생각하는 건요?" "무슨 일이 있었는지, 누가 뭐라고 했는지를 놓고 서로 다르게 기억하며 다투는 것은 어떤가요?" "오직 하나뿐인 '진실'을 찾으려고 애쓰는 건 또 어떻고요?" 사실 이런 일들은 누구나 관계에서 겪는 평범한 경험이다. 물론 이런 모습이 관계에 도움이 되는 건 아니고, 건설적이지도 않다. 하지만 그렇다고 가스라이팅은 아니다. 이처럼 널리 알려졌지만 정작 그 의미는 흐릿하게 사용되는 이 개념을, 이제 명확히 규명해보자.

가스라이팅의 실제 사례: 니콜라의 이야기

니콜라와 에릭은 친구가 연 파티에서 처음 만났다. 카리스마 있고 열정적인 니콜라에게 에릭은 첫눈에 반했고, 니콜라도 에릭에게 똑같은 끌림을 느꼈다. 둘은 1년쯤 연애한 뒤 함께 살기 시작했는데, 동거를 시작한 지 1년이 좀 넘어가면서 관계에 균열이 생기기 시작했다. 에릭이 니콜라가 바라는 것보다 훨씬 자주 친구들을 만나러 나가는 것이 문제였다. 니콜라는 에릭이 너무 자주 밖에 나간다고 느꼈고, 특히 자신은 초대받지 못한 채 혼자 남겨질 때면 버려진 기분에 사로잡혔다. 에릭의 삶에서 자신이 우선순위가 아니라는 생각이 니콜라를 괴롭혔다. 이 문제로 두 사람은 끊임없이 싸웠다.

이날 밤도 마찬가지였다. 에릭이 클럽 농구 토너먼트 결승전에 나가면서 니콜라에게 구경 오라는 말 한마디 하지 않았다. 그것만으로도 서운했는데, 경기 끝나고 팀 동료들과 동네 술집에 간 것이 화를 돋웠다. 집에서 몇 분 거리밖에 안 되는 술집에서 친구들과 놀고 있다는 걸 알았을 때, 니콜라는 분노가 치밀어 올랐다.

에릭으로서는 니콜라가 왜 이렇게 화가 났는지 도무지 이해할 수 없었다. 그의 머릿속에서는 이런 생각들이 맴돌았다. '결승전 같은 큰 경기가 끝나면 팀 동료들과 한잔하는 게 당연한 일 아닌가? 우리는 같이 살고 있는데. 니콜라가 원하는 만큼 긴 시간을 함께하지는 못하더라도, 매일 밤 얼굴을 마주하는데 이 정도면 충분하지 않나?' 술자리를 마치고 돌아온 에릭은 니콜라가 이미 잠들어 있으리라 짐작했다. 그런데 거실에 들어서자 소파에 앉아 화가 잔뜩 난 채 니콜라가 기다리고 있었다.

"어, 아직 안 잤네! 잠들었을 줄 알았는데. 괜찮아?" 에릭이 조심스레 물었다. 니콜라가 곧 폭발하리란 걸 알고 있었다.

"어떻게 그런 말을 해? 내가 안 괜찮다는 거 뻔히 알잖아. 네가 밤

새 어디 있었는지 다 봤어." 니콜라가 쏘아붙였다. 사귄 지 몇 주째에 니콜라가 강하게 요구해서 서로 위치를 실시간으로 공유하기 시작했는데, 지금 에릭은 그 결정을 몹시 후회하고 있었다. 위치 공유가 싸움의 불씨가 되는 일이 너무 많았다. 니콜라는 에릭이 어디 있는지 알면 안심이 된다고 했지만, 사실은 그가 '있으면 안 되는' 곳에 있는 걸 잡아내려는 것 같았다.

"맞아, 경기 끝나고 저녁 먹으러 갔었어. 미안, 나간다고 말했어야 했는데…… 그냥 오늘 경기 있다고 했으니까 당연히 알고 있을 줄 알았어." 에릭이 말했다.

"나 지금 정말 이해가 안 돼. 경기에도 안 불렀고, 끝나고 노는 데도 일부러 안 불렀잖아. 내가 몇 블록 떨어진 곳에 있는 거 알면서도. 너 왜 이래? 농구 팀이 무슨 나는 못 끼는 비밀 모임이야? 왜 이게 별일 아닌 것처럼 굴어? 이게 얼마나 잘못된 건지 대수롭지 않게 넘기지 마." 에릭이 상황의 심각성을 전혀 모른다는 걸 깨닫자 니콜라의 화는 걷잡을 수 없이 커졌다.

"들어봐, 네가 소외감을 느낀다니 미안해. 근데 솔직히 네가 오고 싶어할 줄 몰랐어." 에릭도 점점 짜증났다. "전에 초대했을 때는 한 번도 안 왔잖아. 그런데 갑자기 이번에만 화내는 건 좀 불공평하지 않아?"

"야, 그 말 진짜 열받게 하네." 니콜라가 쏘아붙였다. "너 한 번도, 단 한 번도 나한테 경기 보러 오라고 한 적 없잖아. 그냥 '오늘 경기 있어' 이런 식으로만 말하지. 근데 표정이나 말투 보면 내가 오는 거 싫어하는 게 다 보여. 그래서 안 간 거야. 농구 얘기 할 때마다 뭔가 감추는 것 같고. 나 되게 찝찝했어. 근데 지금 네가 날 불렀다고 생각한다고? 진심이야? 에릭, 이건 좀 아니지 않아?”

에릭은 혼란스러웠다. 분명히 불렀는데. 적어도 네 번은 확실히 기억났다. ‘오늘도 오라고 문자 보낸 것 같은데…… 아니었나?’ 그런데 니콜라는 한 번도 없었다고 확신하고 있었다.

“아니 진짜 불렀다니까, 니콜라. 몇 번이나. 문자로도 보낸 것 같은데. 잠깐만, 내가 찾아서……” 에릭이 핸드폰을 꺼내려 했지만, 니콜라가 재빨리 가로막았다.

“그만해, 에릭. 또 내가 틀리고 네가 맞다는 증거 찾으려고? 넌 정말 맨날 이런 식이야. 무조건 날 이겨야 되고, 내 위에 서야 직성이 풀리지. 지금 이 상황에서도 네가 아무 잘못 없다는 듯이 행동하는 게 정말…… 나 진짜 이해가 안 돼. 잠깐, 생각을 좀 해봐. 네가 정말로 나한테 경기 보러 오라고 했고, 끝나고도 같이 놀자고 했으면 내가 지금 이렇게 화를 내고 있을 것 같아? 말이 되는 소리를 해. 네가 날 껴줬는데 내가 왜 화를 내? 난 지금, 네가 날 빼놓았기 때문에 화가 나는 거라고. 항상 그래왔잖아, 네 인생 어디에도 내 자리는 없어. 나 정말 지쳤어. 그리고 있잖아, 진짜 소름 돋는 건 뭔지 알아? 네가 의도적으로 날 빼놓고서는, 내가 상처받아서 화내니까 오히려 나한테 화를 낸다는 거야. 이게 가스라이팅이 아니면 뭐야? 제발 변명 좀 그만하고, 거짓말도 그만하고, 그냥 네가 잘못했다고 인정해.”

니콜라의 목소리는 점점 더 날카로워졌다. 에릭이 이렇게 빠져나가려는 모습이 그녀의 분노를 부채질했다. 사실 니콜라의 의식 깊은 곳에는 에릭이 경기를 보러 오라고 했던 순간들이 분명히 존재했다.

하지만 그녀는 그 기억들을 의도적으로 외면했다. 그가 진정으로 그녀를 원했다면, 그녀가 환영받는다고 느낄 수 있도록 더 열정적으로 초대했어야 했다. 그리고 무엇보다, 에릭은 이제 중요한 교훈을 배워야 할 때였다. 더 이상 그녀 없이 마음대로 돌아다닐 수는 없다는 것을. 바로 지금이 그 메시지를 각인시킬 절호의 기회였고, 이를 통해 에릭이 변화하기를 니콜라는 간절히 바랐다.

그 순간 에릭의 마음속에는 의구심이 스며들기 시작했다. '내가 부른 게 맞나? 와서 보라고 했던 것 같은데…… 아니다, 어쩌면 내 착각일지도. 만약 정말로 초대했다면 이렇게까지 화낼 리가 없잖아?'

"난 널 이해할 수가 없어, 에릭." 니콜라가 답답해하며 한숨을 내쉬었다. "사랑한다면서, 같이 살자면서, 왜 날 가스라이팅하고 이렇게 못되게 구는 거야? 그러고도 아무 잘못 없다는 듯이 행동하고. 네가 건망증이 심한 건지, 진짜로 날 불렀다고 착각하는 건지 모르겠지만, 넌 날 부른 적 없어. 그러니까 좋은 남자친구인 척하지 마, 알겠어?" 그녀는 이 대화에서 확실히 우위를 점하고 있다는 걸 느꼈고, 에릭이 다시는 이런 행동을 못 하도록 못을 박아둬야 했다.

에릭은 혼란스러움과 부끄러움이 뒤섞인 감정에 휩싸였다. 니콜라의 말이 맞는 것 같았다. 평소에 기억력이 나쁘다고 생각한 적은 없었는데, 니콜라가 계속 뭔가를 까먹거나 잘못 기억한다고 지적하니까 이제는 자기 기억을 전혀 믿을 수가 없었다. 무슨 일이 있었는지조차 확신이 서지 않았다.

"그래, 네 말이 맞아. 정말 미안해. 너를 빼놓으려던 건 아니었어. 같이 가자고 했어야 했는데." 에릭이 풀이 죽어서 말했다.

"그리고 진짜 내가 와줬으면 좋겠다는 마음으로 불렀어야지. 그냥 여자친구니까 의무적으로 부르는 게 아니라. 아니면 친구들이랑 노느라 날 내팽개치지 말고 경기 끝나자마자 바로 집에 왔어야지. 할 수 있는 일이 얼마나 많았는데." 니콜라가 차갑게 받아쳤다.

니콜라는 사과를 받아들일 생각이 없었다. 에릭에게 악의가 없었다는 것도, 자신이 지나쳤을 수도 있다는 것도 인정하고 싶지 않았다. 화해의 손을 내밀 마음은 더더욱 없었다. 에릭이 잘못을 인정하고 자신이 틀렸다고 받아들이는 것, 오직 그것만이 그녀의 분노를 가라앉힐 수 있었다.

하지만 사실 에릭은 틀리지 않았다. 그는 정말로 니콜라를 경기에 초대했다. 정확히 네 번이나 말이다. 하지만 매번 니콜라는 "형편 없는 조명 아래 지저분한 체육관"에 앉아 있어야 한다며 코웃음 쳤고, 그래서 이번엔 아예 말을 꺼내지 않은 것뿐이었다. 심지어 증거도 있었다. "자기야, 오늘 힘들었지? 그래도 7시 30분에 체육관 잠깐 들러줄 수 있어? 와서 경기 봐주면 정말 기쁠 것 같아." 나중에 에릭은 여전히 니콜라의 해석에 흔들리며 이 문자를 보여줬다. 하지만 니콜라는 이마저 뒤집었다. 피곤한 걸 뻔히 알면서 보낸 거니까 진짜 초대가 아니라고. 니콜라는 이 증거까지도 자기주장을 뒷받침하는 것으로 만들었다. 에릭이 사실은 오길 원하지 않았고, 못 올 걸 알면서 일부러 그런 날을 골라 부른다는 거였다. 에릭은 막막했다. 분명 그녀를 배려하려 애썼는데, 자신이 아는 현실과 니콜라가 말하는 현실은 점점 달라졌다. 이제 에릭은 니콜라가 그려낸 현실 속으로 빠져들고 있었다.

가스라이팅의 정의

가스라이팅은 다른 사람의 현실감각을 무너뜨리는 심리적 학대다. 피해자로 하여금 자신의 기억과 판단을 의심하게 해 결국 가해자의 말만 믿게 만드는 것이다. 가스라이팅하는 사람은 일관되게 같은 메시지를 전달한다. 네 기억이 틀렸다, 그런 일은 없었다, 너는 사실을 왜곡하고 있다. 피해자가 분명한 증거나 생생한 기억을 갖고 있어도 이런 공격은 멈추지 않는다. 중요한 것은 가해자가 이런 말을 하는 방식이다. 그들은 화를 내지 않는다. 대신 당황스러워하고, 걱정스러워하고, 믿을 수 없다는 반응을 보인다. 피해자가 현실을 완전히 잘못 이해하고 있어서 안타깝다는 듯이. 이런 태도는 가해자를 악의 없는 사람으로 보이게 한다. 화내는 게 아니라 진심으로 걱정하는 것처럼 보이기 때문이다. 결과적으로 피해자는 자신을 의심한다. '내가 정말 착각한 건가? 혹시 내가 이상한 건 아닐까?'

실제로 가스라이팅 피해자들을 만나 상담하면서 나는 그들의 고통을 가까이서 지켜봐왔다. 심지어 내 상담실에서, 바로 내 눈앞에서 가스라이팅이 일어나는 것을 목격한 적도 있다. 정말 소름 끼치는 일이었다. 분명 지금 이 순간 벌어지고 있는 일인데도, 그것이 가스라이팅인지 알아차리기가 너무나 어려웠다. 왜 그럴까? 학대자들이 자신의 생각은 진실로, 상대방의 생각은 거짓으로 만드는 데 너무나 능숙하기 때문이다. 이게 어떻게 가능할까 싶겠지만, 공감이나 신뢰, 상대방 관점 이해하기 같은 건강한 관계 능력이 오히려 학대에 악용될 수 있다. 예를 들어 상대방 관점을 이해하려 노력하는 사람은 '내가 틀릴 수도 있다'고 생각하며 상대의 이야기를 받아들일 준비를 한다. 학대자는 바로 이 틈을 이용해 상황을 자기 마음대로 조작한다. 우리는 모두 누군가와 연결되고자 하는 욕구를 갖고 있다. 학대자들은 이런 인간의 기본적 욕구를 악용해 상대를 통제하고 조종하는 것이다.

가스라이팅을 정의하는 핵심 요소는 의도적인 속임수다. 가스라이팅하는 사람은 대부분 자신이 거짓말을 하고 있다는 사실을 너무나 잘 안다. 자기 말이 진실이 아니라는 것도 분명히 알고 있다. 그럼에도 그들은 계속한다. 왜? 다른 사람들이 그 거짓을 진실로 받아들이기를 바라기 때문이다. 더 섬뜩한 것은 이런 가스라이터들이 자신의 행동을 명확히 자각하고 있다는 점이다. 그들은 사람을 조종하고 있다는 것을 알고 있고, 어떤 이들은 그 과정 자체를 즐긴다. 마치 예술작품을 만들듯이 정교하게 거짓을 짜내는 그 솜씨를, 그리고 그로 인해 얻는 우월감과 지배욕을 만끽한다.

다른 경우도 있다. 가스라이터들이 자신의 행동을 전혀 자각하지 못하는 경우다. 이들은 자기 관점이 항상 옳다는 믿음에 깊이 빠져 있어서 무의식적으로 타인의 현실을 부정한다. 이렇듯 강한 확신은 상대방에게 자기 의심을 심어준다. 일단 가해자가 '정상적인 사람' '기억력이 좋은 사람'으로 인정받으면 게임은 끝이다. 그들은 원하는 것을 얻기 위해 무슨 거짓말이든 진실로 둔갑시킬 수 있다. 자신의 잘못을 정당화하고, 갈등의 책임을 상대에게 돌리는 등 다양한 조작이 가능해진다. 니콜라의 경우처럼 명백한 증거를 들이대도 소용없다. 그런 거짓말로 관계에서 힘과 통제권을 얻는다면, 그들은 자신의 행동이 충분히 정당하다고 믿는다.

마지막으로, 가스라이팅은 대개 일회성이 아니다. 권력과 통제를 얻기 위해 가스라이팅을 사용하는 사람들은 이를 일상적으로 반복한다. 그들은 은근하지만 지속적인 방식으로 상황을 장악하고, 상대방의 경험이 틀렸다고 믿게 만든다. 시간이 흐를수록 그 수법은 더욱 교묘하고 복잡해진다. 거짓말 위에 거짓말이 쌓이고, 또 그 위에 새로운 거짓말이 더해진다. 결국 진실은 겹겹이 쌓인 속임수 아래 묻혀버려 찾아낼 수조차 없게 된다. 가해자는 상대가 스스로를 전혀 신뢰하지 못하게 될 때까지, 그리고 자신이 모든 것을 통제하게 될 때까지 이 전략을 반복한다. 결론적으로, 가스라이팅은 정말 무시무시한 학대다.

용어의 발전

아마도 가스라이팅에 대한 가장 적절한 설명은 이 용어의 기원, 즉 1944년 개봉한 영화 「가스등 Gaslight」에서 찾을 수 있을 것이다. 영화에서 그레고리라는 남자는 밤마다 아내가 숨긴 보석을 찾으러 다락방에 올라간다. 수색을 위해 가스등을 켜면 집 안의 다른 불빛들이 깜빡인다. 아내 폴라는 분명히 그 깜빡임을 목격한다. 하지만 그레고리는 단호하게 말한다. "당신이 착각하는 거야." 폴라는 자기 눈으로 똑똑히 불빛이 깜빡이는 걸 보고 있는데도, 남편은 끈질기게 설득한다. "그건 다 당신 머릿속에서 일어나는 일이야." 이런 조작은 영화 내내 지속되고 점점 심해진다. 급기야 그레고리는 폴라가 스스로를 정신이 온전치 못한 사람, 집 밖으로 나가서는 안 되는 사람이라고 믿게 만든다. 폴라는 결국 자신도, 자신이 인식하는 현실도, 자신의 기억도 더 이상 신뢰하지 못한다. 이것이 바로 가스라이팅 피해자들에게 일어나는 일이다. 가해자의 조작으로 인해 스스로를 믿을 수 없는 존재로 여기고, 가해자가 주장하는 사실에만 기대게 되는 것이다.

대략 25년이 흐른 후, 이 영화의 제목은 동사가 되어 두 영국 의사가 저명한 학술지 『랜싯The Lancet』에 발표한 논문에 등장했다. 이 논문은 가스라이팅 사례들을 분석하고, 이런 행위가 어떻게 정상적인 사람들을 정신병원에 부당하게 입원시킬 수 있는지 보여주었다. 심리학계도 이 현상에 주목했다. 학자들은 가스라이터의 심리와 피해자의 심리, 그리고 그 둘 사이에서 작동하는 복잡한 심리적 역학을 파헤치기 시작했다.

그러나 학계의 이런 진지한 탐구에도 불구하고, 가스라이팅이라는 용어가 일반 대중의 언어로 자리잡기까지는 또다시 30년이라는 긴 시간이 필요했다. 그러다 2010년대 중반, 마침내 전환점이 찾아왔다. 가스라이팅에 관한 기사, 책, 블로그 포스트, SNS 게시물, 동영상이 봇물 터지듯 쏟아져 나오기 시작한 것이다. 사람들은 이 은밀한 학대를 정의하고, 식별하고, 다른 이들이 피할 수 있도록 돕는 데 열중했다. 전문가와 비전문가를 막론하고 수많은 콘텐츠 제작자가 가스라이팅의 초기 징후나 미세한 신호를 포착하려 애썼다. 그들의 목표는 분명했다. 피해자들이 자기 자신에 대한 믿음이 완전히 무너지기 전에, 그 파괴적인 관계에서 빠져나올 수 있도록 돕는 것이었다. 이런 열풍은 충분히 이해할 만하다. 누가 가스라이팅의 희생양이 되고 싶겠는가? 우리는 모두 덫에 걸리기 전에 먼저 덫을 발견하고 싶어한다. 하지만 여기에 함정이 있다. 사람들이 초기 단계 가스라이팅이라고 지목하는 행동들이 사실은 평범한 일상적 행동일 수도 있다는 것이다. 그리고 우리는 관계의 전체 맥락을 보지 않고서는 진실을 알 수 없다. 진실을 파악하려면 더 긴 시간과 더 많은 정보가 필요하다.

가스라이팅이 아닌 사례: 멕의 이야기

시시와 멕은 4년 가까이 연인으로 지냈다. 전체적으로는 행복한 관계였지만, 어느 시점부터 몇 달간 어려움을 겪었다. 더 큰 집으로 이사해야 한다는 문제가 불거졌고, 이것이 큰 갈등의 원인이 되어 일상 전반에 영향을 미쳤다. 저녁을 어디서 먹을지 정하는 작은 일에도 긴장되고 짜증이 났다. 문제의 핵심은 이랬다. 시시는 도시 외곽으로 나가서 개들이 뛰어놀 수 있는 마당이 있고 가족계획을 세울 수 있는 큰 집을 원했다. 반면 멕은 도심에 살면서 복잡한 거리를 개들과 산책하는 삶을 좋아했다. 멕도 언젠가는 가족을 원했지만, 그것이 5년 내의 일은 아니라고 생각했다. 아직 젊은데 왜 서둘러 교외로 가야 하느냐는 것이었다.

두 사람은 계속해서 서로에게 집 매물을 보내며 도심과 교외 사이에서 둘 다 만족할 만한 곳을 찾으려 했다. 이 과정에서 시시는 점점 수동 공격적으로 변했다. 매물을 보낼 때마다 은근히 비꼬는 메시지를 함께 보냈다.

어느 날은 현재 사는 곳보다 좁은 도심 아파트를 멕에게 보내며 이렇게 썼다. "이게 우리 돈으로 살 수 있는 전부야 ㅋㅋ." 멕은 "ㅋㅋ" 뒤에 찍힌 마침표를 보고 시시가 화났다는 것을 알았다.

금요일 저녁, 멕은 무거운 마음으로 집으로 향했다. 그날 오전 시시와 나눈 긴장된 문자 대화가 마음에 걸렸다. 시시는 아름다운 빅토리아풍 주택의 오픈하우스를 보러 가자고 했고, 다음 날 일정을 확인하는 메시지까지 보냈다. 멕은 가고 싶지 않다고 답했다. 이 문제를 직면해야 할 때였다. 멕이 집에 들어서자 시시는 이미 와 있었다. 작은 개와 함께 소파에 앉아 있었고, 큰 개는 발밑 바닥에서 자고 있었다. 시시는 책에서 고개를 들어 "어, 왔어?"라고 말했다. 별로 반갑지 않은 목소리였다.

"오늘 일 얘기 좀 하자." 멕이 먼저 입을 열었다. 대화가 싸움으로 번지지 않길 바라는 마음이 간절했다. "이사 때문에 서로 스트레스 받는 거 알아. 우리가 원하는 게 다르다는 것도 알고. 근데 지금 우리가 소통하는 방식이 문제인 것 같아. 오픈하우스 때문에 화난 거 알아. 우리 얘기 좀 할 수 있을까?"

"응, 네 말이 맞아. 진짜 이렇게는 안 되겠다." 시시의 목소리에는 서운함이 묻어났다. "우리가 바라는 게 다르다는 건 나도 알아. 근데 너는 도시를 벗어나는 걸 아예 생각도 안 하는 것 같아서…… 나는 네가 원하는 도심 쪽도 계속 알아보고 있단 말이야. 그런데 같이 집

보러 가기로 해놓고 갑자기 안 간다고 하니까 진짜 서운해." 말끝이 떨렸다. 화가 나면서도 울컥하는 감정이 뒤섞였다.

"그 오픈하우스를 그렇게 진지하게 생각하고 있는 줄 몰랐어. 근데 난 분명히 간다고 확답한 적은 없어. 우리가 함께 볼 만한 집들을 찾아보자고 했지, 그 집에 가겠다고 했던 건 아니야." 멕이 말했다.

"아니야, 분명히 갈 거라고 했어! 내가 링크 보내고 바로 여기서 얘기했잖아. 토요일 아침 10시라고 했더니 네가 알았다고 했던 말이야! 그런데 지금 와서 모른다고 하니까…… 정말 뒤통수 맞은 기분이야." 시시의 목소리가 떨렸다.

"잠깐만, 시시. 난 그 집을 보러 간다고 동의한 적이 없어. 우리 둘 다 마음에 드는 집을 찾아서 함께 둘러보자고 했을 뿐이야. 넌 종종 네가 듣고 싶은 대로 듣고는, 나중에 사실이 다르다는 걸 깨달으면 나한테 화풀이하더라." 멕이 대답했다.

"가스라이팅하지 마! 내 기억을 조작하려고 하지 말라고. 네가 뭐라고 했는지 다 기억나. 오픈하우스 가자고 분명히 그랬잖아. 근데 이제 와서 딴소리야? 나 지금 진짜 속상한데, 속상한 것도 죄야? 내 감정까지 부정하지는 마!" 시시의 목소리가 점점 날카로워졌다.

멕은 놀라고 당황스러웠다. 가스라이팅이라니, 전혀 그럴 의도가 없었다. "내가 가스라이팅을 한다고? 아니야, 진짜 다르게 기억하는 것뿐이야. 오픈하우스 가겠다고 한 적이 없는데. 솔직히 네가 왜 이렇게까지 화내는지 모르겠어."

"봐, 지금도 가스라이팅하고 있잖아. 내가 분명히 기억하는 걸 없었던 일로 만들고 있어. 근데 난 안 속아. 내가 기억하는 게 맞아, 확실해." 시시는 차갑게 말하고는 방을 나갔다. 홀로 남겨진 멕은 죄책감과 무력감에 휩싸였다.

멕과 시시의 대화를 보면 알 수 있듯이, 두 사람은 오픈하우스 관련 대화를 완전히 다르게 기억하고 있다. 서로 상대방의 기억이 틀렸다고 생각한다. 하지만 중요한 것은 멕이 자기 기억이 맞다고 주장했을지언정, 그것이 가스라이팅은 아니었다는 점이다. 멕에게는 시시의 정신을 혼란스럽게 만들거나, 이야기를 조작해서 시시를 통제하려는 의도가 전혀 없었다. 시시가 자신의 현실감각이나 정신 건강을 의심하도록 유도하지도 않았다. 더욱이 이 갈등은 두 사람의 관계에서 반복되는 패턴이 아닌 단발성 사건이었다. 진정한 가스라이팅은 지속적이고 의도적인 학대의 형태로 나타난다. 멕은 시시를 지배하거나 고립시키려 하지 않으며, 오히려 그녀의 행복을 진심으로 바라는 사려 깊은 파트너다. 이번 대화는 비록 서로에게 답답하고 비생산적이었지만 학대는 아니었다. 하지만 시시가 가스라이팅이라는 용어를 사용한 순간, 관계의 역학은 극적으로 변화했다. 이 한마디로 멕은 가해자가 되었고, 시시는 피해자의 위치에서 대화를 끝낼 수 있었다.

가스라이팅의 무기화

심리학 용어가 일상 속으로 들어오면 본래 의미는 흐려진다. 가스라이팅도 예외가 아니다. 한 인플루언서는 독립기념일 연휴에 가족 별장을 쓰지 못하게 했다는 이유로 부모님이 자신을 가스라이팅했다고 주장했다. 덕분에 2만5000명의 팔로워들은 이제 기억이 다른 것만으로도 가스라이팅이 성립한다고 믿는다. 사실 누군가의 행동을 평가하려면 여러 상황을 살펴야 한다. 하지만 SNS에서는 그런 세심함이 사라진다. 맥락과 뉘앙스가 없으면 가스라이팅 같은 용어는 일상의 모든 관계 갈등을 포함하게 된다. 결과적으로 진짜 피해자의 목소리는 묻히고, 별거 아닌 일은 심각한 문제로 포장된다. 상대가 내 의견에 조금만 이의를 제기해도 학대로 여기는 지경에 이르는 것이다.

이런 가스라이팅은 상담 현장에서 참 다루기 어려운 주제다. 세 가지 이유가 있다.

하나. 가스라이팅이라는 말을 너무 쉽게 쓴다

나는 이 단어를 적어도 일주일에 한 번은 듣는다. 하지만 내 경력을 통틀어 진짜 가스라이팅은 다섯 번 정도밖에 없었다. 남자친구와 저녁 약속 시간이 엇갈렸다? 가스라이팅. 배우자가 우유 사 오라는 말 안 했다고 우기는데 나는 분명 부탁했다? 가스라이팅. 친구가 당신이 사소한 일에 너무 예민하게 반응해서 속마음을 털어놓기 어렵다고 하는데, 내가 보기에 이 정도 반응은 정상이다? 가스라이팅. 이렇게 쉽다. 이 용어가 워낙 광범위하게 쓰이니 힘든 대화나 갈등이 생기면 일단 가스라이팅이라고 부르고 본다. 너무 자주 쓰인다.

둘. 사람들은 가스라이팅 주장을 쉽게 포기하지 않는다

이 용어가 정말 다루기 어려운 이유다. 한번 가스라이팅이라고 믿으면 생각을 바꾸기란 거의 불가능하다. 재미있는 건, 자기애성 성격 장애 같은 공식 진단에 대해서는 전문가 의견을 듣겠다고 하면서도, 정작 가스라이팅이 진짜인지는 따져보려 하지 않는다는 점이다. 그도 그럴 것이, 가스라이팅의 정의를 누가 내리나? 영화에서 출발한 말을 심리학자들이 가져다 썼고, 세월이 흐르며 전문가와 일반인이 뒤섞여 각자 의미를 보탰다. 그 결과 사람들은 자신도 동네 심리학자만큼은 이 단어를 안다고 믿는다. 그러니 내가 뭐라 해도 소용이 없다.

셋. 가스라이팅 주장에 의문을 제기하면 그것도 가스라이팅으로 여긴다

임상가로서 가장 아슬아슬한 순간이 바로 이때다. 내담자가 가스라이팅이라고 확신하는 것을 재고해보도록 도우면서도, 동시에 그 시도 자체가 또 다른 가스라이팅으로 느껴지지 않게 해야 한다. 예를 들어 내가 "시아버지 행동이 정말 가스라이팅일까요?"라고 묻는 순간, 내담자는 나마저 자신의 현실을 부정한다고 생각할 수 있다. 많은 치료사가 이를 두려워한다. 내담자에게 가해자 편으로 보이는 것만큼 최악의 상황은 없다. 게다가 내담자들은 이미 자신의 목소리가 무시당하는 것에 예민해져 있어서, 치료 과정에서도 그런 일이 일어나는지 계속 경계한다.

이런 복잡한 상황을 다루다보니, 가스라이팅이라는 용어가 오용되고 무기화되는 특정한 패턴들이 보이기 시작했다. 내 임상 경험상,

이는 주로 두 가지 시나리오로 나타난다.

하나. 의견이 다른 것을 가스라이팅이라고 오해한다

많은 사람이 의견 차이를 가스라이팅과 혼동하는데, 이는 완전히 잘못됐다. 사실 같은 사건도 사람마다 전혀 다르게 기억할 수 있고, 그래서 사람들은 각자 다른 현실을 갖는다. 가장 건강한 관계에서도 '진실'이 무엇인지는 늘 의견이 갈리며, 양쪽 다 타당한 이유가 있다. 각자의 역사, 민감성, 가치관에 따라 중요하게 여기는 정보가 다르기 때문이다. 우리의 경험과 기억은 결코 동일할 수 없다.

연인이 서로 누가 맞는지 다툴 때, 이는 권력을 쥐거나 잘못을 숨기기 위해 상대를 속이려는 게 아니다. 그저 진실을 알고 싶을 뿐 거기엔 악의가 없다. 관계에 도움이 안 되는 건 맞지만, 이는 자연스러운 인간의 성향이다.

사람들의 기억을 하나의 '진실'로 통일시킬 방법은 없다. 그래도 괜찮다. 상대와 같은 방식으로 기억하거나 모든 '진실'에 동의할 필요는 없다. 이를 위해선 처음부터 그걸 관계의 절대 조건으로 삼지 않아야 한다(절대 그러지 말기를 권한다. 그러면 끝없이 싸울 뿐이다).

그런데 만약 연인이나 부부가 '서로 다른 기억은 동시에 존재할 수 없다'고 정해버리면 어떻게 될까. 결국 한 사람은 자신이 틀렸음을 받아들여야 한다. 틀렸다고 몰린 쪽은 대부분 가스라이팅을 당한다고 느낀다. 하지만 이건 가스라이팅이 아니다. 물론 상대를 틀렸다고 몰아가는 행위 자체가 별로 도움이 안 되는 건 맞다. 그렇지만 여기에 상대의 현실감각을 흔들거나 자기 의심을 불러일으키려는 의도는 없다. 그저 두 사람이 은연중에 '하나의 진실만 있을 수 있다'고 전제했기 때문에 벌어지는 일이다. 서로가 자기 경험만이 정확하다고 믿으니, 상대방이 "내 기억이 틀렸어"라고 인정하길 바라는 것뿐이다.

내 결혼생활도 이 함정에서 자유롭지 못했다. 루커스와 나는 특히 젊었을 때 누가 옳은지를 두고 수없이 다퉜다. "그런 말 안 했어!" "했잖아!" "눈 굴렸잖아!" "안 굴렸다니까. 왜 이렇게 예민해?" 끝없고 짜증나고 무의미한 싸움이었다. 우리가 뒤늦게 깨달은 것은, 진실 찾기를 관계의 목표로 삼으면 모든 대화가 채점과 같아진다는 사실이었다. 그러면 옳고 그름을 더 자주 따지게 된다. 루커스와 내가 진정 자유로워진 것은 우리 둘 다 맞을 수도, 틀릴 수도 있다는 걸 받아들이면서부터다. 서로 다른 경험과 관점을 가진 건 당연하고, 누가 진실을 아는지는 중요하지 않다. 중요한 건 동의하지 않더라도 서로의 경험을 인정하는 법을 배운 것이다. 지금도 나는 루커스의 기억이 완전히 틀렸다고 생각할 때가 많다. 하지만 그가 그렇게 느낀다는 사실은 인정하고 받아들인다.

둘. 거짓말을 가스라이팅과 동일시한다

의견 차이를 가스라이팅으로 혼동하듯, 많은 사람이 거짓말 자체를 가스라이팅이라고 오해한다. 거짓말이 좋지 않은 건 맞지만, 모든 거짓말이 가스라이팅인 것은 아니다. 사람들은 다양한 이유로 거짓말을 한다. 창피해서, 자신을 보호하려고, 두려워서, 또는 현실을 인정하기 싫어서. 이들의 목적은 상대를 조종하거나 지배하는 게 아니다. 그저 불편한 상황이나 고통스러운 대화에서 도망치고 싶은 것뿐이다.

　나 역시 불편한 진실 앞에서 숱한 거짓말을 했다. 소중한 사람에게 상처를 줄 만큼 잘못했다는 죄책감은 깊은 두려움으로 이어진다. 상대가 화낼까봐 충동적으로, 때론 무의식적으로 거짓말을 내뱉는다. 사실 버림받는 게 무서운 것도 아니다. 그저 갈등이라는 상황 자체를 피하고 싶을 뿐이다. 내가 스스로를 '타인의 기분에 맞추던 습관에서 벗어나는 중인 사람'이라고 표현하는 이유가 여기에 있다. 거짓말이 입 밖으로 나온 그 순간, 나는 곧바로 잘못을 인정하고 부인했던 사실을 시인한다. 하지만 "그런 말 한 적 없어!"라고 하던 내가 "아니다, 네 말이 맞아. 내가 그렇게 말했어"라고 하기까지의 그 짧은 순간에, 상대는 나를 가스라이터로 볼 수 있다. 그러나 그 순간의 나는 상대를 정신적으로 혼란스럽게 만들려는 의도도, 현실을 내 마음대로 조작하려는 계획도 없다. 단지 헤아릴 수 없는 후회 속에서 절박하게 반응할 뿐이다. 우리 모두 거짓말이 옳지 않다는 데 동의한다. 하지만 그렇다고 거짓말이 곧바로 가스라이팅이 되는 것은 아니다.

　사람들은 늘 의견이 갈린다. 이는 지극히 자연스러운 일이다. 대화 내용을 다르게 기억하든, 사건을 다른 시각으로 보든, 메시지를 제각각 해석하든, 누가 '맞는지' 따질 필요는 없다. 솔직히 말하면 그런 건 하지 말라고 권하고 싶다. 해결책 없는 갈등만 낳기 때문이다. 대신 사람마다 다른 현실과 기억을 가졌음을 인정하자. 때로는 사랑하는 사람도 당신의 현실과 기억에 동의하지 않을 것이다. 자신이 옳고 당신이 틀렸다고 주장할 수도 있다. 짜증나고 소모적이지만, 그 자체로 학대는 아니다. 사람들은 때때로 거짓말을 한다. 하지만 부끄럽거나 죄책감을 느끼거나 당황했기 때문이지, 당신의 현실을 의심하게 만들려는 의도는 아니다. 계속해서 자기 얘기만 내세우고 당신을 이상한 사람 취급하는 게 아니라면, 그것은 가스라이팅이 아니다.

내가 가스라이팅을 한다고 지목됐을 때

대화가 격해지다보면 누군가 당신을 가스라이터라고 부를 수 있다. 단순한 의견 차이였던 대화가 순식간에 심리적 학대로 규정되는 순간이다. 이때 대부분 반사적으로 부인하고 상대에게 똑같이 되돌려주고 싶은 충동이 일어난다. 하지만 이런 반응은 상대의 불안을 증폭하고, 당신이 정말로 학대자라는 믿음을 강화할 뿐이다. 관계를 회복하고 싶다면 정반대로 가야 한다. 방어하려는 충동을 억제하고 다른 방법을 써야 한다.

상대방의 감정을 온전히 타당화하자

가스라이팅 지적에 대응하는 최선의 방법은 아이러니하게도 가스라이팅을 하지 않는 것이다. 이를 위해서는 상대방의 경험을 적극적으로 타당화하는 과정이 필요하다(구체적인 방법은 다음 상자를 참조하자). 그들이 이상한 게 아니라고, 미치지 않았다고 분명히 말해주자. 당신이 다르게 보더라도 그들의 관점을 이해한다고 전하자. 그들의 시각이 타당하며 무엇보다 당신에게 중요하다고 표현하자.

예를 들어 이렇게 말해보는 것이다. "당신 관점을 정말 이해한다는 걸 알아줬으면 해. 내가 보는 건 좀 다르지만, 당신 경험은 타당하고 충분히 납득이 돼. 내가 맞고 당신이 틀렸다고 설득하려는 게 아니야. 만약 그렇게 느껴졌다면 정말 미안해."

타당화란 무엇인가?　　　　　　　　　ооо

타당화 역시 자주 오용되는 단어다. 사람들은 타당화를 원한다고 하지만, 실제로는 동의를 요구한다. 그리고 누군가 동의하지 않으면 나쁘다고 비난한다. 하지만 중요한 사실이 있다. 타당화는 동의와 다르다.

많은 사람이 상대의 관점을 타당화하면 동의하는 것이고, 그 사람이 '옳다'고 인정하는 것이라고 생각한다. 하지만 실제로는 누군가의 감정과 경험을 끝까지 타당화하면서도 동의하지 않을 수 있다.

상대의 분노가 정당하지 않고 부당하다는 생각이 들 수 있다. 이러한 내적 판단을 유지하면서도 동시에 그들의 감정적 경험 자체는 충분히 타당화할 수 있다는 것이 중요하다. "당신은 정상이에요. 왜 그런 기분인지 알 것 같아요. 당신 입장에서는 충분히 그럴 수 있어요. 내가 당신처럼 그 상황을 경험했다면, 나도 똑같이 느꼈을 거예요. 당신이 어떻게 느끼는지가 나한테는 정말 중요해요."

여기 어디에도 이런 말은 없다. "네가 맞아. 내가 틀렸어. 네 생각이 정확해. 내 생각은 안 중요해. 내가 못됐어. 미안해."

이 부분에 책갈피를 꽂아두고 자주 다시 읽어보기를 권한다. 타당화는 우리가 반드시 이해하고 활용해야 할 핵심적인 관계 기술이다.

상대가 느꼈을 감정을 그대로 인정하자

논쟁하는 동안 내 말투나 태도가 상대를 무시하는 것처럼 느껴졌을 수 있다. 그 감정을 이해한다고 전하자. 내가 실제로 가스라이팅을 했는지는 중요하지 않다. 상대가 그렇게 느꼈다는 사실이 중요하다. 사랑하는 사람에게 자신의 기억이나 경험이 부정당하는 기분이 얼마나 아픈지 안다고, 내가 그런 느낌을 줬다면 미안하다고 말하자.

예를 들어 이렇게 말해보자. "내 말이 당신 경험을 부정하는 것처럼 들렸구나. 정말 속상했겠다."

충분히 들어준 후 내 이야기도 나누자

상대의 말을 충분히 들어줘서 상대가 인정받았다고 느낄 때, 조심스럽게 내 관점을 다시 설명해볼 수 있다. 상대의 경험을 부정하는 게 아니라, 내가 상황을 어떻게 보는지 전하고 싶다고 말하자. 상대도 나름의 타당한 관점을 가질 수 있다는 걸 존중하면서, 내 시각도 이해해주길 바란다고 전하는 것이다. (이때 주의할 점이 있다. 상대가 마음이 진정되고 나와 다시 연결되었다고 느낄 때까지 기다려야 한다. 섣불리 시도하면 오히려 상황이 악화된다.)

가스라이팅이 무엇인지 정확히 설명해주자

모든 관계에서 선생님 역할을 하라는 건 아니지만, 가스라이팅이 정확히 무엇인지 설명하는 게 도움이 된다. 그래야 당신이 왜 화가 났는지 이해하고, 앞으로 이 말을 잘못 사용하거나 당신을 공격하는 데 쓰지 않는다. 가스라이팅은 피해자가 자신의 현실을 의심하고 가해자의 이야기에 의존하게 만들어, 가해자가 권력과 통제를 얻는 학대 수법이라고 설명하자. 단순히 의견이 다르고 무엇이 맞는지 싸우는 것보다 훨씬 복잡하고 악의적이라는 점을 분명히 하자. 그런 의미가 아니라면 이 용어를 사용하지 말아달라고 요청하자.

진전이 없다면 서로 숨 고를 시간을 갖자

이런 단계를 다 거쳤는데도 상대가 가스라이팅 주장을 고집한다면, 대화를 잠시 멈출 때가 온 것이다. 하지만 이것도 신중해야 한다. 자칫하면 "너는 나를 무시하고 있어"라는 비난이 들려올 수 있기 때문이다. 침묵으로 상대를 괴롭히는 또 다른 학대인 스톤월링 stonewalling이라면서 말이다.

예를 들어 이렇게 말해보자. "정말 당신과 이 문제를 해결하고 싶어. 하지만 지금 우리가 막다른 곳에 와 있는 것 같아. 이대로는 대화를 제대로 이어가기 어려울 것 같아 걱정이야. 당신이 느끼는 것을 내가 부정한다고 생각하게 만들고 싶지 않아. 내가 상황을 다르게 보더라도 당신의 현실이 충분히 타당하다고 인정한다는 걸 어떻게 전해야 할지 잘 모르겠어. 우리 몇 시간 정도 각자 시간을 갖고 나서 다시 이야기해보면 어떨까?"

모든 노력이 무효할 때는 떠날 용기를 품자

때로는 그 어떤 노력도 상대를 안심시키지 못한다. 이유는 다양하다. 예를 들어 심각한 트라우마 경험 때문에 타인을 신뢰하기 어려운 경우가 있다.

상대가 아직 성장이 필요한 단계에 있을 수도 있다. 관계의 어려움을 건강하게 다루려면 먼저 스스로가 배우고 성장해야 하는데,

그 과정을 거치지 못한 것이다. 부모도 예외는 아니다. 어려운 순간을 함께 헤쳐나가지 못하고, 자신만 옳다고 고집하며, 사과나 화해를 받아들이지 않는 사람과는 갈등을 해결하기 어렵다.

그런데 더 심각한 경우가 있다. 어떤 사람들은 상대가 완전히 항복하지 않으면 절대 입장을 바꾸지 않는다. 이는 학대의 영역으로 진입한 것이다. 만약 갈등을 종결하기 위해 상대가 자기 관점을 완전히 포기하고 전적으로 잘못을 인정하기를 요구한다면, 이건 심각한 문제다. 특히 이러한 패턴이 반복적으로 나타난다면 더욱 그렇다.

이런 상황이라면 그냥 넘어갈지, 떠날지 선택해야 한다. 성숙한 대화를 하지 못하고 가스라이팅이란 말을 계속 오용하는 사람이라면, 이를 받아들이고 관계를 유지할 수도 있고, 거리를 두거나 떠날 수도 있다. 떠나기 전에 앞서 설명한 단계들을 여러 번 시도해보길 권한다. 사람이 변하는 데는 시간이 걸린다. 하지만 결국 선택은 당신의 몫이다.

상대방에게서 가스라이팅의 징조가 보일 때

이제 무엇이 가스라이팅이고, 무엇이 아닌지 제법 잘 알게 되었을 것이다. 돌이켜보면 가스라이팅이라고 생각했던 많은 순간이 사실은 평범한 의견 충돌이었음을 깨달았을지도 모른다. 하지만 정말로 가까운 사람이 당신을 가스라이팅하고 있었다는 사실을 알게 되었다면, 이제 어떻게 해야 할지 결정해야 한다. 다음은 그런 상황에서 참고할 만한 지침들이다.

혼자 판단하지 말고 전문가를 찾자

당신의 관계에 대해 전문가와 얘기하자. 혼자서는 이 관계가 회복 가능한지, 아니면 상대가 정말로 학대적인 사람인지 판단하기 어렵다. 특히 의심되는 사람이 연인이나 배우자라면 더욱 그렇다. 함께 상담받자고 먼저 제안해보자. 전문 상담사의 도움을 받으면 상대방도 자신의 행동을 좀더 객관적으로 볼 수 있게 될지 모른다. 하지만 상담 자체를 거부하거나 잘못을 끝까지 인정하지 않는다면, 정말로 관계를 정리할 때가 온 것이다. 가스라이팅하는 사람과 계속 살아가는 건 정신을 서서히 갉아먹는 일이다. 결국엔 당신 자신을 잃게 될 것이다.

> **주의** ○○○
>
> 신변의 위협을 느낀다면 어떤 조언보다도 당신의 안전이 가장 중요하다. 상대방이 싸울 때마다 가스라이팅이나 다른 학대적인 방법으로 자기 뜻을 관철하려 한다면, 매우 위험한 신호다. 이런 경우라면 정말로 이 관계를 계속해야 할지 깊이 생각해봐야 한다.

상대가 평소 안정적인 사람이라면 감정을 인정하며 다가가자

평소에는 안정된 사람이 이번 대화에서만 유독 서툴게 행동한다면, 충분히 해결 가능한 상황이다. 먼저 상대방의 경험을 인정하고, 그들의 입장을 이해한다고 전달해보자. 이런 접근은 상대의 방어적 태도를 누그러뜨리고, 다음에 이어질 더 어려운 대화를 위한 심리적 공간을 만들어준다. 여기서 중요한 건 상호성이다. 내가 상대의 세계를 인정하는 만큼, 상대도 내 경험을 똑같이 존중해야 한다는 걸 차분히 이야기해보자. 우리는 법정에서 시시비비를 가리려는 게 아니라 함께 살아가려는 것이다. 서로 다른 두 진실이 나란히 존재할 수 있다는 걸 받아들이면, 관계는 한층 더 깊어진다.

다만 이런 대화는 감정이 격할 때보다 조금 진정됐을 때 하는 것이 낫다. 싸우는 도중에는 누구도 자신을 돌아보기 어렵다. 몇 시간이나 며칠 정도 시간 여유를 두면, 가스라이팅에 대한 당신의 우려를 좀더 차분하게 들을 수 있을 것이다. 화가 가라앉으면 자신의 행동을 되돌아볼 여유도 생긴다. 만약 이런 시간을 가진 후에도 대화 자체를 거부한다면? 이미 답은 나온 셈이다.

경계를 긋고 소모적인 대화를 중단하자

자기를 돌아볼 줄 모르는 사람이나 학대적인 사람과는 대화로 해결하기 어렵다. 아무리 노력해도 그들의 생각을 바꿀 수 없을 때가 있다. 가스라이팅이 계속된다면 이제 그 대화에서 빠져나와야 한다. 상대는 당신이 틀렸다고 인정할 때까지 계속 압박할 것이다. 하지만 당신에게는 그런 대화를 거부할 권리가 있다. 내 생각을 존중할 수 있기 전까지는 더 이상 이야기하지 않겠다고 단호하게 말하자. 누가 맞고 틀렸는지 계속 싸우는 것은 아무 소용이 없다. 서로의 감정만 상하고 문제는 해결되지 않는다. 때로는 대화를 멈추는 것이 최선의 선택이다.

학대적 관계는 망설임 없이 정리하자

계속 가스라이팅을 당한다면 이 관계는 끝내야 한다. 특히 다른 학대까지 더해지거나 관계 자체가 숨 막히는 지경에 이른다면 더 망설일 이유가 없다. 내 현실을 인정하지 않는 사람과는 건강한 관계를 맺을 수 없다. 매번 "네가 맞고 내가 틀렸어"라고 말해야 한다면, 그건 대화가 아니라 굴복이다. 이 사람이 다른 방식으로도 당신을 아프게 한다면 지금이 떠날 때다. 상담사를 찾고, 주변에 도움을 요청하고, 무엇보다 먼저 자신을 돌보자.

5장

‘강박장애’인가, 꼼꼼한 성격일 뿐인가?

집에 들어올 때 신발을 벗어달라는 부탁에서 가족여행 일정을 분 단위로 짜는 습관까지, 우리는 일상의 까다로운 성향을 너무나 쉽 게 강박장애라고 부른다. 인간관계 속에서 이런 현상은 더욱 두드러 지는데, 여기서 강박장애라는 용어는 독특한 특성을 하나 보여준다. 다른 심리학 용어들과 달리 양방향으로 작동하는 무기가 되었다는 점이다. 자신의 요구 사항을 관철할 때는 스스로의 강박장애를 근거 로 삼고, 타인의 요청을 거절할 때는 그걸 상대방의 강박으로 치부 한다. 이렇게 우리의 성향과 욕구를 의학적 증상으로 둔갑시키는 일 은 참으로 쉽다. 하지만 곧 알게 되겠듯, 이런 식의 접근은 실제 강박 장애가 지닌 본질적인 특성을 간과하는 것이다.

강박장애의 실제 사례: 마야의 이야기

마야는 집 밖으로 나가는 일을 극도로 꺼렸다. 세상 어디에나 세 균이 득실거렸다. 눈에 보이지는 않았지만, 모든 표면에 도사리고 있고 공기 중을 떠다니는 것을 느낄 수 있었다. 하지만 어쩔 수 없이 나가야 할 때가 있었다. 지금이 바로 그런 때였다. 딸 리즈와 저녁 재료를 사러 마트에 다녀와야 했다. 마야는 리즈가 가장 좋아하는 엔칠라다를 만들어주겠다고 약속했고, 그 후에는 안전하다고 느끼는 곳으로 돌아올 수 있을 터였다. 마트 문을 열고 들어서는 순간, 마야는 좋지 않은 일이 벌어질 것을 예감했다. 매장이 특별히 지저분한 건 아니었지만, 뭔가 불편한 기운이 감돌았다. 리즈는 엄마가 긴장하는 것을 알아차리고 엄마의 팔을 만졌다.

"엄마, 괜찮아요. 토르티야랑 양파만 사고 바로 집에 가요." 리즈가 부드럽게 말했다.

마야는 불안한 기색을 띤 채 고개를 끄덕이며 심호흡했다. 그녀는 늘 그래왔듯이 스스로를 진정시키려 애썼다. '괜찮아, 리즈 말이 맞아. 사람들은 다 이렇게 살아. 세균이야 어디에나 있지만 그게 다 위험한 건 아니야. 집에 가서 손 씻고 산 물건들 전부 소독하면 돼. 늘 그렇게 해왔잖아. 이번에도 문제없을 거야. 할 수 있어.'

가게에 들어서자 마야는 리즈가 더러운 장바구니를 잡기 전에 재빨리 소독 물티슈를 집어 들었다.

"내가 닦을 때까지 손대지 마!" 마야가 딸에게 버럭 소리를 질렀다. 리즈는 흠칫 놀라 뒤로 물러섰고, 얼굴이 새빨갛게 달아올랐다. 엄마가 예민해져서 그런 거지 진심은 아니라는 걸 알면서도, 야단맞을 때마다 마음이 아팠다.

리즈는 엄마의 의무적인 소독 의식이 끝나기를 기다렸다가 장바구니를 건네받았다. 자신이 들고 있으면 엄마가 조금이라도 덜 불안해할 거라 생각했다. 그러나 딸이 장바구니를 들고 있는 모습을 본 마야의 불안은 급격히 치솟았다. 방금 전 깨끗이 닦았음에도, 혹시 놓쳤을지 모를 세균들에 대한 생각이 머릿속을 가득 채웠다.

"화장실 가자, 지금 당장." 마야가 경직된 목소리로 말했다. 리즈의 심장 박동이 빨라지기 시작했고, 그녀는 고개를 끄덕였다. 무슨 일이 일어날지 알고 있었다. "장바구니는 저기 통로 옆에 놔둬. 가까이 가지 마."

화장실 세면대 옆에 비누와 종이 타월이 가득 채워져 있는 것을 본 마야는 안도감을 느꼈다. 엄마가 뭘 원하는지 훤히 아는 리즈는 알아서 세면대로 가 생일 축하 노래를 두 번 부르며 꼼꼼히 손을 씻었다. 그다음은 마야 차례였다. 그녀는 수술실에 들어가는 외과 의사처럼 철저하게 씻었다. 비누 거품을 잔뜩 내고, 40초를 세며 손가락 하나하나를 구석구석 비비고, 손톱 밑까지 닦아낸 뒤 깨끗이 헹궜다. 종이 타월로 물기를 닦고 나서도 뭔가 미진한 느낌이 들었다. 손바닥 아래쪽에 세균이 남아 있는 것이 느껴졌다. 그 부분을 놓쳤음이 분명했다.

그래서 마야는 모든 과정을 다시 시작했다. 이번에는 1분 넘게, 손바닥 아랫부분에 특히 신경 쓰며 씻었다. 그러나 손을 말끔히 닦고 나서도 눈에 보이지 않는 치명적인 세균들이 자꾸만 머릿속에 떠올랐다. 이제는 손목에 세균이 있는 것 같았다.

"엄마, 진짜 깨끗해졌어요. 이제 세균 없어요. 빨리 장 보고 집에 가서 아빠 만나요." 리즈가 부드럽게 달랬다. 엄마를 더 자극하고 싶지 않았지만, 화장실에서 빨리 나가고 싶었다.

"방해하지 마!" 마야가 리즈에게 버럭 소리를 질렀다. "아, 짜증나. 이제 또 처음부터 다시 씻어야 되잖아."

마야는 다시 세면대 앞에 섰다. 이번엔 손목을 넘어 팔뚝까지 씻어냈다. 물기를 닦을 겨를도 없이 또다시 불안이 밀려왔다. 팔을 타고 올라오는 세균들이 느껴진다고, 그녀의 뇌가 속삭였다. 그래서 집도하려는 의사처럼 팔꿈치 가까이까지 박박 문질렀다. 스스로도 이게 얼마나 심각한 상황인지 알았다. 이런 행동이 시간만 빼앗고 자신을 지치게 만든다는 것도 알았다. 그런데도 어쩔 수 없었다. 집에서라면 상관없었다. 거기선 마음이 편해질 때까지 얼마든지 씻을 수 있었으니까. 하지만 지금은 마트 화장실이었고, 딸이 바로 옆에서 기다리고 있었다. 소매가 흠뻑 젖도록 씻었건만 아직도 충분하지 않았다. 울컥 눈물이 차올랐다. 깨끗하다는 느낌이 전혀 들지 않았다. 머릿속에서는 온몸을 뒤덮은 세균들의 이미지가 끊임없이 재생되었다. 그 고통스러운 상상이 멈출 때까지, 그녀는 계속해서 씻고 또 씻을 수밖에 없었다.

리즈는 화장실 구석에 조용히 서 있었다. 울음이 터질 것 같았다. 장바구니를 들어주고, 엄마를 살며시 재촉해서 도움이 되고 싶었다. 하지만 그녀가 하는 모든 시도는 엄마를 더 화나게 만들 뿐이었다. 세상에서 가장 못난 딸이 된 기분이었다. 왜 하필 오늘 밤 엔칠라다를 먹고 싶다고 했을까? 그 한마디가 모든 것을 망친 것 같았다.

강박장애의 정의

DSM의 이전 판에서 강박장애는 불안장애로 분류되었으나, 현재는 '강박 및 관련 장애'라는 별도 범주에 속한다. 이 변화는 강박장애가 저장장애, 피부뜯기장애 등과 몇 가지 특징을 공유한다는 새로운 연구 결과에 따른 것이다. 이런 변화를 보면 알 수 있듯이 진단 매뉴얼은 계속 바뀌고 있다. 그러니 이걸 절대적인 기준으로 삼으면 안 된다.

이 장에서는 강박장애만 다룰 예정이다. 강박장애는 스스로 통제할 수 없는 침습적인 생각(강박사고)과 그 생각들을 없애거나 진정시키려는 행동(강박행동)으로 특징지어진다. 강박장애가 실제로 어떻게 나타나는지는 잠시 뒤에 설명하고, 우선 강박장애로 진단받으려면 어떤 핵심 증상이 있어야 하는지부터 살펴보자.

강박사고: 머릿속에서 계속 맴도는 반복적이고 침습적인 생각, 충동, 걱정, 또는 이미지를 말한다. 강박사고를 겪는 사람은 여러 가지 강박행동을 함으로써 이런 생각을 억누르거나 없애려고 노력한다(다음 내용 참조).

강박행동: 강박사고에 반응하여 반드시 수행해야 한다고 느끼는 반복적 행동이다. 손 씻기나 문이 잠겼는지 확인하는 것처럼 눈에 보이는 행동도 있고, 마음속으로 숫자를 세거나 특정 단어를 되뇌는 것처럼 겉으로 드러나지 않는 행동도 있다. 흥미로운 점은 이러한 강박행동이 그 사람이 두려워하는 결과와

항상 논리적으로 연결되어 있지는 않다는 것이다. 가령 집에 도둑이 들지 않도록 숫자를 센다든지 하는 식이다.

시간을 잡아먹거나 심각한 고통을 야기함: 강박사고나 강박행동이 지나치게 많은 시간을 소요하거나 일상생활 기능을 방해한다. 예를 들어 강박사고나 강박행동에 사로잡혀 일을 할 수 없거나 친구들과 시간을 보낼 수 없게 된다.

미디어는 강박장애의 몇 가지 전형을 보여준다. 손 씻기를 멈추지 못하는 사람, 문을 잠그고 또 잠그거나 전등 스위치를 껐다 켰다 반복하는 사람, 물건을 완벽하게 대칭으로 맞춰 놓는 사람. 이런 묘사가 아주 틀린 것은 아니다. 실제로 강박장애는 예상 가능한 몇 가지 형태로 나타난다. 오염 공포, 대칭과 질서에 대한 집착, 끊임없는 확인, 모든 게 '딱 맞아야' 한다는 욕구 등이 대표적이다. 하지만 대중에게 덜 알려진 강박행동의 영역도 존재한다. 숫자 세기, 마음속으로 특정 말이나 문장을 되뇌기, 정해진 순서나 횟수로 무언가를 만지기, 그리고 금기시되는 생각에 사로잡히는 것 등이다. 특히 마지막 범주는 강박장애의 숨겨진 고통을 드러낸다. 강박장애를 직접 경험하지 않은 이들에게는 낯설 수 있지만, 많은 환자가 폭력적이거나, 성적이거나, 신성 모독적인 침습 사고에 시달린다. 자신이 충동적으로 자해하거나 타인을 해칠지도 모른다는 생각이 의식을 침범하는 것이다. 이러한 강박사고를 중화하거나 완화하는 강박행동 없이는 마치 실존적 위협에 직면한 것처럼, 삶 자체가 위태로워지는 절박함을 경험하게 된다.

강박장애 환자들은 자신의 증상에 대해 다양한 수준의 통찰력을 보인다. 일부는 자신의 강박사고가 지나치고 비현실적이라는 걸 명확히 안다. 알면서도 빠져나올 수 없다는 게 이들의 딜레마다. 그런가 하면 또 다른 이들은 자신의 강박사고가 합리적이라고 믿는다. 그들은 강박행동이 두려워하는 결과를 실제로 막아주리라고 확신한다.

강박장애는 판단하기 어려울 수 있다. 우리 모두 어느 정도는 질서와 청결, 안전을 추구하며 살기 때문이다. 물건이 제자리에 있는 깔끔한 집을 좋아하는 것은 자연스러운 일이다. 집을 나서기 전 가스 밸브나 고데기를 몇 번씩 확인하는 것도 흔한 일이다. 더욱이 우리는 모두 때때로 침습적 사고를 경험한다. 운전 중에 '지금 핸들을 꺾으면 어떻게 될까?' 혹은 지하철 승강장에서 '선로로 뛰어내리면?' 같은 생각이 들 때가 있다. 물론 실제로 그러고 싶은 건 아니다. 이는 위험이 감지되는 상황에서 우리의 무의식이 작동시키는 일종의 심리적 경보 체제다. 신체에 대한 통제력을 확인하고, 의도치 않은 해악의 가능성을 의식함으로써 안전을 확보하려는 역설적 메커니즘인 것이다.

여러 번 강조했듯이 기억해야 할 핵심은 진정한 강박장애의 강박사고와 강박행동이 심각한 고통을 주고, 많은 시간을 소모하며, 일상생활을 방해한다는 점이다. 이는 운전 중 한 번 드는 충동적 생각이나 월세를 제대로 납부했는지 몇 번씩 확인하는 것과는 다르다. 강박장애의 증상은 집요하게 의식을 점령하고, 불안을 증폭시키며, 일상의 모든 영역을 잠식해간다. 가장 고통스러운 것은 멈추고 싶어도 멈출 수 없다는 무력감이다. 이러한 통제 불능의 감각이야말로 '정상적인' 인간 경험과 정신장애를 가르는 결정적 기준이 된다.

이제 한 가지 사고실험을 해보자. 내가 당신에게 오늘 밤 잠들기 전 손을 씻지 말라고 지시한다면 어떤 감정이 들겠는가. 좀 불쾌하거나 짜증이 날 것이다. 인간은 본능적으로 타인의 지시나 통제를 거부한다. 심리학에서는 이를 심리적 반발이라 부르는데, 자유가 위협받거나 제한될 때 그것을 되찾으려는 무의식적 욕구를 의미한다. 10대 자녀를 키우는 부모들이라면 이런 심리를 너무나 잘 알 것이다. 하지만 일반적인 경우, 이런 불쾌감은 잠시뿐이다. 결국 우리는 그 지시를 받아들이고 평온히 잠자리에 들 수 있다. 그런데 오염 강박을 가진 사람에게는 이야기가 완전히 달라진다. 그들에게 손 씻기 금지는 단순한 불편함이 아닌 실존적 위협으로 경험된다. 세균에 대한 침입적 사고와 씻어내야 한다는 충동이 의식을 완전히 장악해서, 수면이라는 기본적인 생리 욕구조차 실현하지 못하게 만든다.

내게는 남들이 보면 강박 같지만 실제로는 그렇지 않은 이상한 습관이 하나 있다. 기억할 수 있는 한 가장 오래전부터, 나는 글자들을 4개씩 묶어서 정리하는 인지적 의식을 수행해왔다. 내 뇌는 어떤 구절을 받아들이면 그것을 네 글자씩 덩어리로 만든다. 구절이나 문장이 딱 4로 나누어떨어질 때의 그 오묘한 쾌감이란. 웃긴 건 내가 수학을 정말 싫어한다는 거다. 그런데도 이런 짓을 왜 하는지 모르겠다. 예를 들어 누가 "How was your weekend?"라고 물으면, 내 뇌는 나도 모르게 순식간에 'howw-asyo-urwe-eken-d'로 쪼갠다. 하지만 마지막 그룹이 네 글자가 되지 않아 불편함을 느낀 내 뇌는 재빨리 "how was the weekend"로 바꿔 'howw-asth-ewee-kend'로 재구성한다. 각 그룹이 네 글자씩인데, 보너스로 그룹도 4개다. 내 뇌가 가장 좋아하는 시나리오다.

왜 이런 일이 일어날까? 나도 모른다. 언제부터 시작됐을까? 그것도 모른다. 얼마나 자주 하냐고? 엄청 많이 한다. 내가 알아차리는 것보다 훨씬 더 자주, 온종일 한다. 가끔은 이 습관의 의미를 곰곰이 생각해보기도 했다. 어쩌면 내 뇌가 현재 하는 일에 지속적으로 몰입하도록 만드는 나름의 전략일지도 모른다는 추측도 해봤다. 그러나 중요한 것은 이 습관이 나를 괴롭히지 않는다는 사실이다. 고통도, 시간 낭비도, 일상의 기능 저하도 없다. 게다가 이건 강박행동이 아니다. 해야만 한다는 압박감도 없고, 떨쳐내야 할 침습적 사고와의 연결 고리도 없다. 그저 내 뇌가 수행하는 기묘하고 무의미하지만 은밀한 만족감을 주는 인지적 유희일 뿐이다.

그래도 듣기에는 영락없는 강박장애 아닌가? DSM의 진단 기준을 모르는 사람한테는 충분히 그럴듯하게 들릴 것이다. "저 완전 강박증이에요. 문장 속 글자를 4개씩 묶지 않으면 못 참아요. 하루 종일 그 생각뿐이고 멈출 수가 없어요." 하지만 정신 건강 전문가에게 이렇게 말한다면, 그들은 이것이 강박장애가 아니라고 확실히 말해줄 것이다. 이 습관은 강박사고와 연결되어 있지 않고, 시간을 과도하게 소모하지도 않으며, 고통스럽지도 않다. 내 뇌가 멈추지 못한다 해도, 일상생활에는 지장이 없다. 하지만 진짜 강박장애를 가진 사람들은 다르다. 그들은 멈추고 싶어도 멈출 수가 없다.

앞 장들에서 살펴보았듯이, 모든 정신장애는 정상적인 인간 행동이 극단으로 치달은 형태다. 그래서 우리는 각 장애의 증상에서 자신의 모습을 쉽게 찾아낸다. 하지만 강박장애를 겪는 사람들의 경험은 단순히 어떤 생각에 사로잡힌 상태와는 차원이 다르다. 그들은 침습적이고 불안을 일으키는 사고로 인해 극심한 고통을 받는다. 이런 사고의 압박에서 벗어나는 유일한 방법은 시간을 소진시키며 짜증나는 반복 행동을 하는 것뿐이다. 일상적인 걱정거리와 강박장애는 이처럼 근본적으로 다른 경험이다. 이 차이를 제대로 구분하지 못하면, 강박장애로 고통받는 사람들이 겪는 진짜 아픔을 이해할 수 없다.

강박장애가 아닌 사례: 후안의 이야기

후안은 속이 부글부글 끓었다. 아니, 이제는 화가 치밀어 오르는 수준을 넘어섰다. 아내 제스에게 현관에 놓인 신발을 제대로 정리해 달라고 부탁한 지 몇 년이 됐을까? 정확히 언제부터인지도 기억이 안 날 정도였다. 그런데도 제스는 여전히 제멋대로였다. 출근할 때 신는 단화는 신발장 맨 위 칸에 놓는 게 가장 합리적이라고 몇 번이나 설명했고(왜 그래야 하는지 이유까지 조목조목 설명해줬다), 비에 젖었거나 흙 묻은 신발은 제일 아래 칸에 둬야 한다고도 당부했다. 그런데 현관 신발장을 보니, 아니나 다를까 젖은 운동화가 가운데 선반에 올려져 있었고, 물방울이 똑똑 떨어져 아래 선반들을 적시고 있었다.

더러운 물이 깨끗하고 마른 다른 신발들에 떨어지는 광경을 보니 속이 뒤틀렸다. 후안은 정말 답답했다. '제스는 도대체 이게 얼마나 어이없는 짓인지 왜 모르는 걸까? 젖은 신발 때문에 다른 신발들이 더러워지는 게 안 보이나? 중간 칸에 억지로 쑤셔 넣느라 부츠가 찌그러진 꼴이 눈에 거슬리지도 않나? 그리고 도무지 이해가 안 가지만, 설마 정말로 아무렇지도 않다고 쳐도, 최소한 남편인 나한테 이게 얼마나 중요한 일인지는 헤아려줄 수 있지 않나?' 그동안 귀가 닳도록 얘기했던 규칙을 계속 어기는 게 의도적으로 느껴질 정도였다. '일부러 화나게 만들려는 건가? 이런 일로 내가 짜증낸다는 걸 뻔히 알면서!' 몇 번을 얘기해도 제스는 도통 알아듣질 못하는 것 같았다.

후안은 4년 전쯤 나눴던 대화를 똑똑히 기억했다. 이 문제로 지금처럼 화를 내기 전이었다. 그때 제스에게 이렇게 말했다. "내가 맨날 잔소리하는 거 알지만, 이건 내 강박증 때문이야. 신발장이 깔끔하게 정리돼 있어야 진짜로 마음이 놓여." 집에 들어오기 전에 인터넷에서 산 조그만 먼지떨이로 신발 좀 털고 들어오라고 할 때도 똑같은 말을 했었다. 흙먼지는 밖에다 두고 들어오자는 게 뭐가 그리 어렵단 말인가. 거실에는 하얀 러그도 있었다. 더러워지면 스팀 청소기를 꺼내 청소할 사람이 제스가 아니라는 걸 후안은 알았다. 제스는 한 번도 써본 적이 없고 어디 있는지도 몰랐다. 지난번에 이런 일이 있었을 때, 후안은 회의에 늦어서 현관의 흙을 그대로 둔 채 나가야 했다. 그날 밤 집에 돌아와서 청소했지만, 애초에 치울 필요가 없었다면 얼마나 좋았을까 싶었다.

후안은 짜증 섞인 한숨을 길게 내쉬며 신발장으로 걸어갔다. 제스는 이런 엉망진창을 봐도 아무렇지 않은 모양이었지만, 자신은 도저히 그럴 수 없었다. 신발들을 하나하나 제자리로 옮기는 동안 짜증이 치밀어 올랐다. 수건을 가져와 운동화에서 아래 선반으로 떨어진 물방울까지 깨끗이 닦아냈다.

마침내 모든 게 제자리를 찾았지만, 속에서 끓어오르는 짜증은 쉽게 가라앉지 않았다. 이렇게 합리적인 시스템이 무시당하는 걸 참을 수 없었다. 제스가 조금만 신경 써서 제자리에 놓기만 하면 신발들이 늘 깨끗하게 유지될 텐데. 후안은 깊게 숨을 쉬며 넘어가려 했다. 이 얘기를 수도 없이 했고, 또 꺼내면 말다툼이 시작될 걸 알았기 때문이다. 하지만 이 일이 오늘 밤 내내 자신을 괴롭힐 것 같다는 느낌이 들었다.

후안이 신발 정리를 깔끔하게 하고 싶어한다는 건 분명했다. 나름의 체계가 있었고, 제스에게 그걸 지켜달라고 귀에 못이 박히도록 얘기했다. 제스는 실제로 99퍼센트의 경우에는 그가 원하는 방식대로 신발을 정리했다. 다만 가끔 급하거나 피곤하거나 깜빡할 때가 있었는데, 후안은 그 1퍼센트의 실수를 절대 놓치지 않았다. 이것이 제스를 미치게 만들었다. 자신이 전혀 중요하게 생각하지 않는 일임에도 '올바른' 방식으로 신발을 정리하려고 정말 노력하는데, 후안은 가끔 잊어버릴 때조차 전혀 너그럽게 넘어가주지 않았다. 후안은 이 모든 것이 자신의 강박장애 때문이라고 주장했다. 그러나 이 문제를 둘러싼 그의 내면의 목소리와, 특히 현관의 흙더미를 치우지 않고도 별다른 불안 없이 지나쳤던 순간들은 다른 이야기를 들려주었다. 후안의 정리에 대한 욕구는 침습적 사고를 없애는 것과는 무관했다.

신발장을 특정한 방식으로 정리하려는 것은 강박행동이 아니었다. 그는 단지 신발장이 깨끗하고 정돈되어 있는 상태를 진심으로 좋아할 뿐이었다. 그런데도 후안은 자신에게 강박증이 있다고 주장함으로써, 제스가 가끔 그에 따르지 않는 것을 자신의 정신 건강을 지지하지 않는 문제로 탈바꿈시켰다. 실제로는 성격과 선호의 문제였는데 말이다. 물론 어지러운 신발장은 그를 불편하게 만들었지만, 그 불편함이 일상을 무너뜨릴 정도는 아니었다.

강박장애의 무기화

누구에게나 남들이 보기엔 쓸데없는 묘한 고집이나 까다로운 버릇이 있기 마련이다. 이런 건 취향일 뿐 강박이 아니다. 예를 들어 한 커플이 있으면, 항상 한쪽은 설거지에 신경을 쓰고, 식기세척기를 완벽하게 정리하기를 원하며, 다른 한 사람은 집 안을 돌아다니며 불을 끄고 주방 찬장을 닫고 다닌다. 작별 인사 때 꼭 키스하고 코 비비기를 한다거나, 휴가 일정을 분 단위로 짜는 것처럼 특별한 습관들도 있다. 사랑하는 사람들이 특정 방식을 고집하고 뜻대로 안 되면 스트레스를 받을 순 있지만, 그게 강박장애는 아니다.

내 남편 루커스는 병뚜껑이 제대로 안 닫힌 상태를 정말 싫어한다. 뚜껑이 반쯤 걸쳐져 헐렁하거나 대충 돌려 비뚤어진 상태 말이다. 반대로 나는 전혀 신경 쓰지 않는다. 우리 집에서 뚜껑을 잘못 닫는 사람은 나뿐이다. 피클, 땅콩버터, 약병, 물병, 보관 용기, 뭐든 뚜껑을 살짝만 올려놓는다. 그런 일에 워낙 관심이 없다보니 내가 그렇게 하고 있다는 것도 모르고 지낸다.

이게 루커스를 완전히 환장하게 만든다. 지금도 분명 루커스 편들면서 기겁하는 분들 있을 거다. 루커스가 조심해달라고 천 번은 말했고, 나도 노력한다. 정말이다. 하지만 내가 제대로 하려는 건 순전히 루커스 때문이지, 원래 뚜껑을 꼼꼼히 닫는 체질이 아니다. 그나마 나아진 게 있다면 이제 약병 뚜껑만큼은 꽉 닫는다는 것이다. 루커스가 이부프로펜을 잘못 먹으면 우리 3.6킬로그램짜리 토이푸들 클리퍼드가 죽을 수 있다고 말한 뒤부터였다. 그때부터 조심하게 됐고, 아이들이 생기고는 더 신경 쓰게 됐다. (루커스 편만 들지 말길. 이 사람은 집 안 여기저기 서랍 열어놓고 다니는 사람이다.)

루커스는 뚜껑을 제대로 닫아야 한다는 욕구가 자신의 "강박증" 때문이라고 주장하며, 내가 이걸 못 지키는 문제를 자기 정신 건강을 무시하는 짓으로 몰아갈 수도 있다. 반면에 나는 이런 걸로 집착하는 루커스가 그저 "강박적"이라고 치부하면서, 말도 안 되게 지나치다며 아예 따르지 않을 수도 있다. 그러면 우리 둘 다 자기 고집을 관철하려고 정신 질환을 방패막이로 쓰는 셈인데, 이건 잘못된 거다.

이 장의 초입에서 언급했듯이, 이 책에 나오는 다른 용어들은 모두 한 방향으로만 무기화된다. 예컨대 자기 행동을 정당화하려고 스스로를 소시오패스라고 주장하는 사람은 없다. 내가 관찰한 바로는 강박장애만이 유일하게 양방향으로 무기화되는 심리 진단명이다. 사람들은 자기 뜻을 관철하고 싶을 때는 자신의 취향을 강박증 탓으로 돌리고, 반대로 상대의 요구를 거부하고 싶을 때는 그 사람에게 강박증이 있다고 몰아간다. 실제 강박장애 진단에는 엄격한 기준이 있는데도, 사람들은 이 용어를 놀라울 정도로 유연하게 사용한다. 아마도 우리가 강박장애를 감기처럼 '걸리는' 질환으로 인식하기 때문일 것이다. 우울증 같은 정신 질환은 종종 그 사람의 타고난 성격이나 기질로 오해받지만, 강박장애는 개인의 의지와 무관한 의학적 상태로 여겨져 상대적으로 낙인이 덜하다. 더욱이 우리는 경계선 성격장애나 자기애성 성격장애를 가진 사람들을 주변에 피해를 주는 존재로 인식하는 반면, 강박장애를 가진 사람들은 타인보다는 자기 자신이 더 고통받는 존재로 바라본다. 강박장애라는 용어가 더 쉽게, 더 폭넓게 사용되는 이유다.

어떤 방식으로 무기화되든, 이 용어를 오용해서는 안 되는 중요한 이유가 몇 가지 있다.

하나. 진짜 강박장애를 심각하지 않은 문제로 만든다

강박장애가 없는 사람한테 강박증이라고 아무렇게나 말하는 건 실제로 이 병을 앓는 사람들의 고통을 깎아내리는 짓이다. 또한 강박장애 환자가 단지 까다로운 성격이나 두려움 때문에 타인을 통제한다는 오해를 불러일으켜 부정적 판단과 분노를 야기한다. 하지만 강박장애는 까다롭거나 지나치게 조심스러운 것과는 다르다. 이건 엄청난 시간을 소모하고 극심한 스트레스와 고통을 주는 장애다. 일을 할 수 없게 만들고, 관계를 유지할 수 없게 만들며, 심지어 집 밖으로 나가는 것조차 불가능하게 만든다.

둘. 다른 사람을 통제하는 도구가 된다

강박장애를 핑계 삼는 사람들은 자신의 까다롭고 지시적인 성격을 감추는 데 이를 이용한다. 이렇게 해서 남의 행동까지 좌지우지하려 든다. 누군가 "내 강박증 때문에" 반드시 이런 식으로 해야 한다고 하면, 그게 아무리 터무니없어도 이의를 제기하기 어렵다. 요즘은 정신적 어려움을 겪는 사람들을 이해하고 돕자는 분위기가 강해서 더욱 그렇다. 누군가의 자가 진단에 의문을 제기하는 것조차 눈치가 보인다. 하지만 정말 이게 도움이 될까?

사실 강박장애를 치료하는 가장 효과적인 방법은 약물 치료와 노출 및 반응 방지 요법을 병행하는 것이다. 쉽게 말해, 강박적인 생각이 들 때 평소처럼 강박행동으로 달래지 않고 그냥 견디는 법을 배우는 것이다. 처음엔 힘들지만 이 과정을 반복하다보면 강박사고를 다루는 새로운 방법을 익히게 되고, 결국 강박사고와 행동의 악순환을 끊을 수 있다. 그래서 누군가의 강박적인 요구를 계속 들어주면 오히려 회복을 방해하게 된다. 도와준다고 했다가 병을 키우는 셈이다.

진짜 강박장애는 남을 통제하기 위한 핑곗거리가 결코 아니다. 정반대다. 강박장애를 안고 사는 사람들은 자신의 강박행동 때문에 주위 사람들에게 양해를 구해야 할 때 극심한 고통과 수치심을 느낀다. 심지어 많은 환자가 자신의 통제 불능 상태를 남에게 보이고 싶지 않아서 아예 사람들을 피한다. 증상을 털어놓기는커녕 필사적으로 숨기려 애쓴다. 만약 이들이 정말로 다른 사람에게 자신의 강박행동을 이해해달라고 부탁한다면, 그건 즐거워서가 아니다. 견딜 수 없는 고통 속에서 그것만이 유일한 출구라고 생각하기 때문이다.

셋. 상대를 무시하는 행위다

마음에 안 드는 부탁을 받았다고 "너 강박증 있구나"라고 말하는 건 비겁한 방법이다. 정당한 요청을 정신 질환 취급해버리는 셈이기 때문이다. 이런 식의 대응은 인간관계에서 절대 하면 안 된다. 상대의 부탁이 좀 과하거나 쓸데없어 보인다고 "강박증이네"라고 말하는 순간, 우리는 그 사람을 예민하고 유난스럽고 의존적이며 남을 조종하려는 사람으로 몰아버린다. 사실상 대화를 끊어버리는 이 행동은 관계에 도움이 될 리가 없다.

내가 강박장애라고 지목됐을 때

남들은 대수롭지 않게 넘기는 일에 유독 당신만 집착하거나, 다른 사람들이 느끼지 않는 불안을 계속 안고 산다면, 누군가는 당신에게 강박증이 있다고 말했을지도 모른다. 그 말을 어떤 상황에서, 어떤 톤으로 들었느냐에 따라 상처가 되었을 수 있다. 화가 나거나 변명하고 싶은 마음이 들 수도 있다. 하지만 그런 즉각적인 반응을 보이기 전에, 잠시 멈추고 다음 몇 가지를 시도해보자.

먼저 숨을 고르고 감정을 가라앉히자

정신장애가 있다는 말은 설사 사실이 아니더라도 듣는 순간 마음이 무거워진다. 그런데 생각해보면, 당신의 요구나 취향이 누군가에게 그 정도로 걱정스럽거나 불편하게 느껴졌다는 뜻이기도 하다.

강박증이라고 판단할 만큼 말이다. 그 판단이 틀렸다 해도, 왜 그런 반응이 나왔는지 돌아볼 필요는 있다. 어떤 상황에서든 즉흥적으로 반응하기보다는 차분하게 대응하는 게 좋다. 그러니 먼저 숨을 깊게 들이쉬고, 마음을 가다듬고, 감정이 차분해질 때까지 기다려보자. 그래야 상대의 말에 어떻게 대답할지 제대로 생각할 수 있다.

진심 어린 걱정일 수도 있으니 스스로를 돌아보자

누군가 당신에게 강박장애라는 말을 했다면, 그게 단순한 공격만은 아닐 수도 있다. 어쩌면 진심으로 걱정하는 마음이 담겨 있을지도 모른다. 잠시 멈춰서, 아니 충분한 시간을 들여서 자신을 들여다보자. 앞에서 설명한 강박사고나 강박행동으로 정말 힘든가? 아니면 그냥 내 방식대로만 하려고 고집부렸던 건가? 솔직히 물어보자. 내가 원하는 방식을 조금 양보할 수 있을까? 그렇게 하면 정말로 견딜 수 없을 만큼 불안해질까? 심장이 빨리 뛰거나 땀이 나는 것처럼 몸이 먼저 반응할까? '전등 스위치를 일곱 번 켜지 않으면 사고가 날 거야' 같은 생각이 머릿속을 가득 채울까? 이왕 자신을 돌아보는 김에 가족력도 한번 생각해보자. 우리 집안에 불안이나 강박 증상을 보인 사람이 있었나? 있다면 좀더 주의 깊게 살펴봐야 한다. 강박장애는 유전적인 면이 있어서, 가족력이 있으면 내게도 나타날 가능성이 꽤 높기 때문이다.

강박장애일 가능성이 있다면 전문적 도움을 구하자

자신을 돌아본 결과 강박장애가 있을 가능성을 느꼈다면, 이제 제대로 된 전문가를 찾아가 평가받고 도움을 받을 차례다. 아무리 모든 증상이 맞아떨어지고 스스로 확신한다 해도, 우리는 자가 진단을 할 수 없다. 전문가가 공식적으로 진단을 내려주는 것이 중요하다는 사실을 기억해야 한다. 치료는 회복에 큰 도움이 된다. 필요하다면 약물 치료도 병행할 수 있다.

강박장애가 아니라면 진솔한 대화로 풀어가자

자신을 돌아본 결과 상대방이 내린 강박장애 진단이 틀렸다는 결론에 이르렀을 수도 있다. 물론 특정한 것에 유별난 선호가 있지만, 그게 강박장애 때문은 아니다. 어쩌면 완벽주의 성향 때문에 다른 사람들이 높은 기준에 못 맞출 때 스트레스를 받거나, 불안감 때문에 정리정돈된 환경에서 안정감을 찾는 것일 수도 있다. 같은 행동도 얼마든지 다르게 해석할 수 있다.

이런 경우라면 당신에게 강박증이 있다고 말한 사람과 진지하게 대화를 나눌 때다. 이 대화에는 두 가지 목적이 있다. 첫째, 상대의 섣부른 진단 때문에 어떤 기분이 들었는지 설명하는 것이다. 상처받았는가? 평가당한다고 느꼈는가? 무시당했다고 생각했는가? 그 말이 얼마나 큰 영향을 미쳤는지 알려주자. 둘째, 당신의 행동이 상대에게 어떤 영향을 주고 있는지 이해하는 것이다. 분명 당신이 한 무언가가 그들 눈에는 강박장애를 의심할 만큼 문제적이거나 이상하게 보였을 테니, 그게 무엇인지 물어보자.

그런데 솔직히 두 번째 것은 더 어렵다. 자신의 행동이 타인에게 미친 영향을 들여다보는 일은 또다시 평가받는 느낌을 불러일으키기 때문이다. 하지만 접근 방법을 바꾸면 훨씬 수월해진다. 먼저 자신이 객관적으로 잘못한 건 없다고 스스로를 안심시키면서도, 동시에 자신의 행동이 누군가에게 부정적인 영향을 미쳤음을 인정하는 것이다. 이 두 가지를 동시에 받아들일 때 비로소 호기심을 가지고 대화에 임할 수 있다. '내가 뭘 해서 이 사람을 힘들게 했을까?' '강박증을 언급한 이유가 나를 진심으로 걱정해서일까, 아니면 내가 자기를 통제하고 비판하는 것 같아 답답해서일까?' '내가 늘 내 방식대로 하라고 상대를 몰아붙이고 있지는 않나?'

대화를 멈추지 말되, 필요하면 전문가와 함께하자

이건 한 번 하고 끝날 대화가 아니다. 서로가 바라는 것이 무엇인지, 의견이 맞지 않을 때 어떻게 풀어갈지는 계속해서 이야기해야 할 주제다. 당신이 어떤 방식을 고수하는데 상대가 강하게 반대한다면 어떻게 할까? 매번 비판받는 기분에서 벗어나려면 무엇이 필요할까? 어떤 취향은 상황에 따라 포기할 수 있지만, 어떤 건 절대 양보할 수 없기도 하다. 이런 대화가 막히거나 힘들어진다면 치료사의 도움을 받는 것도 좋은 방법이다. 치료사는 사랑하는 사람과 제대로 소통하는 법을 알려줄 뿐만 아니라, 왜 자꾸 같은 패턴으로 서로를 비난하게 되는지 그 뿌리를 찾아가는 과정을 함께할 수 있다.

상대방에게서 강박장애의 징조가 보일 때

때로 우리는 단순한 취향이나 습관을 넘어선 행동 패턴을 보이는 사람과 관계를 맺게 된다. 그들의 반복적인 행동이나 집착이 일상생활을 방해할 정도라면, 혹시 강박장애가 있는 건 아닐까 하는 의문이 들 수 있다. 강박장애는 치료 과정이 쉽지 않을 수 있지만, 다행히 나르시시즘 같은 성격장애보다는 접근하기 수월한 편이다. 무엇보다 강박장애로 고통받는 사람들은 자신의 증상을 인식하고 있고, 그로 인한 괴로움 때문에 도움을 받고자 하는 동기가 강하다. 만약 가까운 사람이 강박장애를 가지고 있다고 생각된다면, 다음과 같은 방법으로 접근해보자.

강박장애에 대해 충분히 공부하자

내가 여기서 다룬 것은 강박장애라는 복잡한 장애의 극히 일부에 불과하다. 제대로 이해하려면 이 장애의 다양한 유형과 증상을 다루는 전문 서적들을 찾아 읽어보기를 권한다. 더 깊이 공부하다 보면 당신의 추측이 맞았는지 틀렸는지 알게 될 것이다. 어느 쪽이든 열린 마음으로 받아들이길 바란다.

강박장애가 아니면 관계의 불균형을 바로잡자

여러 정보를 검토한 결과 상대방이 강박장애가 없다는 결론에 도달했다면, 이제 다른 각도에서 상황을 바라봐야 한다. 당신이 진심으로 그들에게 임상적 문제가 있다고 생각했다는 사실 자체가 중요한 신호다. 관계에 뭔가 심각한 불균형이 존재한다는 뜻이기 때문이다. 어느새 그들의 개인적 선호가 경직된 요구로 변질되어, 당신은 통제당하고 억압받는 느낌에 시달리고 있을지 모른다. 이런 상황에서는 솔직한 대화가 필수다. 당신이 상대와 다른 방식으로 행동할 수 있다는 점, 그리고 관계 속에서 각자의 자율성이 보장되어야 한다는 점을 차분히 설명해보자. 물론 그들에게 정말 중요한 문제라면 그들의 방식을 따를 수 있다고 전달하되, 이는 당신이 편안하게 받아들일 수 있는 범위 내에서만 가능함을 기억하자. 동시에 당신 역시 독립성과 선택의 자유를 필요로 하는 한 사람이라는 점을 잊지 말고 전달하자.

정말 강박장애가 의심된다면 부드럽게 다가가자

상대방의 행동이 그들에게 고통을 주거나 일상생활에 문제를 일으키고 있지 않을까 걱정된다면, 그 우려를 나누는 것이 좋다. 하지만 이런 걱정을 전달하는 방식이 무엇보다 중요하다. 그들이 힘들어하고 있음을 알아차렸다고 전할 때는 친절하고 부드럽게 말해야 하고, 절대 병으로 몰아가는 듯한 태도는 피해야 한다. 그들이 어떤 생각에서 벗어나지 못하는지, 반복적인 강박에 빠졌을 때 어떤 기분이 드는지 같은 실제 경험에 대해 물어보자. 그들을 이해하려고 노력하고 진심으로 걱정하고 있음을 보여주는 것이 중요하다.

강박장애로 고통받는 상대를 비난하지 말자

강박장애를 가진 사람과 관계를 맺기는 정말 힘든 일이고, 증상이 심한 경우라면 더욱 그렇다. 하지만 중요한 것은 강박장애를 가진 사람들이 극심한 고통 속에서 살아가고 있다는 사실이다. 만약 그들이 마법처럼 강박사고와 행동을 멈출 수 있다면 당연히 그렇게 했을 것이다. 당신이 목격한 강박행동을 멈추지 못한다고 해서 그들을 비난하지 말자. 같은 강박적 생각을 반복한다고 해서 짜증내지도 말자. 적어도 지금 이 순간, 이러한 것들은 그들이 통제할 수 없는 영역에 있다.

도움을 받도록 격려하자

앞에서 설명했듯이 강박장애의 권장 치료법은 노출 및 반응 방지 요법이며, 대개 약물 치료와 병행한다. 아직 도움을 받지 않고 있다면 치료를 시작하도록 격려해주는 것이 중요하다. 만약 거부감을 보인다면, 그 행동이 두 사람의 삶에 어떤 영향을 미치고 있는지 차분히 이야기해보는 게 좋다. 이때 조심해야 할 점은 그 사람 자체를 문제로 만들지 않는 것이다. 강박장애라는 질환을 두 사람이 함께 해결해야 할 공동의 과제로 설정하면, 치료에 대한 저항감을 줄이고 협력적인 관계를 만들어갈 수 있다.

치료 과정에서 지지자가 되자

강박사고를 막아주던 강박행동을 포기한다는 건 정말 무서운 일이다. 그동안 불안을 달래던 유일한 방법을 내려놓아야 한다니, 사랑하는 사람이 치료를 시작하기 전에 망설이는 것도 당연하다. 이럴 때 우리가 할 수 있는 일은 그들이 원하는 방식으로 곁에 있어주겠다고 말하는 것이다. 물론 우리도 감당할 수 있는 선에서 말이다. 좋은 치료사를 찾는 일을 돕거나, 의사에게 설명할 증상들을 함께 정리해줄 수 있다. 병원까지 차로 데려다주겠다고 제안하는 것도 도움이 된다. 치료받는 길에 놓인 작은 걸림돌이라도 함께 치워나간다면, 그것만으로 큰 힘이 될 수 있다.

거리 두기나 이별도 하나의 방법임을 알아두자

당신이 이미 알고 있기를 바라지만, 그래도 분명히 말해두고 싶다. 만약 상대방이 도움받기를 계속 거부한다면, 관계에서 거리를 두거나 아예 관계를 끝내는 것도 괜찮다. 정신 질환으로 힘들어하는 이를 그 사람의 가장 어려운 시기에 떠나는 것이 잔인하게 느껴질 수 있다. 하지만 당신은 자신을 먼저 돌봐야 한다. 이 관계가 당신의 정신 건강이나 삶의 질을 해치고 있다면, 이제는 떠날 때가 온 것일 수도 있다.

6장

'레드 플래그'인가, 평범한 관계 갈등일 뿐인가?

레드 플래그red flag란 관계에서 학대가 시작되기 전에 나타나는 여러 행동을 에둘러 표현한 말이다. 즉, 상대방이 연애 상대로 적합하지 않다는 것을 알려주는 지표라고 할 수 있다. 새로운 관계를 시작하거나 누군가에게 매력을 느낄 때 우리는 이런 위험 신호들을 쉽게 놓치거나 때로는 일부러 외면한다. 하지만 그 관계로 인해 상처받은 뒤 되돌아보면 그때는 보이지 않던 것들이 선명하게 드러난다. 레드 플래그라는 개념이 워낙 넓은 범위의 행동을 포괄하다보니 명확히 정의하거나 반박하기가 쉽지 않다. 이 장에서는 이 용어가 일반적으로 어떻게 사용되는지 살펴보고, 실제 관계에 적용할 때 균형 잡힌 시각을 유지하는 방법을 알아보려고 한다.

레드 플래그의 실제 사례: 크리스티의 이야기

소냐는 직장에서 있었던 일을 남편에게 털어놓으며 울고 있었다. 전 직원이 모인 회의에서 상사 크리스티가 대놓고 망신을 준 것이다.

크리스티가 "소냐는 또 맡은 일을 제대로 못 하는 것 같은데, 누가 나서서 우리를 도와줄래요?"라고 말했을 때, 옆에 있던 동료는 입을 다물지 못했다. 소냐는 정말 어이가 없었다. 상사가 하루 전에 고객 미팅 자료를 만들라고 해서, 그 일을 해냈다. 사실 꽤 훌륭한 자료였다. 하지만 한 슬라이드에 오타가 하나 있었고, 소냐가 회의에서 발표하던 중 크리스티가 그걸 발견하자마자 갑자기 독설을 퍼부었던 것이다.

크리스티가 상식을 벗어난 행동을 한 것은 이번이 처음이 아니었다. 소냐가 이 회사에 면접을 보러 왔을 때 크리스티는 늦게 나타났다. 몇 분도 아니고 30분이나 늦었다. 소냐가 사무실 밖에서 기다리고 있는데, 크리스티는 먹다 남은 음식 봉지를 들고 나타나서는 사과 한마디 없었다. 소냐를 힐끗 보고는 "아직도 여기 있네? 면접 보러 온 거죠? 잠깐만 기다려요"라고 했다. 소냐는 또 8분을 더 앉아 있어야 했고, 그제야 크리스티가 사무실에서 "들어와요!"라고 불렀다. 늦은 것에 대해 아무 말도, 미안하다는 말도 하지 않았다.

마침내 시작된 면접은 고작 15분 만에 끝났다. 크리스티는 질문도 거의 하지 않았고, 소냐가 업무와 회사 분위기를 물어보자 짜증을 냈다. "아니, 뭘 그렇게 걱정을 많이 해요? 꼭 여기서 일해야 되는 것도 아니잖아요. 그냥 보통 사람들이랑 하는 보통 일이에요." 너무 간절해 보이거나 자신감 없어 보일까봐 소냐는 입을 다물었다. 크리스티가 무심하게 그 자리에서 채용을 결정했을 때, 육아휴직 후 직장생활로 돌아가는 게 걱정됐던 소냐는 얼른 승낙했다.

그 후로도 상황은 나아지지 않았다. 크리스티는 다음 주부터 바로 출근하라고 다그쳤다. "싫으면 관둬. 우리는 지금 사람이 급해." 그런데도 근로 계약서는 한 달이 넘도록 주지 않았다. 소냐는 월급도 못 받으면서, 정식 직원인지 아닌지도 모른 채 일했다. 계약서 얘기를 꺼낼 때마다 크리스티는 귀찮다는 듯 말했다. "왜 그래, 소냐. 인사팀에서 준비하고 있어. 다들 바빠."

크리스티는 언제나 급하게 일을 시켰고, 소냐가 못 끝내면 화를 냈다. 밤늦게 메일을 보내고는 바로 답장을 원했다. 입사 둘째 주 월요일, 소냐는 회사에 갔다가 문이 잠긴 걸 보고 당황했다. 대체공휴일이라는 걸 아무도 알려주지 않았던 것이다. 휴일이 언제인지 물어보니 크리스티는 시큰둥하게 답했다. "다른 회사랑 그냥 똑같아."

이 회사를 다니면서 소냐의 마음과 자존감이 무너져가는 걸 지켜본 남편은, 크리스티와 있었던 일을 듣고 나서 소냐의 손을 꼭 잡았다. "여보, 그만둬. 행복보다 중요한 직장은 없어. 크리스티는 처음부터 위험 신호를 보냈잖아. 면접에 늦고도 사과도 하지 않고 말이야. 당신은 계속 선의로 해석하려고 애쓰지만, 그 사람은 그냥 좋은 사람이 아니야. 그런 사람 밑에서 일할 이유가 없어."

소냐는 눈물을 삼키고 몸을 바로 세웠다. 남편의 말이 옳았다. 크리스티는 처음 만났을 때부터 무례하고 무심했다. 한 번도 사과하는 법이 없었고, 늘 빈정대고 가혹했으며, 사람들 앞에서 망신을 주고, 무리한 요구만 늘어놓았다. 그냥 좋은 사람이 아니었다. 이런 행동들을 위험 신호로 보니까 모든 게 분명해졌다. 소냐는 정신이 돌아온 느낌이었다. 자신이 무능한 직원이 아니라, 크리스티가 무능한 상사였다.

레드 플래그의 정의

　레드 플래그란 누군가와의 관계에서 앞으로 문제가 생길 수 있다는 걸 미리 알려주는 행동 신호다. 상대방이 감정적으로 안전하지 않은 사람일 수 있다는 경고인 셈이다. 신뢰하기 어렵고, 의지하기 힘들며, 심하면 학대적일 수도 있으니 거리를 두는 게 좋다는 의미다. 사실 이 용어는 심리학 교과서에 나오는 전문 용어는 아니다. 언제부터 연애관계를 이야기할 때 이 표현을 쓰기 시작했는지 아무리 찾아봐도 정확한 시점은 알 수 없었다. 하지만 이제는 연애뿐 아니라 모든 종류의 인간관계에서 조심해야 할 행동을 가리킬 때 널리 쓰이고 있다. 워낙 많은 상황을 포괄하는 개념이라 딱 잘라 정의하기는 어렵지만, 실제 예시를 통해 살펴보면 무엇을 말하는지 금방 이해할 수 있다.

　사람들이 보이는 일반적인 레드 플래그는 다음과 같다.

- 관계를 명확히 하는 대화를 피하거나 "우리 꼭 사귀는 사이라고 정해야 해?"라고 말하기
- 대화에서 일방적으로 몰아붙이거나 가스라이팅하기
- 외출하지 말라거나 특정 사람과 만나지 말라고 통제하기
- 다른 사람이랑 연락하거나 관심 보이기(특히 숨기는 경우)
- 소리 지르기, 문을 쾅 닫기, 대화 거부하기

　다음 행동들은 관계에서 해로운 패턴이 나타날 수 있음을 미리

알려주는 위험 신호 중 일부에 불과하다.

- 진지한 관계를 맺을 능력이나 의지가 없음
- 상대방 입장을 이해하려 하지 않음
- 통제하거나 조종하려는 행동
- 몰래 다른 사람을 만나거나 바람피우는 행동
- 감정 기복이 심하고 자주 연락이 두절됨

레드 플래그는 때로 더 심각한 문제를 암시한다. 상대방이 자기애성 성격장애나 반사회성 성격장애를 가졌을 수도 있고, 가스라이팅이나 러브 보밍 같은 학대 방법을 쓰고 있을 수도 있다. 이런 신호가 학대적인 행동과 연결되어 있다면 특히 주의해야 한다. 상대를 조종하고 통제하려 들거나, 어떤 식으로든 안전하지 않은 행동을 보이는 경우 말이다. 문제는 학대하는 사람이 처음엔 그런 모습을 보이지 않는다는 점이다. 그들은 자신의 문제를 감추는 데 매우 능숙하다. 그래서 피해자는 나쁜 일이 여러 번 반복되고, 주변 사람들이 걱정하는 말을 하고, 스스로도 깊이 생각해본 뒤에야 상대가 학대자라는 걸 깨닫는다. 이럴 때는 치료사나 믿을 수 있는 가족, 연인, 또는 진심으로 걱정해주는 친구의 의견을 들어보는 게 도움이 된다.

레드 플래그를 정확히 알아보려면 상대의 행동을 전체적으로 봐야 한다. 한 가지 행동만으로는 판단하기 어렵기 때문이다. 레드 플래그가 정말 문제가 되는 경우는 여러 신호가 동시에 나타나면서 모두 같은 문제를 가리킬 때다. 예를 들어 연인이 주문이 잘못 들어갔다고 종업원에게 화를 냈다고 하자. 이는 물론 레드 플래그일 수 있지만, 힘든 출장에서 돌아와 잠을 두 시간밖에 못 자서 그랬을 수도 있고, 집에 와서는 자신의 행동을 진심으로 후회했을 수도 있다. 그런데 운전할 때마다 욕하고, 식당에서 자주 직원들에게 화내더니, 이제는 나에게까지 소리를 지른다면? 확실하게 분노 조절에 문제가 있다는 위험 신호다. 이런 사람과는 건강한 관계를 맺기 어렵다.

용어의 발전

18세기 전쟁터에서 붉은 깃발은 특별한 의미를 지녔다. 위험이 다가오고 있다는 경고이자, 전투 의지를 드러내는 선전포고였다. 시간이 흐르면서 이 붉은 깃발은 홍수나 화재 같은 자연재해를 알리거나 다른 급박한 위험을 경고하는 신호로 쓰였다. 그러니 우리가 이 상징을 빌려와 관계에서 위험한 징조를 가리키는 말로 쓰게 된 것도 어찌 보면 자연스러운 일이다.

관계에서의 레드 플래그라는 개념이 퍼지면서 그린 플래그와 베이지 플래그라는 표현도 생겨났다. 이런 긍정적인 신호들은 관계를 공격하는 무기로 쓰이지 않기에 여기서 깊이 다루지는 않겠지만, 그린 플래그가 무엇인지는 짚고 넘어갈 필요가 있다. 그린 플래그는 이 사람과 함께해도 좋다는 신호다. 정서적으로 안정되어 있고, 사랑을 나눌 줄 알며, 삶에 잘 적응한 사람이라는 뜻이다. 어려운 대화를 나눌 때도 감정에 휩쓸리지 않고 차분히 들어주는 사람, 내가 불편할 만한 일을 하기 전에 먼저 의견을 물어보는 사람, 실수했을 때 진심으로 사과할 줄 아는 사람. 이런 모습들이 바로 그린 플래그다.

베이지 플래그는 정의하기가 더 애매하다. 레드 플래그처럼 '이건 위험해!'라고 울리는 알람이 아니다. 그렇다고 그린 플래그처럼 좋은 신호도 아니다. 그냥 특이하지만 중립적인 버릇이나 습관 같은 거다. 예를 들어 바나나를 밑에서부터 까먹는 사람이 있다고 치자. 독특하긴 하지만 문제 될 건 없다. 흐린 날에도 꼭 선글라스를 쓰고 다니는 사람도 마찬가지다. 이상하긴 해도 해롭지는 않다. 그 사람이 어떤 사람인지 걱정할 만한 신호도 아니다. 그냥 좀 별나고 재밌는 정도다. 요즘 베이지 플래그도 신경 써서 봐야 한다는 얘기가 나오는데, 거기까지 갈 필요는 없다고 본다. 누구나 자기만의 독특한 면과 취향을 가지고 있고, 그런 것들까지 일일이 분석하고 문제 삼을 필요는 없다.

레드 플래그가 아닌 사례: 아미트의 이야기

스물한 살의 아미트는 이제야 연애를 시작할 때가 왔다고 생각했다. 이민자 가정에서 외아들로 자란 그는 늘 학업이 최우선이고 연애는 나중 일이라고 배웠다. 고등학교 시절 내내 열심히 공부해서 우수한 성적을 거두고 여러 상을 받았으며, 결국 명문대에 합격했다. 그동안 데이트 한 번 해본 적이 없었다. 하지만 이제 가족과 몇 개 주나 떨어진 대학에 다니게 된 아미트는 새로운 사람들을 만나고 연애라는 것도 경험해보고 싶었다.

생물학 개론 수업에서 피비를 만난 아미트는 떨리는 마음으로 데이트 신청을 했다. 연애라는 게 어떻게 시작되는지 잘 몰랐지만, 드라마에서 늘 보던 대로 저녁 식사를 제안했다. 다행히 피비는 승낙했다. 약속 시간이 되어 피비가 있는 기숙사로 향하던 아미트를 룸메이트가 붙잡았다. "야, 이렇게 일찍 가면 안 돼. 너무 간절해 보여. 연애는 여유 있는 척해야 하는 거야. 좀 늦게 가라고." 룸메이트의 조언을 들은 아미트는 일부러 시간을 끌다가 약속 시간보다 15분 늦게 피비의 기숙사에 도착했다.

피비가 왠지 불안해 보여서 아미트도 덩달아 긴장했다. '설마 마음이 변한 건 아니겠지?' 다행히 피비는 "사실 네가 안 올까봐 걱정했어"라고 말했다. 아미트는 룸메이트가 가르쳐준 대로, 애써 무심한 듯 "아, 다른 일들이 좀 있어서"라고 대답했다. 둘은 함께 식당으로 향했고, 음식을 받아 들고 자리에 앉았다. 서로 어색하고 긴장됐지만 나름 즐거운 시간이었다.

저녁 식사를 마치고 아미트는 피비를 기숙사까지 바래다주었다. "정말 즐거웠어"라는 말에 피비도 미소로 화답했다. "또 만날 수 있을까?" 아미트가 조심스럽게 물었고, 피비는 "당연하지"라고 답했다. 구름 위를 걷는 듯한 황홀감에 빠진 아미트는 다음 주 수업에서 피비를 다시 만날 생각에 가슴이 벅차올랐다. 그러나 수업 시간, 기대와는 달리 피비는 그를 무심히 지나쳤고, 평소 함께 앉던 자리와는 한참 떨어진 곳에 자리를 잡았다. 아미트는 피비가 자신을 못 봤거나 무슨 일로 기분이 좋지 않은 거라 스스로를 위로하며 거리를 유지했다. 수업이 끝나고 그녀에게 다가가려 했지만, 피비는 마치 그를 피하듯 재빨리 강의실을 빠져나갔다.

다음 수업에서도 피비의 차가운 태도는 변하지 않았다. 전화번호 조차 없었던 아미트는 무슨 일인지 직접 확인하기 위해 그녀의 기숙사 방을 찾아가기로 했다. 문을 두드린 후, 밖에서 가쁜 숨을 고르며 기다렸다. 문을 연 피비의 얼굴엔 화가 가득했다.

"여기 왜 왔어?" 피비가 차갑게 물었다.

"안녕, 잘 지냈어? 어제 수업 끝나고 말 걸려고 했는데. 혹시 무슨 일 있나 싶어서 왔어." 아미트가 조심스럽게 말했다.

"아무 일 없어." 피비의 대답은 냉랭했다.

"다행이네. 그런데 날 피하는 것 같아서…… 혹시 내가 뭐 잘못했어?" 상황이 도통 이해되지 않는 아미트가 물었다.

"네가 나한테 했던 대로 똑같이 한 거야. 어차피 관심도 없으면서 왜 여기까지 온 거야? 이상해." 피비가 쏘아붙였다.

당황한 아미트가 되물었다. "내가 관심 없다니, 그게 무슨 말이야? 지난주에 너랑 있을 때 정말 즐거웠는데."

"네가 보여준 건 전부 레드 플래그야. 데이트에 늦게 나타나고, 헤어질 때 뽀뽀도 안 하고, 번호도 안 물어보고, 인스타그램 친구 신청도 안 하고. 그런 게 다 괜찮다고 생각했겠지? 그러고는 갑자기 여기 찾아오는 거야? 진짜 이상해." 피비의 목소리에는 실망과 분노가 뒤섞여 있었다.

아미트는 피비가 그런 걸 기대했다는 걸 전혀 몰랐다. 대학 오기 직전에야 SNS를 시작했을 정도로 연애에 무지했다. 부모님이 공부에 방해된다고 못 하게 했기 때문이다. "피비, 정말 미안해. 내가 모든 걸 엉망으로 만들었구나. 난 이런 경험이 전혀 없어서…… 너에게 상처를 주고 있었다는 것도 몰랐어. 어떻게 해야 할지 정말 모르겠어." 아미트가 초조하게 말했다.

"네가 경험이 없다는 건 이해해. 근데 그런 식으로 말하는 것도 레드 플래그야. 이번엔 그냥 넘어가지 않을 거야. 스스로 연애를 잘못한다고 인정하면서도 왜 더 노력하지 않고 날 무시했어? 앞뒤가 안 맞잖아. 데이트는 고마웠지만 우린 맞지 않는 것 같아." 피비는 단호한 목소리로 말을 마치고 문을 닫았다.

아미트는 충격에 빠져 제자리에 못 박힌 듯 서 있었다. 가슴이 텅 빈 것처럼 슬펐다. 자기가 관심 없다는 신호를 보냈다니, 전혀 몰랐던 일이었다. 기숙사를 나와 터덜터덜 걸어가는 동안 아미트의 마음은 무거웠다. 인스타그램 친구 신청조차 하지 않은 자신의 무지함이 원망스러웠다. 연애에는 시행착오가 따른다는 것쯤은 예상했지만, 자신도 모르는 사이에 이토록 쉽게 레드 플래그를 드러낼 수 있다는 사실은 충격적이었다.

피비도 마음이 아팠다. 그녀는 아미트가 정말 좋았다. 다른 남자들처럼 스킨십만 원하고 진지한 대화는 피하는 사람이 아니었다. 데이트할 때 진심으로 그녀 말을 들어줬고, 둘 사이에 뭔가 특별한 게 있다고 느꼈다. 하지만 친구들에게 그가 키스하지 않아서 서운했다거나 인스타그램 팔로우를 하지 않아 불안했다고 털어놓았을 때, 그들은 즉각적으로 이러한 행동들이 명백한 레드 플래그라고 단정 지었다. 친구들은 그가 단지 잠자리만을 원하거나, 아예 그녀에게 관심이 없을 거라고 확신에 찬 목소리로 말했다. 노력을 전혀 안 하는 게 증거라면서 말이다. 피비의 친구들은 그녀에게 모든 레드 플래그를 직시하고 그와의 관계를 정리하라고 강하게 권했다. 그녀는 친구들의 조언을 따랐지만, 마음 깊은 곳에서는 이것이 올바른 선택이 아니라는 느낌이 계속해서 그녀를 괴롭혔다.

레드 플래그의 무기화

레드 플래그라는 개념은 본래 관계에서 누군가가 건강하지 못하거나 해롭거나 심지어 학대적일 가능성을 드러내는 우려스러운 행동 패턴을 가리키는 말이다. 그런데 이 용어가 포괄하는 영역이 너무나 광범위하다보니, 우리는 상대방의 사소한 행동이 마음에 들지 않을 때마다 너무나 쉽게 이 말을 꺼내 들게 되었다. 연인이 샤워하고 나서 맨날 젖은 수건을 바닥에 놔둔다. 레드 플래그일까? 그저 무책임해서 평생 직접 안 치울 사람이다. 친구가 약속에 늦을 때 연락을 잘 안 한다. 레드 플래그일까? 남을 배려할 줄 모르고 당신 시간을 하찮게 여기는 이기적인 사람일 뿐이다. 이런 식으로 평범한 관계에서도 상대를 부끄럽게 만들고 상대의 행동을 바꾸기 위해 이 말을 무기처럼 쓰기가 너무 쉬워졌다.

하지만 레드 플래그에 지나치게 의존하는 것에는 네 가지 중요한 문제점이 있다.

하나. 레드 플래그는 지나고 나서야 제대로 보인다

레드 플래그의 가장 답답한 점이 여기에 있다. 분명히 조기 경고 신호를 보내주고 있고, 우리도 그것을 알아차리고 싶어하지만, 실제로는 그 순간을 놓치기 일쑤다. 물론 레드 플래그 여러 개가 한꺼번에 나타난다면, 그 사람과 본격적으로 관계를 맺기 전에 문제를 눈치챌 수도 있다. 하지만 대개는 시간이 흐르면서 문제 행동을 여러 번 겪어본 뒤에야 '아, 그때 그게 레드 플래그였구나' 하고 깨닫는다. 그래서 폭력처럼 정말 심각한 게 아니면 한 번 이상한 행동을 봤다고 해서 바로 판단하기는 어렵다. 차라리 누가 봐도 명백한 레드 플래그를 찾거나, 같은 문제가 계속 반복되는지를 살펴보는 게 더 도움이 된다.

진짜로 학대적인 사람들은 자신의 나쁜 행동을 아주 교묘하게 정당화한다. 완전히 정상적인 것처럼, 때로는 사랑의 증거인 것처럼 포장하는 데 능숙하다. 예를 들어 특정 친구와 연락하지 말라고 하면서 "나쁜 친구로부터 너를 보호하는 거야"라고 주장한다. 이런 레드 플래그를 못 봤다고 해서 자책할 필요는 없다. 워낙 잘 숨겨져 있었거나, 당신이 선한 마음으로 상대를 믿으려 했기 때문일 수 있다. 그렇다고 앞으로 모든 사람을 지나치게 경계할 필요도 없다. 한 가지 상황이나 행동만으로는 그 사람의 진짜 성격을 알 수 없다. 마음에 안 드는 행동 하나를 보고 바로 레드 플래그라고 결론짓지 말고, 그런 행동이 계속 반복되는지를 지켜보는 게 훨씬 도움이 된다. 그래야 그 사람이 어떤 사람인지 제대로 알 수 있다.

둘. 레드 플래그를 찾으려 하면 어디서든 찾게 된다

레드 플래그를 찾는 것의 두 번째 문제는 지나친 경계심이 오히려 문제를 만든다는 점이다. 1장에서 설명한 확증 편향을 떠올려보자. 이미 답을 정해놓은 뒤 그걸 입증할 증거만 찾고, 반대 증거는 못 본 척하는 현상 말이다. 예를 들어 파트너가 바람을 피운다고 의심하기 시작하면 평범하고 무해한 행동도 모두 불륜의 신호로 보인다. 약속 시간을 착각한 것도 '다른 사람과 있다가 늦은 거 아닐까?' 하고 의심하게 된다. 핸드폰 배터리가 나간 것조차 '호텔에서 다른 사람과 있는 걸 들키지 않으려고 일부러 위치를 끈 거야'라고 해석하게 된다. 물론 이런 일들이 자주 반복된다면 진짜 레드 플래그일 수 있고, 진지한 대화가 필요할 수도 있다. 하지만 그저 깜빡했거나 우연히 일어난 실수일 가능성도 충분히 열어두어야 한다.

셋. 레드 플래그라고 낙인찍으면 우리 속마음은 감춰진다

레드 플래그라는 강한 표현을 쓸 때 우리는 사실 많은 걸 숨기고 있다. 그 행동이 왜 상처가 되었는지, 무엇이 불안한지 설명하지 않고, 그냥 "너 그거 나쁜 행동이야"라고 딱지를 붙여버리는 것이다. 다른 심리학 용어들을 무기처럼 쓰는 것과 마찬가지로, 자기 마음은 열지 않으면서 상대방만 바뀌길 바라는 방식이다.

관계에서 진짜 변화를 원한다면 그 행동이 왜 속상했는지 솔직하게 말하고, 그로 인해 생긴 불안 같은 감정을 함께 해결하려고 노력하는 게 훨씬 낫다. 예를 들면 이렇게 말이다. "네가 메시지를 읽고도 몇 시간씩 답장 안 하면, 나는 내가 중요하지 않은 사람처럼 느껴져서 좀 속상해. 답장을 하거나 최소한 읽었다는 표시라도 해줄 수 있을까?" "네가 우리 형 잘나가는 얘기를 자주 하면, 혹시 나는 별로 자랑스럽지 않나 싶어서 걱정돼. 사실이 아니란 걸 알지만, 그냥 내 마음을 전하고 싶었어." 이렇게 솔직하게 말했는데도 상대가 화내거나 무시하고, 심지어 가스라이팅까지 한다면 어떨까? 그때는 그 사람이 어떤 사람인지 확실히 알게 된 셈이다. 그리고 이제 우리가 무엇을 해야 할지도 분명해진다.

넷. 모든 사람이 문제를 가지고 있다는 사실을 잊게 된다

사실 우리 모두에게는 레드 플래그가 있다. 인간은 본래 불완전하고 실수하기 마련이다. 우리는 실수를 반복하고, 더 나은 선택을 알면서도 때로는 잘못된 행동을 한다. 중요한 건 문제가 전혀 없는 사람을 찾는 게 아니다. 그보다는 그 사람의 문제를 내가 받아들이고 함께 해결해나갈 수 있는지가 더 중요하다. 물론 학대를 암시하는 레드 플래그는 절대 놓쳐선 안 된다. 하지만 누군가가 그저 완벽하지 않아서 실수를 하는 정도라면, 우리도 좀 너그럽게 봐줄 필요가 있다.

루커스가 우리 첫 만남 때부터 레드 플래그를 찾으려 했다면 분명 여러 개를 발견했을 것이다. 나는 대학원생이었고, 연애에서 마음을 여는 법을 배우는 중이었으며, 막 독립적인 어른이 되어가고 있었다. 특히 재정 문제를 이야기하는 것을 극도로 꺼렸다. 그 주제가 나를 불안하게 만들었기 때문이다. 학자금 대출로 통장 잔고는 마이너스였고, 퇴직 저축 계좌 같은 건 생각할 여유조차 없었다. 반면 루커스는 이미 몇 년간 일하며 저축 계좌와 퇴직 연금을 갖추고 있었고, 우리의 미래를 위해 재정 계획을 함께 세우고 싶어했다. 그는 내가 이런 대화를 피하는 것을 심각한 레드 플래그로 볼 수도 있었다. '돈 얘기를 왜 이렇게 싫어하지? 혹시 카드 빚이 엄청 많나? 재산을 숨기고 있나? 아니면 나랑 미래를 생각하지 않아서 돈 얘기가 필요 없다고 보나?' 하지만 루커스는 내가 돈 문제로 스트레스받고 있고, 아직 미래를 계획할 준비가 안 되었을 뿐임을 이해했다. 그것은 내가 무책임하거나 부적합한 파트너라는 경고 신호가 아니었다.

이 사례는 레드 플래그를 실시간으로 알아차리는 것이 얼마나 어려운지를 잘 보여준다. 만약 내가 정말로 돈을 숨기고 있었거나 미래를 함께할 마음이 없었어도, 아마 비슷하게 행동했을 것이다. 그러면 루커스는 선의로 나를 믿었다가 결국 내가 처음부터 그를 속여온 잔인하고 교활한 사람이었음을 뒤늦게 깨달았을 수도 있다. 하지만 여기서 중요한 점은, 난 내가 잔인하거나 교활하다는 다른 신호를 보이지 않았다는 것이다. 나를 의심할 만한 레드 플래그가 더 없었다는 말이다. 루커스는 내가 그의 기대에 미치지 못하는 순간에도, 나름의 최선을 다하고 있는 불완전한 한 인간으로서 나를 있는 그대로 받아들였다.

믿기 어렵겠지만 실제로 일어난 일이다. 바로 지금, 내가 동네 레스토랑에서 이 장을 집필하고 있는 이 순간, 옆 테이블의 한 남자가 데이트 상대에게 전 여자친구의 레드 플래그에 대해 열변을 토하고 있다. 첫 번째 예시는? 그녀가 인스타그램에 자기 사진을 올리지 않았다는 것이다. (엿들으려는 건 아니지만 목소리가 너무 크다.) 그의 말을 들어보니, 전 여자친구는 그저 독점적 관계를 원하지 않는다고 솔직하게 말한 평범한 사람 같다. 하지만 그는 이제 그녀에게서 '병적인 헌신 기피증'을 보여주는 다른 레드 플래그들을 찾아냈다고 한다. 단순히 그에게 마음이 없었다는 명백한 신호는 보지 못한 채 말이다. 객관적으로 보면, 인스타그램에 연인 사진을 올리지 않는 것은 레드 플래그가 아니다. 그저 그만큼 관계에 마음을 쏟지 않았다는 지표일 뿐이다. 그는 거절당한 아픔을 피하려고 그녀를 문제 있는 사람으로 만들고 있다.

사람은 완벽하지 않다. 한 명의 개인으로서도 복잡하고, 관계에서는 더욱 복잡해진다. 우리는 모두 실수하며, 때로는 평생 같은 실수를 반복한다. 마음에 들지 않는 모든 행동을 레드 플래그로 낙인찍은 뒤 변화를 요구하거나 도망치는 대신, 새로운 방법을 시도해보자. 그 행동이 왜 상처가 되는지 생각해보고, 그걸 상대방과 솔직하게 나누는 것이다.

내가 레드 플래그를 보인다고 지목됐을 때

무슨 일이었는지는 모르겠지만, 누군가를 불편하게 만들어서 당신의 행동이 문제로 지적받은 상황이다. 이럴 때는 먼저 깊게 숨을 쉬고 지금 느끼는 감정을 그대로 인정한 다음, 마음을 차분히 가라앉혀야 한다. 감정적으로 대응하면 상대가 당신을 더 문제시할 빌미만 주게 된다. 화가 나서 똑같이 받아치고 싶더라도, 이런 방법들을 먼저 시도해보자.

상대가 진짜 말하고 싶은 것이 무엇인지 파악하자

상황을 제대로 파악하려면 먼저 상대방이 진짜로 말하고자 하는 바가 무엇인지 귀 기울여 들어야 한다. 당신의 어떤 행동이 상대에게 상처를 주었는지, 그리고 상대가 그 행동에서 무엇을 읽어냈는지 차분히 알아보자. 파트너를 좋아하는 듯한 동료와의 퇴근 후 술자리가 불편했다고 표현했을 때, 파트너는 이를 두고 당신이 앞으로 자신을 옭아맬 사람이라고 걱정하는가? 형제자매에게 중요한 발표가 있었는데 안부를 묻지 않았다는 이유로 섭섭해한다면, 파트너는 당신이 자신의 일상에 무심하다고 느끼는 것일까? 이런 질문들을 하나하나 해결해가며 상황의 전체 그림을 그려보자. 상대방의 마음속에서 일어나는 일들을 이해하려는 노력이야말로 관계의 엉킨 매듭을 푸는 첫걸음이다.

상대방의 감정을 온전히 타당화하자

잠시 시간을 내어 상대방의 감정을 인정해주자. 당신의 행동이 그들에게 걱정과 상처를 주었다는 사실을 받아들이고 이를 솔직히 표현하는 것이 중요하다. 그들이 이 문제를 제기한 것은 같은 일이 반복되지 않기를 바라는 마음에서였다. 레드 플래그라는 표현이 비난처럼 들릴 수 있지만, 사실은 당신이 준 상처를 알리려는 시도였다. 우리는 상처받았을 때 그 아픔을 직접 드러내기보다 강한 언어로 자신을 보호하려는 경향이 있다. 그들의 날 선 말 뒤에 숨은 진짜 메시지를 이해하려고 노력해보자.

타당한 지적이라면 근본 원인을 해결하자

사랑하는 사람이 레드 플래그를 언급했다는 건, 당신의 행동이 그들을 불안하게 만들었다는 분명한 신호다. 그게 정당한 지적이든 아니든 말이다. 이제 문제의 핵심을 알았으니 두 사람 모두에게 좋은 방향으로 해결책을 찾아야 한다. 파트너가 과거에 질투와 통제에 시달린 경험이 있어서 예민해진 걸 수도 있고, 실제로 당신이 그런 행동을 했을 수도 있다. 중요한 건 이 문제를 인정하고 바뀌려고 노력하는 모습을 보이는 것이다. 이런 주제로 더 자주 대화를 나누고, 도움이 될 만한 책도 읽어보면 좋다. 필요하다면 상담을 받는 것도 큰 도움이 된다.

상대방이 용어를 왜곡해서 쓴다면 자율성을 되찾자

레드 플래그라는 말을 오히려 당신을 통제하는 무기로 쓰는 사람도 있다. 학대적인 사람들은 심리학 용어를 악용해 자기 뜻대로 상대를 조종하는 데 익숙하다. 이런 경우라면 "내가 고칠게"라며 물러서지 말고, 서로를 독립된 개인으로서 존중하면서도 함께 지낼 수 있는 방법을 찾아보자고 설득해야 한다. 두 사람 모두 자신만의 선택을 할 권리가 있지만, 동시에 상대의 감정도 배려해야 한다는 균형점을 찾는 것이 중요하다. 이런 어려운 대화는 커플 상담에서 전문가와 함께 나누는 것도 좋은 방법이다. 유행어에 휘둘려 관계에서 당신의 독립성이나 정당한 욕구를 포기하지 말자.

그 말이 계속 무기가 된다면 관계 자체를 다시 생각해보자

레드 플래그라는 말로 끊임없이 공격받고 있다면, 정작 내면을 들여다봐야 할 사람은 상대방일지도 모른다. 당신이 정말 그렇게 문제가 많다면 왜 떠나지 않고 계속 곁에서 비난만 하는 걸까? 이런 모순은 그 자신의 해결되지 않은 문제가 당신에게 투사되고 있다는 신호다. 누구나 가끔은 사랑하는 사람을 힘들게 하고 상처를 준다. 그건 자연스러운 일이다. 하지만 당신의 모든 행동이 문제가 되고, 사소한 일마저 심각한 결함으로 해석된다면, 이 관계는 둘 모두에게 맞지 않는다는 뜻이다. 서로를 성장시키는 대신 지치게만 만드는 관계라면, 이제 다른 선택을 고려할 때가 아닐까.

상대방에게서 레드 플래그의 징조가 보일 때

이 책에서는 나르시시스트, 소시오패스, 그리고 가스라이팅, 러브 보밍 같은 다양한 학대 유형을 다룬다. 이런 내용을 읽다보면 당신 주변의 누군가가 보였던 행동이 새롭게 보일 수 있다. 그동안 단순히 이상하다고만 느꼈던 행동들이 실은 레드 플래그였다는 걸 깨닫게 될지도 모른다는 것이다. 만약 실제 상황에서 그런 위험 신호를 알아차린다면, 다음과 같이 해보자.

레드 플래그가 진짜인지 가짜인지 구별하자

이제 다른 사람이 아닌 나 자신과 마주 앉아 진솔하게 들여다볼

시간이다. 진짜 레드 플래그는 우리 생각보다 훨씬 교묘하게 숨어 있다. 학대하는 사람이 "네가 이상한 거야" "왜 이렇게 예민해?"라고 몰아붙이면 내 감각과 판단력 자체가 흔들리기 시작한다. 그런가 하면 우리는 때로 상대의 사소한 실수를 내 마음속에서 엄청난 악행으로 키워버리기도 한다. 시간을 갖고 차분히 생각해보면 이 두 극단 사이에서 균형을 찾을 수 있다. 정확히 무슨 일이 있었고 왜 나에게 상처가 되었는지, 정말 선을 넘은 건지, 아니면 계속 반복되는 평범한 문제의 신호인지 차근차근 살펴보자. 상담사나 믿을 만한 친구와 이야기하면 내가 놓친 부분을 발견할 수 있다.

명백한 레드 플래그라면, 즉 누가 봐도 넘지 말아야 할 선을 넘었다면(11장 참조), 그 사람을 철저히 경계해야 한다. 어쩌면 이 관계는 끝내야 할지도 모른다. 하지만 그 정도까지는 아니라면 다음 단계로 넘어가자.

상처받은 감정을 솔직하게 표현하자

왜 화가 났는지 알았으니 이제 상대방에게 그 마음을 전할 차례다. (레드 플래그라는 말은 쓰지 않는 게 좋다. 이런 표현은 대화를 막히게 만든다.) 상대가 정말로 상처 주는 행동을 했다면 솔직하게 말해보자. 예를 들면 이런 식으로 말이다. "공항에 못 온다고 했을 때 많이 서운했어. 나는 당연히 와줄 거라고 생각했는데…… 혹시 우리 사이가 내가 생각하는 것만큼 가깝지 않나 싶어서 불안했어." 비슷한 일이 전에도 있었다면 그것도 이야기하고, 이런 패턴을 바꾸고 싶다는 마음을 전하자.

수용하는 마음이 보인다면 꾸준히 대화하자

상대가 당신의 감정을 이해하고 함께 노력하려 한다면, 그건 아주 좋은 신호다. 관계를 소중히 여기는 정서적으로 건강한 사람이라는 뜻이다. 그들도 나름의 두려움이나 불안 때문에 그렇게 행동했을 수 있고, 이런 문제를 해결하는 데는 시간이 걸린다. 그 과정에서 또 다른 레드 플래그가 나타날 수도 있다. 그럴 때마다 차분하게 당신의 감정과 걱정을 전달하면 된다. 연인이라면 커플 상담을 받아보는 것도 관계 성장에 도움이 된다. 서로 소통하고 이해하려 노력하면서, 당신에게도 레드 플래그가 있다는 걸 기억하자.

방어적이어도 포기하지 말고 시간을 주자

누군가에게 상처를 주었다는 걸 알게 되면 대부분 방어적으로 변한다. 사랑하는 사람을 아프게 했다는 사실이 너무 힘들고, 게다가 일부러 그런 게 아니었기에 자신의 행동을 정당화하고 상대의 감정을 축소하려 한다. 이런 반응은 부족함을 느끼고 자책하며 후회하는 마음에서 나온다. 상대가 방어적이지만 여전히 당신의 아픔을 신경 쓴다는 게 느껴진다면, 공감해주고 시간을 주는 게 필요하다. 몇 시간이나 며칠 후에 다시 대화해보자. 애착 유형, 관계의 악순환, 효과적인 소통에 관한 책도 도움이 될 것이다. 연인이라면 커플 상담을 받아보자. 이 사람이 함께 노력할 의지가 있다면, 우려했던 것만큼 심각한 레드 플래그는 아닐 수 있다.

노력을 거부하고 오히려 공격한다면 스스로를 먼저 지키자

반면에 당신이 우려를 전했는데 상대가 무시하고 축소하거나 비웃고, 심지어 가스라이팅이나 다른 학대적인 반응을 보인다면, 그 사람은 관계를 맺을 준비가 안 된 상태일 수 있다. 소통 방식을 바꾸자고 했는데 거부하거나 모든 문제를 당신 탓으로 돌린다면, 이제 다른 선택을 고려해볼 때다. 상대가 함께 노력하기를 거부하면 관계 개선은 매우 어렵고, 학대적인 행동을 보인다면 사실상 불가능하다. 이 사람이 당신 삶에서 얼마나 중요한지, 관계를 유지하고 싶은 마음이 얼마나 큰지를 깊이 생각해보자. 그 답에 따라 새로운 경계를 설정하고 거리를 두거나, 아예 관계를 끝내기로 결정할 수 있다.

7장

'나르시시스트'인가, 표현이 서툴 뿐인가?

우리는 모두 나르시시스트를 미워한다. 어쩌면 그 미움 자체를 즐기는지도 모른다. 잔인하면서도 터무니없이 여리고, 함께 일하기란 정말이지 불가능한 사람들. 어디를 가든 한두 명씩은 꼭 있는 것만 같다. 실제로도 나르시시스트는 우리 주변에 존재하지만 우리가 생각하는 것만큼 흔하지는 않다. 우리는 특히 헤어진 연인을 떠올릴 때면 너무나 쉽게 이 딱지를 붙인다. 모든 상처와 실패를 설명해주는 만능열쇠인 것처럼 말이다. 하지만 누군가 우리에게 상처를 줬다고 해서 그 사람이 나르시시스트인 건 아니다. 그렇다면 나르시시스트란 정확히 무엇일까? 이제 한번 제대로 파헤쳐보자.

나르시시스트의 실제 사례: 칼의 이야기

오브리는 칼을 만났을 때 자신의 운명을 믿지 못했다. 이것이 정말 현실일까? 우선, 그는 눈부시게 아름다웠다. 짙은 갈색 머리카락, 얼굴에서 떠나지 않는 미소, 투명한 파란 눈동자, 그리고 부담 없이 터져 나오는 웃음소리. 그는 오브리의 이상형 그 자체였다. 칼은 여성들의 시선 속에서 빛났고, 그 시선을 즐기는 듯했다. 그렇기에 칼이 그 빛나는 눈동자를 오브리에게로 돌리고, 수많은 사람 가운데서 하필 그녀를 선택했다는 사실이 더욱 놀라웠다. 그는 거침없이 다가왔고, 그날 밤이 끝날 무렵에는 그녀의 휴대폰에 자신을 "칼(미래의 남편)"이라고 저장했다. 오브리는 내심 이 대담함에 설레었다. 진정한 관계를 갈망해왔던 그녀 앞에, 마치 신화 속 아도니스 같은 남자가 갑자기 나타난 것이었다.

칼의 찬사는 끝이 없었다. 오브리는 이토록 특별하고 사랑받는 존재가 된 기분을 태어나서 처음 느꼈다. 그는 쉴 새 없이 그녀를 칭찬했다. "맙소사, 내가 어떻게 이런 천사를 만나서 붙잡아둘 수 있었을까? 정말 아름다워, 자기." 하지만 곧바로 웃으며 덧붙였다. "근데 만약 사고로 네 얼굴이 망가지면 어쩔 수 없이 떠나야겠지. 농담이야, 농담! 그냥 조심해서 운전해. 그런 일이 생기면 안 되니까." 당시 오브리는 이런 말을 사랑스러운 장난으로만 받아들였다. 칼이 그녀의 외모에 병적으로 집착하고 있으며, 그녀가 '예쁜 여자'가 아니었다면 애초에 곁에 두지도 않았으리라는 진실을 애써 외면했다.

칼은 '고급스러움'에 집착했다. 데이트는 반드시 최고급 레스토랑에서 해야 한다고 고집했다. 어느 날 밤, 그는 퇴근 후 집에서 옷을 갈아입을 시간이 없다며 완벽한 셔츠를 찾겠다고 백화점에서 오브리를 1시간이나 기다리게 했다. 그러고는 오브리에게까지 그녀의 옷이 몸에 안 맞고 질이 떨어진다며 새 옷을 사라고 압박했다. 칼은 재빨리 덧붙였다. "오해하지 마, 자기야. 하지만 훨씬 더 예뻐질 수 있잖아.

그 몸매를 제대로 살려야지!"

칼이 오브리의 외모에 집착한 것도 사실이지만, 자신의 외모에 대한 집착은 거의 병적인 수준이었다. 외출 준비로만 1시간 반은 거뜬히 넘겼고, 오브리가 열렬히 감탄하지 않으면 곧바로 심기가 불편해졌다. 또 그는 오브리가 바로 옆에 있는데도 서슴없이 다른 여자들에게 눈길을 주었고, 타인의 찬사를 갈구하기를 멈출 수 없는 듯했다. 오브리는 원래 질투하지 않는 성격이라 가벼운 바람기쯤은 넘어갔는데, 칼은 오히려 그것마저 못마땅해했다. 왜 자신을 더 독차지하려 하지 않느냐고 화를 냈다. 오브리는 막막했다. 그를 기쁘게 하려고 아무리 애써도, 칼은 끊임없이 상처받고 분노했다.

처음에 오브리의 친구들은 칼에게 완전히 매료되었다. 어찌 그러지 않겠는가. 그는 눈부시게 잘생겼고, 매력적이었으며, 사람을 끌어당기는 재능이 있었다. 하지만 그 매혹은 오래가지 못했다. 오브리의 친구들은 지위나 체면에 연연하지 않는 소탈한 사람들이었는데, 공교롭게도 그런 것들이 칼이 입에 달고 사는 전부였다. 자신이 교류하는 상류층 인맥, 세상을 바꿀 천재적인 사업 구상, 그리고 자신이 얼마나 남들보다 우월한 존재인지에 대한 끊임없는 자기과시. 칼은 자신과 동급이 아니라고 판단한 사람들을 깔봤고, 오브리의 친구들은 금세 그 범주에 들어갔다. 그는 오브리에게 더는 그들과 어울리지 않겠다고 선언했고, 그녀의 '친구 수준'을 높여야 한다고 압박했다. 그들은 오브리의 성장을 가로막는 걸림돌일 뿐이라고 단정했다. 오브리는 칼이 화낼 걸 너무나 잘 알았기에 친구들을 만날 때마다 몰래 만났다. 하지만 결국 그녀는 들통날까봐, 또 다른 전쟁을 치르게 될까봐 친구들과의 만남을 하나둘 포기해갔다.

오브리는 점차 더 심각한 패턴들을 발견하기 시작했다. 칼은 그녀를 포함해 거의 모든 사람에게 상처받고 분개했을 뿐 아니라, 세상 전체가 자신에게 불공정하며 모두가 자신을 해치려 한다고 믿었다. 적어도 일주일에 한 번은 의분을 터뜨렸다. 그의 태도는 양극단을 오갔다. 어떤 때는 자신이 타인의 방해 때문에 성공이 가로막힌 희생자라고 믿었다가, 또 어떤 때는 자신이 너무나 뛰어나서 아무도 따라올 수 없다고 확신했다. 오브리는 심지어 칼에게 소송을 일삼는 성벽이 있다는 것도 알게 되었다. 자신에게 잘못한 사람들을 법정에 세우겠다고 위협하기를 즐겼고, 실제로 과거에 집주인, 상사, 이웃들과 법적 분쟁을 벌인 적도 있었다. 그런데 신기하게도 매번 변호사를 갈아치웠다. 그들의 실력이 형편없고, 자신은 훨씬 더 유능한 변호를 받을 자격이 있다는 게 이유였다. 칼은 비아냥거리듯 말하곤 했다. 자신이 고용한 그 어떤 변호사보다도 뛰어난 법적 통찰력을 지녔으니, 차라리 자신이 변호사가 되는 게 낫겠다고. 오브리는 침묵했다. 그 변호사들이 하나같이 칼과의 인연이 끝나는 것에 안도하는 듯 보였다는 사실은 굳이 언급할 필요가 없었다.

약 6개월간 사귄 후, 칼은 오브리에게 자신의 월세를 대신 내달라는 요구를 했다. 이 요청은 그녀의 심리적 경계를 침범했지만, 그는 교묘하게 피해자의 위치를 점하며 그녀의 죄책감을 자극했다. 그녀의 수입이 자신의 세 배에 달한다는 점, 그녀만이 누리는 저축의 여유, 모두가 그런 특권을 가진 것은 아니라는 점을 집요하게 강조했다. 어느 날 밤, 알코올이 그의 무의식적 방어를 무너뜨렸을 때, 칼은 깊이 묻어둔 열등감을 드러냈다. 오브리가 자신보다 많이 번다는 사실에 대한 질투, 그리고 자신의 능력이 제대로 보상받지 못한다는 왜곡된 믿음을 토로했다. 질투는 그에게 너무나 익숙한 감정이었다. 칼보다 주목받는 매력적인 남성이 나타날 때마다 오브리의 마음은 불안으로 가라앉았다. 그의 내면에 도사린 어둠이 곧 표면으로 분출될 것임을, 그녀의 무의식은 이미 감지하고 있었다.

오브리가 칼과의 관계를 지속한 것은 판단을 계속 미룬 결과였다. 파괴적인 싸움 후에는 매번 황홀한 화해기가 찾아왔고, 이 주기가 그녀의 판단을 마비시켰다. 칼은 찬사를 쏟아내고, 헌신적으로 지지하는 모습을 보이고, 육체적 애정을 아끼지 않으며 결혼과 아이라는 미래를 그렸다. 그러나 결정적 균열은 칼이 동거를 강요하면서 시작되었다. 오브리가 마음의 준비가 되지 않은 것을 알면서도 그는 압박했다. 더욱이 모든 주거 비용을 오브리가 부담하는 것을 당연하게 여겼다. 도시 최고급 지역의 방 2개 이상 아파트라는 칼의 요구는 막대한 경제적 부담을 의미했다. 오브리가 아무리 많은 돈을 쓰고 찬사를 보내도 칼에게는 충분하지 않았다. 그의 내면은 끝없는 인정과 찬미, 그리고 돈을 갈구하는 공허함으로 가득했다.

어느 날, 오브리는 칼이 금지했던 친구 중 한 명과 만남을 가졌다. 그 친구는 오랜 침묵 끝에 조심스럽게, 진심으로 우려하면서 칼의 행동에서 감지한 불안한 패턴을 언급했다. 오브리와의 관계에서 드러나는 모습, 그리고 과거 연인들과의 관계에서도 반복되었다는 행동 양식을 종합해볼 때, 칼이 나르시시스트일 가능성을 신중히 제기했다. 오브리는 최근의 격렬한 다툼으로 여전히 감정적으로 흔들리고 있었고, 더 나은 관계를 약속하는 칼의 달콤한 메시지에 마음 한 구석이 약해져 있었다. 그러나 집으로 돌아와 자기애성 성격장애에 대해 조사하기 시작한 순간, 안개가 걷히듯 모든 것이 선명해졌다. 그동안 이해할 수 없었던 칼의 행동들이 하나의 명확한 패턴으로 읽히기 시작했고, 오브리는 깊은 내면에서 올라오는 확신을 느꼈다. 그녀는 더 이상 칼에게 돌아갈 수 없었다.

자기애성 성격장애의 정의

나르시시스트들은 우리 사회에서 악명 높은 존재들이며, 그들이 불러일으키는 경계심은 충분히 이해할 만하다. 그들은 가까운 사람들에게 심각한 마음의 상처를 입히면서도, 초기에는 그 본모습을 교묘히 감춘다. 우리는 모두 나르시시스트의 함정에 빠질까봐 두려워한다. 그들은 매혹적인 모습으로 우리를 끌어들인 후, 우리의 내면세계를 완전히 뒤흔들어놓는다. 그렇다면 이 성격장애의 실제 DSM 진단 기준은 무엇일까?

누군가를 임상적 의미에서 나르시시스트라고 부를 때, 우리는 그에게 자기애성 성격장애narcissistic personality disorder, NPD가 있다고 말하는 것이다. 이는 DSM에 수록된 열 가지 성격장애 중 하나로, 극적이고 불안정한 성격장애군에 속한다. 이 범주에는 반사회적 성격장애와 경계선 성격장애도 포함되는데, 이것들은 다음 장에서 다룰 예정이다. 모든 성격장애와 마찬가지로 자기애성 성격장애는 성인 초기에 뚜렷해진다. 이 시기에 개인은 지속적으로 자신을 과대평가하고, 주변 모든 이로부터 찬사를 요구하며, 공감 능력이 부족하고, 타인이 자신을 떠받들지 않으면 쉽게 상처받는다. 임상적으로 나르시시스트로 진단받으려면 다음의 구체적 기준 아홉 가지 중 최소 다섯 가지를 충족해야 한다.

과대성: 자기 중요성에 대해 병리적으로 팽창된 감각을 지닌다. 모든 성취를 과장해서 이야기하고(심지어 허구를 만들어내기까지 한다), 타인으로부터 끊임없는 찬사를 갈구하며, 스스로 주장하는(그러나 실체가 없을 수도 있는) 재능과 업적을 근거로 우월한 존재로 인정받기를 열망한다.

대단한 존재가 되는 것에 대한 환상: 성공에 대한 강박적 집착, 주변인들에게 매혹적으로 보이려는 욕구, 막대한 권력과 부를 획득하려는 갈망, 그리고 일반적으로 모든 사람보다 나은 존재가 되는 것에 대한 집착을 보인다.

자신이 특별하다는 믿음: 자신을 유일무이하고 타인보다 우월한 존재로 인식한다. 오직 높은 지위의 특별한 사람들과만 교류해야 하며, '수준 이하'의 사람들에게는 에너지를 낭비하지 말아야 한다고 생각한다.

과도한 찬사 요구: 끊임없는 관심과 인정, 찬사를 받아야 한다는 욕구에 사로잡혀 있다. 자신이 당연히 받아야 한다고 믿는 칭찬과 존경을 얻기 위해 온갖 방법을 동원한다.

특권 의식: 자신은 태어났을 때부터 특별한 대우를 받을 자격이

있으며, 타인은 당연히 자신의 요구에 응해야 한다는 왜곡된 믿음을 지닌다. 이런 기대가 충족되지 않으면 심하게 상처받거나 분노한다.

착취적 대인관계: 목표 달성을 위해서라면 타인을 이용하는 데 거리낌이 없으며, 이에 대한 죄책감도 전혀 느끼지 않는다.

공감 능력의 결핍: 타인의 정서적 경험을 인식하고 이에 공명하는 능력이 현저히 부족하다. 특히 자신이 타인에게 상처를 입혔을 때 이러한 결핍은 더욱 뚜렷하게 나타난다. (여기서 주목할 점이 있다. 이들에게도 미미한 수준의 공감 능력은 존재할 수 있으나, 자기 자신에 대한 압도적인 몰입이 이를 완전히 가려버린다.)

시기심: 타인이 소유하거나 성취한 것에 대해 끊임없는 질투의 감정에 시달린다. 역설적으로 동시에 타인들이 자신의 위대함을 선망하고 시기해야 마땅하다는 왜곡된 기대를 품고 있다.

오만한 태도: 자기 중요성에 대한 과장된 인식을 토대로 타인을 경멸하며, 자신은 특별한 대우를 받을 자격이 있는 존재라는 확신에 사로잡혀 있다.

자기애성 성격장애 진단을 받으려면 증상이 일시적이거나 특정 상황에서만 나타나는 게 아니라, 그 사람의 삶 전체에 걸쳐 일관되게 나타나야 한다. 쉽게 바뀌지 않고 고정된 패턴으로 굳어져 있어야 한다는 말이다. 무엇보다 이러한 증상들이 직장생활, 사회생활, 가정생활, 그 외 다른 중요한 영역들에서 상당한 어려움을 일으켜야 한다. 다시 말해, 1년 동안만 또는 단지 한 연애관계에서만 자기애성 성격장애를 가질 수는 없다. 시간이 흘러도, 관계가 바뀌어도, 상황이 달라져도 지속적으로 나타나는 패턴이 있어야 한다.

그러나 이것이 자기애성 성격장애를 지닌 사람이 특정 상황에서나 관계 초기에 건강한 개인으로 보일 수 없다는 의미는 아니다. 실제로 그들의 자기 과대화는 초기에는 자신감과 야망으로 인식되며, 이는 많은 이에게 매력적인 특질로 받아들여진다. 그들은 성공에 대한 환상을 실현 가능한 계획으로 정교하게 포장하는 능력을 지니고 있어, 유능하고 성공한 인물로 자신을 제시한다. 관계의 극초기 단계에서 그들은 당신이 만난 가장 자신감 있고 추진력 있으며 매력적인 사람으로 보일 수 있다. 역설적이게도 그들의 내적 실체는 이러한 외현적 특성과는 정반대지만, 우리가 정교하게 구축된 허구를 뚫고 진실에 도달하기까지는 상당한 시간이 필요하다. 특히 나르시시스트들이 대상과 상황에 따라 선별적으로 다른 모습을 보인다는 점을 고려하면 더욱 그렇다. 예를 들어, 그들은 자신이 어울리고자 하는 높은 지위의 인물에게는 친절하고 매력적이게 행동하지만, 열등하다고 인식한 대상에게는 경멸과 무례함으로 대한다.

이런 특성 때문에 많은 사람이 나르시시스트와의 관계에서 쉽게 빠져나오지 못한다. 자기애성 성격장애가 있는 사람들은 자신과 '동급'이라고 판단하는 상대를 찾는다. 매력적이거나 부유하거나, 자신의 가치를 높여줄 다른 특성을 지닌 사람들 말이다. 나르시시스트는 이런 관계를 정성껏 가꾸어나간다. 그러다가 상대가 불가피하게 자신을 실망시키거나 자기 기준에 미달하게 되면, 그때부터 그 사람을 믿을 수 없을 만큼 잔인하게 대한다. 이런 충격적인 변화는 나르시시스트들의 전형적인 패턴이다. 새로운 사람을 만나면 이상화하여 높은 곳에 올려놓았다가, 시간이 지나면 평가절하하고, 끌어내리고, 결국 버린다. 사람들은 이런 극단적인 태도 변화에 당황하고 충격에 빠진다.

나르시시스트들은 본질적으로 취약한 존재다. 겉모습과 달리 그들의 내면은 극도로 연약하다. 무시당하거나, 간과되거나, 기만당하거나, 우선순위에서 밀려나는 것에 병적으로 민감하다. 대부분 그들은 심각한 트라우마의 역사를 지니고 있어서, 이러한 초기 상처 때문에 자기 보호의 수단으로 과장된 자존감이라는 가면을 만들어낸 것이다. 이것이 그들이 과대한 자기상을 드러내고, 타인의 찬사를 끊임없이 추구하며, 모든 이가 자신을 질투한다는 환상에 빠지는 이유다. 정서적으로 안정된 사람은 승진에 실패해도 격렬히 분노하지 않는다. 견고한 자기 가치감이라는 토대가 있기 때문이다. 하지만 나르시시스트에게는 이런 근본적 중심이 없다. 그래서 실제든 상상이든 사소한 무시조차 그들의 존재 깊숙이 상처를 남기고, 그들은 분노와 적개심으로 보복한다.

나르시시스트들은 지나간 모든 관계에 파괴의 흔적을 남긴다. 자기애성 성격장애를 지닌 부모는 자녀를 자신의 확장된 자아로 인식하는데, 이러한 왜곡된 인식은 자녀의 심리적 토대에 회복하기 어려운 균열을 만들어낸다. 그들은 자녀가 자신의 지시를 절대적으로 따르고 자신이 원하는 바를 대신 성취해내기를 요구하며, 이를 통해 대리적 만족감을 추구한다. 자녀의 고유한 정체성과 욕구는 부모의 자기애적 욕망 속에서 철저하게 무시된다. 직장에서 자기애적인 상사는 조직의 심리적 환경을 황폐화하는 존재다. 그들은 건설적 피드백조차 개인적 공격으로 받아들이고, 타인의 성과를 당연하게 자신의 공으로 돌리며, 감사의 표현 없이 과도한 요구만을 쏟아낸다. 또한 사소한 실수에도 폭발적으로 반응해 직원들을 지속적인 불안과 긴장 속으로 몰아넣는다.

그리고 연인관계에서의 나르시시스트가 있다. 이들은 사랑하는 사람으로 하여금 스스로를 사소하고 보잘것없는 존재로 느끼게 만들고, 자기 자신조차 의심하게 만든다. 처음엔 하늘처럼 떠받들다가 어느 순간 바닥으로 내팽개치고 관계를 끝내버리는 그들의 극단적인 변화는 상대방을 완전히 무너뜨린다. 이런 관계에서 벗어나 회복하는 것은 길고 고통스러운 과정이다. 다행히 나르시시스트를 알아보고, 그들에게서 벗어나 상처를 치유하는 데 도움이 되는 자료들이 많다. 만약 당신의 파트너가 정말 나르시시스트인 것 같다면, 이 주제를 전문적으로 다룬 서적들을 찾아보길 바란다. 더 명확한 판단과 실질적인 도움을 얻을 수 있을 것이다.

나르시시스트가 아닌 사례: 마크의 이야기

네이선은 분노에 휩싸여 있었다. 방금 아버지 마크와의 또 다른 고통스러운 통화를 일방적으로 끊어버렸다. 마크는 언제나처럼 네이선이 언제 집에 올 것인지를 물었다. 수개월마다 반복되는 이 의례적인 질문에 네이선은 깊은 피로감을 느끼고 있었다. 네이선은 자신이 사랑하는 직장에서 경력을 쌓아가고 있었고 조직 내에서의 성장을 갈망했다. 하지만 끊임없이 고향을 오가느라 휴가를 사용한다면 그 꿈은 요원해질 수밖에 없었다.

"아버지, 안 된다고 계속 말씀드렸잖아요. 매번 비행기 타고 집에 가는 것도 부담스럽고, 지금은 휴가를 낼 때가 아니에요." 네이선의 목소리에는 억누를 수 없는 짜증이 배어 있었다.

"넌 1년째 집에 오지 않고 있어. 시간이 없다는 말은 이제 그만해. 지난주에 친구들이랑 호수로 휴가 갔다면서? 결국 다른 사람들한텐 시간을 내면서 부모한텐 시간이 없다는 거구나." 마크의 목소리에는 서운함이 묻어났다.

"그 사람들은 직장 동료들이었어요! 비즈니스 네트워킹이었다고요. 거기서도 매일 일 얘기만 했고요. 그리고 제 여가 시간을 어떻게 쓸지는 제가 결정할 일이에요. 제 인생이 아버지 위주로 돌아가는 건 아니잖아요!" 네이선이 목소리를 높였다.

"아들을 보고 싶어하는 게 그렇게 이상한 일이야? 차라리 우리가 너 있는 곳으로 갈게! 넌 늘 고향 친구들도 만날 수 있어서 집에 오는 게 좋다고 했잖아. 장소는 중요하지 않아, 네이선. 우리는 단지 널 보고 싶은 거야! 난 널 부모를 이렇게 대하는 아들로 키운 적이 없어." 마크의 목소리도 점점 커졌다.

"아버지는 완전히 나르시시스트예요! 제 인생은 제 거예요! 아버지를 보러 가야 할 의무도, 아버지가 저를 보러 올 이유도 없어요. 부모라고 해서 제 삶을 통제할 권리는 없다고요!" 네이선은 이 말을 내뱉고 전화를 끊어버렸다.

네이선은 대학 졸업 전까지는 아버지와 이런 식으로 충돌한 적이 없었다. 그런데 이제는 아버지가 왜 자신에게 이토록 많은 것을 요구하는지 이해할 수 없었다. 직장 동료들과의 경쟁 압박에 시달리던 네이선은 커리어에서 뒤처질까봐 두려웠고, 그 때문에 평소라면 기꺼이 즐겼을 집에서 보내는 명절이나 고등학교 친구들과의 여행을 계속 포기하고 있었다. 승진을 위해서는 인맥이 절대적으로 필요했다. 네이선은 의문을 품었다. '아버지는 왜 이런 네트워킹 기회의 중요성을 이해하지 못하는 걸까? 도대체 언제부터 아버지가 이렇게 자기중심적이고 통제적인 사람이 되어버린 걸까?'

몇 주 전, 네이선의 친구가 흥미로운 지적을 했다. 그의 부모가 너무 간섭이 심하고, 나르시시스트 부모들처럼 아들을 통해 대리 만족을 하려는 것 같다는 이야기였다. 네이선은 부모와의 대화가 왜 그렇게 힘든지 설명이 되는 것 같아 안도했다.

한편, 전화를 끊은 마크는 슬픈 마음으로 수화기를 내려놓았다. 아들이 그리웠다. 네이선은 늘 독립적인 아이였다. 하지만 대륙 반대편에서 대학을 졸업하고 서부에서 금융 일을 시작한 후로는 거의 집에 오지 않았다. 마크는 아들이 자기 삶을 사는 걸 이해했다. 모든 연휴를 부모와 보낼 거라고 기대하지도 않았다. 그래도 이렇게까지 안 올 줄은 몰랐다. 네이선은 경쟁이 치열한 금융계에 완전히 빠져들었고, 마크는 낯설어진 아들의 모습에 걱정이 되었다.

나르시시즘의 무기화

나르시시스트라는 말이 요즘 얼마나 흔하게 쓰이는지 모른다. 가스라이팅만큼이나 자주 들린다. 누군가에게 상처받으면 우리는 곧바로 이 단어를 꺼낸다. 사랑하는 사람이 나를 거절하거나, 내 존재를 무시하거나, 내 생각에 반대한다고 느낄 때마다 우리는 상대를 나르시시스트라고 부른다. 하지만 잠깐, 실제로 자기애성 성격장애 진단을 받을 만한 사람은 얼마나 될까? 전체 인구의 0.5퍼센트에서 5퍼센트 정도다. 그러니 우리가 만난 모든 전 애인, 참견하는 시댁 식구, 까다로운 상사, 속 썩이는 부모가 전부 나르시시스트라는 건 말이 안 된다.

그렇다면 왜 이 진단명을 신중하게 사용해야 할까. 자기애성 성격장애는 우리가 생각하는 것보다 훨씬 파괴적이기 때문이다. 이런 사람과 함께 지내면 매일이 살얼음판이다. 늘 불안하고 혼란스럽다. 하지만 정작 이 성격장애로 가장 고통받는 사람은 나르시시스트 본인이다. 그들은 대부분 어린 시절 깊은 마음의 상처를 입었고, 이제는 좌절을 받아들이는 법도, 진정한 관계를 맺는 법도, 건강한 자아상을 세우는 법도 모른 채 살아간다. 좋은 직장과 가정을 가진 '성공한' 나르시시스트들조차 겉모습과 달리 진정한 행복과는 거리가 멀다.

이토록 심각한 장애인데도, 요즘 사람들은 자기중심적이고 공감 능력이 부족해 보이면 바로 나르시시스트라고 부른다. 사랑하는 사람이 상처를 주거나 이기적이고 무신경하게 행동하면 우리는 곧바로 이 단어를 쓴다. 하지만 이렇게 무기처럼 휘두르는 나르시시즘이라는 말은 실제 임상적 의미와는 다르다. 사실 우리가 하고 싶은 말은 "너는 네 좋을 대로만 하고, 내가 얼마나 아픈지는 아무 상관도 없구나"라는 거다. 그런데 잠깐, 상대가 나를 이용한다는 느낌과 공감 능력이 부족하다는 것, 이 두 가지로는 부족하다. 자기애성 성격장애 진단을 받으려면 9개 기준 중 5개는 충족해야 한다. 아직 3개가 더 남았다는 말이다.

그럼에도 우리는 너무 쉽게 누군가를 나르시시스트라고 단정 짓는데, 이때 우리가 놓치는 것들이 무엇인지 짚어보자. 대표적인 실수가 네 가지 있다.

하나. 충분한 정보를 수집하지 않는다

오늘날 많은 사람은 한두 가지 행동만으로 누군가를 다 안다고 생각한다. 그가 어떤 삶을 살아왔는지, 다른 관계에서는 어떻게 행동하는지 들여다보지 않는다. 다른 사람들과의 관계나 다양한 상황에서의 모습은 외면한 채 자신이 겪은 일에만 집중한다. 하지만 명심해야 할 점이 있다. 자기애성 성격장애는 성인기에 시작되어 지속적으로, 모든 관계에서 일관되게 나타난다. 진짜 이 장애가 있다면 당신에게만 문제를 보인 게 아니라, 다른 곳에서도 똑같은 패턴이 드러났을 것이다. 진짜 나르시시스트는 특정 사람에게만 문제를 일으키지 않는다.

게다가 관계가 변하면서 어려움에 부딪힐 때 우리는 누구나 나르시시스트처럼 보일 수 있다. 형제가 서로 다른 발달 단계를 지날 때는 한쪽이나 둘 다 자기만 생각하는 것처럼 보인다. 자녀가 부모로부터 독립하려 할 때는 갈등이 생기기 마련이다. 부부가 힘든 변화를 겪으면 서로에 대한 공감이 줄고 자기 일에만 빠진다. 사실 우리 모두는 어느 정도 나르시시즘적인 면을 가지고 있고, 인생의 어떤 시기에는 그게 더 두드러진다. 하지만 이런 모습이 모든 가까운 관계에서 계속 나타나지는 않는다면, 그것은 장애라고 할 수 없다.

둘. 공감 표현의 부족을 공감 능력의 결여로 착각한다

갈등 상황에서 사람들은 대개 자신의 연약한 감정을 숨기는데, 상대가 진심을 말하지 않으면 우리는 그를 이기적이고 무정한 사람으로 보기 쉽다. 갈등은 우리를 불안하게 만든다. 그래서 우리는 각자 나름의 방어 방법을 만들어낸다. 큰소리로라도 내 말을 전하려 하거나, 불안이 터지지 않도록 마음의 문을 닫는다. 하지만 이런 서툰 반응 뒤에는 고통스러운 감정이 있다. 두렵고, 불안하고, 스스로가 부족하다고 느낀다. 중요하지 않은 존재 같고, 혼자라고 느낀다. 사랑하는 사람과 싸우는 것도 싫고, 그들을 아프게 했다는 것도, 특히 모르고 그랬다는 사실이 더욱 괴롭다. 방어적으로 행동하는 건 자기애적 우월감 때문이 아니다. 상대가 나를 이해하지 못하고 나쁘게 볼까봐 무서워서다. 그래서 내 입장을 설명하고 왜 내 잘못이 아닌지 증명하려 한다. 효과적인 방법은 아니지만, 인간이란 본래 불완전한 존재다.

내 이야기를 해보겠다. 루커스와 싸울 때 내가 얼마나 나르시시스트처럼 보이는지 말이다. 상태가 나쁠 때, 나는 비꼬고 수동 공격적이 된다. 겉으로는 침착하고 절제된 모습을 보이고 차갑고 계산적인 인상을 풍기지만, 내면은 완전히 무너져 있다. 극도의 불안에 시달린다. 정확히 말하면 공황 상태다. 대화를 따라가려고 애쓰지만 머릿속이 하얘지고 길을 잃는다. 매 순간 울음이 터질 것 같은데 꾹 참는다. 공황을 가라앉히려고 안간힘을 쓴다. 이런 모습이 오히려 나를 무심한 사람으로 보이게 한다. 우리가 다투는 모습을 본다면, 내가 그를 아프게 한 것에 대해 얼마나 괴로워하는지 모를 거다. 차가운 방어막만 보일 테니까. 중요한 점은 우리 대부분이 사랑하는 사람을 아프게 했을 때 정말 깊이 고통스러워한다는 거다. 싸울 때 보이는 방어적 반응이 우리 감정의 전부는 아니다. 다행히 요즘은 싸울 때도 차가운 단계를 건너뛰고 바로 진짜 감정을 보여준다. 그러면 루커스는 방어적인 내가 아닌 연약한 나를 만난다. (루커스에겐 정말 다행스러운 변화일 테다!)

반면 나르시시스트들은 정말로 무관심하다. 그들은 다른 사람에게 상처를 준 것을 미안해하지 않는다. 오히려 정당한 이유가 있었다고 생각하고, 상처받은 상대가 속상해하면 짜증을 낸다. 나르시시스트도 거친 겉모습 아래 연약한 감정을 가지고 있지만, 그 감정은 자신에게만 향한다. 부적절감이나 자기혐오 같은 것들이다. 다른 사람이 겪는 고통에 슬퍼하거나 아파하는 공감 능력은 그들에게 없다.

셋. 부풀려진 자아를 과대성과 혼동한다

자신을 높이 평가한다고 해서 자기애성 성격장애는 아니다. 자신감이 지나쳐 자만하거나 허영심에 빠진 사람 중에도 나르시시스트가 아닌 경우가 많다. 겉으로 보이는 자기애가 열등감을 감추는 가면

일 수도 있지만, 정말로 건강한 자신감과 꿈을 이룰 수 있다는 확고한 믿음을 가진 걸 수도 있다. 사실 우리 대부분은 이런 사람이 되고 싶어한다. 인생 목표를 현실로 만들고, 자신의 능력에 대한 외부의 의심은 전혀 받아들이지 않는 사람 말이다. 하지만 그것이 부풀린 자아든, 허영이든, 자기도취든, 건강한 자신감이든, 이것만으로는 나르시시스트가 되지 않는다. 자기애성 성격장애가 있으려면 반드시 외부의 인정과 찬사가 필요하고, 다른 사람보다 우월하게 보이기를 원해야 한다. 이게 바로 자아가 강한 것과 과대성의 차이다. 과대성은 자신감을 훨씬 뛰어넘는다. 거의 망상에 가까운 중요성을 느끼며, 자신의 성취를 과장하고 남들이 자신을 우월하게 봐주기를 기대한다.

넷. 문제적 사람들을 나르시시스트로 착각한다

어떤 사람들은 정말 최악이다. 미성숙하고, 못되고, 이기적이고, 반성할 줄 모른다. 주변 사람을 존중하지 않고, 거짓말하고 배신하며, 그것이 남에게 상처가 된다는 걸 신경 쓰지 않는다. 하지만 이 모든 걸 갖춰도 나르시시스트는 아닐 수 있다. 성격장애 기준에 못 미치면서도 끔찍한 사람이 될 여지는 충분하다. 왜냐하면 알다시피 사람은 누구나 불완전하기 때문이다. 어떤 사람은 나쁘게 구는 게 당연하다고 여기고, 어떤 사람은 아직 제대로 된 방법을 모를 뿐이다. 성장은 결코 매끄럽지도, 직선적이지도 않다. 우리는 실패를 거듭하며 건강한 관계를 배워가고, 그 과정에서 자신이 문제 있는 관계를 만드는 데 어떻게 관여했는지 깨닫는다. 우리는 실수를 통해 성장한다. 하지만 누군가는 그 실수가 고착되어 계속 미성숙하고 자기중심적인 사람으로 남기도 한다. 당신의 전 애인 역시 깊은 자기 성찰과 변화의 노력이 절실한 문제적 인물일 수 있다. 하지만 그렇다고 해서 그가 자기애성 성격장애를 가졌다고 단정할 수는 없다.

나도 몇몇 관계에서는 정말 못된 사람이었다. 대학 시절 끝내버린 우정은 지금도 깊은 후회로 남아 있다. 그 친구는 내가 처음으로 만난 진정한 친구였다. 우리는 늘 함께였는데, 그녀가 한 학기 교환학생을 가면서 뭔가 변했다. 왜 관계가 달라졌는지 정확히 기억나지 않지만, 분명 달라졌다고 느꼈다. 그녀가 예전보다 더 매달리는 것 같아서 짜증이 났고, 나는 정말 나쁘게 대처했다. 룸메이트들과 함께 그 친구를 소외시켰고, 우리끼리만 쿨한 척, 우월한 척했다. 기숙사 분위기는 점점 더 불편해졌고, 결국 졸업할 때까지 우리는 서로에게 친구로 남지 못했다. 지금 생각하면 정말 다르게 행동했어야 했다. 그 애는 여전히 친구로 두고 싶은 사람이니까. 그 상황에서 나는 나르시시스트처럼 행동했다. 내 감정과 변명에만 빠져서 상대방 마음은 전혀 헤아리지 못했다. 결과적으로 평생 갈 수 있었던 우정을 내 손으로 포기한 것을 정말 후회한다. 그 일을 자주 떠올리며 성장했고, 이후로는 우정을 지키기 위해 전혀 다른 방식으로 노력했다. 중요한 건, 그때 나는 좋은 사람이 아니었지만 자기애성 성격장애가 있었던 건 아니라는 점이다. 그저 미성숙하고 못된 사람이었을 뿐이다.

나르시시즘이라는 용어가 무기가 되면서 상담실 풍경이 바뀌었다. 연인이나 자녀, 부모에게 나르시시스트라는 말을 들은 내담자들이 불안에 떨며 찾아온다. 그리고 자신이 정말 그런 사람인지 묻는다. 어떤 이들은 다른 사람과 정상적인 관계를 맺을 수 있을지 의심하며 울먹인다. 또 어떤 이들은 자기애성 성격장애 체크리스트를 들고 와서 9개 항목 중 5개에 해당하는지 확인받으려 한다. 그러나 사실은 이렇다. 자신이 나르시시스트일까봐 진짜로 걱정하는 사람은 나르시시스트가 아니다. 그런 열린 마음과 성찰하려는 태도 자체가 나르시시스트답지 않다. 무엇보다 나르시시스트들은 타인에게 상처를 줬다는 사실을 믿지도, 신경 쓰지도 않는다. 반면 내 내담자들은 자신도 모르게 누군가를 아프게 했을지도 모른다는 생각에 진심으로 괴로워한다.

내 내담자들의 불안은 비전문가들이 함부로 나르시시즘을 진단하면서 더 커졌다. 이 장애에 대해 너무 많이 알게 되면서 오히려 모든 곳에서 그 흔적을 찾으려는 강박이 생긴 것이다. 나르시시스트에 관한 책과 프로그램, 기사와 영상이 얼마나 많은가. 자기애성 성격장애는 분명 위험하고 파괴적이지만, 우리는 그들의 심리에 기묘한 관심을 갖는다. 그 결과 이제는 모든 관계에서 나르시시즘의 신호를 찾으려 한다. 아마도 우리 자신을 보호하려는 본능일 수도 있고, 양심 없이 남을 해치는 사람들에 대한 불편한 호기심일 수도 있다. 이런 높은 관심 덕분에 파괴적인 관계에서 빠져나온 사람들도 있지만, 한편으로는 평범한 갈등조차 나르시시즘으로 오해하는 사람도 늘어났다.

바로 이 지점이 내가 가장 걱정하는 부분이다. 나르시시즘이란 말이 무기가 되어 멀쩡한 관계가 망가지는 걸 너무 많이 봤다. 부부상담에서 한쪽이 이런 폭탄을 터뜨릴 때가 특히 그렇다. "있잖아, 우리가 왜 이렇게 힘들었는지 알았어. 네가 나르시시스트여서야. 그나마 지금 상담받으니 다행이지. 내가 네 문제점을 다 짚어줄게. 그럼

고칠 수 있잖아." 이런 말을 들은 사람은 당연히 충격받고 화나고 절
망한다. 모든 감정이 한꺼번에 몰려오기도 한다. 내가 그 '나르시시
스트'를 평가해보면 대부분 진짜로 공감하고 노력하는 사람이다. 하
지만 이미 꺼낸 진단에 이의를 제기해도 상황은 나아지지 않는다.

부모와 자녀 사이에서 나르시시즘 공방이 오갈 때도 마찬가지다.
이런 말을 들은 사람은 막다른 길에 몰린다. 선택지는 두 가지뿐이
다. 자신이 나르시시스트일 가능성을 시인하고 남은 인생 동안 그렇
지 않다는 걸 증명하면서 눈치 보며 살거나, 아니면 잔인한 현실을
받아들여야 한다. 사랑하는 가족이 나를 성격장애자로 낙인찍을 만
큼 부정적으로 보고 있다는 것, 그러면서도 자신의 책임은 전혀 돌
아보지 않는다는 것 말이다.

가스라이팅과 마찬가지로, 나르시시즘을 제대로 진단하는 사람
은 거의 없다. 단도직입으로 말하면, 부부 상담에서 파트너를 나르
시시스트라고 부른 게 실제로 맞았던 경우는 한 번도 없었다. 오히
려 그렇게 낙인찍는 사람이 더 자기애적이고, 더 많은 치료가 필요한
경우가 대부분이었다. 앞서 본 것처럼 학대적 파트너들이 심리학 용
어를 무기로 삼는 패턴이 여기서도 반복된다. 실제로는 내 쪽에서 내
담자에게 그들의 파트너나 가족에게 나르시시즘적 특성이 있을 수
있다고 우려를 표하는 경우가 더 많다. 그래서 관계가 불안정하고 문
제 해결의 책임이 늘 한쪽으로 치우치는 것이라고 말이다. 나르시시
스트와 관계를 맺은 사람이 그 사실을 깨닫기란 쉽지 않다. 자기애
성 성격장애를 가진 사람들은 상대방이 스스로를 탓하게 만드는 데
놀라운 재능이 있기 때문이다. 워낙 은밀해서 제3자가 알려주거나

나르시시스트가 매정하게 떠날 때까지 당사자는 무슨 일이 일어나는지 알아차리지 못한다.

당신이 실제로 자기애성 성격장애를 가진 사람과 관계를 맺고 있을 가능성도 있다. 그러나 "나르시시스트!"라고 성급히 규정짓는 순간, 우리는 관계의 복잡한 실체를 놓치게 된다. 상대의 행동이 이기적이었다거나 진정한 반성이 보이지 않는다고 구체적으로 표현할 때, 우리는 비로소 관계의 진짜 문제에 다가선다. 아홉 가지 진단 기준을 통해 우리가 배운 것이 있다면, 자기애성 성격장애가 단일한 모습이 아니라는 점이다. 끊임없이 인정받고 싶어하는 사람과 타인을 거리낌없이 착취하는 사람은 전혀 다른 존재다. 그래서 우리에게 필요한 것은 무거운 진단명이 아니라 명확하고 구체적인 언어다. 명확한 언어야말로 관계의 어려움을 헤쳐나갈 지혜를 주고, 필요하다면 관계를 끝낼 용기도 준다.

내가 나르시시스트라고 지목됐을 때

이 책을 펼쳐 들었다는 것만으로도, 당신은 나르시시스트가 아닐 가능성이 매우 크다. 자기애성 성격장애를 가진 사람들은 심리학 용어를 올바르게 사용하는 일에는 별 관심이 없다. 하물며 관계를 개선하려는 노력은 더더욱 하지 않는다. 그러니 누군가 당신을 나르시시스트라고 몰아붙인다면 당신으로서는 당황스러울 수밖에 없다. 그래도 흔들리지 말자. 우리가 할 수 있는 일이 있다.

왜 나를 나르시시스트라고 생각하는지 물어보자

나르시시스트라는 단어는 명확하면서도 모호하다. 지금 당신에게 필요한 건 더 많은 정보다. 당신의 어떤 말이나 행동이 상대방으로 하여금 당신이 심각한 정신장애를 앓고 있다고 판단하게 만들었을까? 단발성 사건이었을까, 아니면 당신의 행동에서 걱정스러운 패턴을 읽어냈을까? 그리고 결정적으로, 상대방은 혹시 당신이 자신에게 전혀 공감하지 못한다고 느끼고 있을까? 이런 말이 나오게 된 배경을 정확히 알아내기 위해 침착하게, 그리고 구체적으로 물어보자.

상대방의 감정을 온전히 타당화하자

상대가 당신을 나르시시스트라고 불렀을 때 느꼈을 상처와 분노의 무게를 잘 안다. 하지만 먼저 해야 할 일은 상대가 지금 품고 있는 아픔과 두려움을 있는 그대로 인정해주는 것이다. 나르시시스트라는 단어를 꺼내 드는 사람은 대개 사랑하는 사람에게 또다시 상처받을까봐 두려워하고 있을 가능성이 크다. 그들이 이런 강한 표현을 선택한 건 당신의 관심을 끌고 싶어서다. 어쨌든 그들은 원하던 것을 얻은 셈이다. 당신이 이제 귀를 기울이고 있으니 말이다. 이럴 때는 이렇게 말해보는 게 도움이 된다. "오늘 아침 내가 휴가 계획 얘기를 지금은 할 수 없다고 했을 때, 상처받고 혼자 남겨진 느낌을 받았구나. 그 대화가 당신에게 얼마나 중요한지 알아. 내가 당신 말을 막거나 대수롭지 않게 여기는 것처럼 느껴졌겠다. 충분히 이해해."

이런 반응이 중요한 이유는 분명하다. 진짜 나르시시스트들은 공감 능력이 없다. 상대의 감정을 타당화하는 것은 당신이 상대의 마음을 진정으로 이해하고 있다는 증거가 된다. 상대의 입장에서 상황을 바라볼 수 있다는 것, 이것이 바로 나르시시즘과는 정반대되는 모습이다. 부당한 진단에 맞서는 가장 좋은 방법은 그 진단과 어울리지 않는 행동을 보여주는 것이다. 당신의 실제 모습이 그들이 붙인 라벨과 얼마나 다른지를 행동으로 증명하면 된다.

내가 그때 왜 그랬는지 솔직하게 이야기하자

이제 상대는 충분히 인정받았다고 느끼고, 당신이 진심으로 마음을 쓰고 있음을 알게 되었다. 이번에는 그 순간 당신 안에서 일어났던 일들을 솔직하게 나눌 차례다. 용기를 내어 마음을 열어보자. 머릿속 생각만 전달하지 말고, 그때 실제로 느꼈던 감정들을 있는 그대로 보여주자. 상대가 당신을 더 입체적으로 이해할 수 있도록 진짜 감정을 나누는 것이 중요하다. 아까의 휴가 얘기로 돌아가보면 이렇게 말할 수 있다. "당신이 휴가 계획 얘기를 꺼냈을 때, 순간적으로 불안감이 올라왔어. 양쪽 부모님 모두를 실망시키고 싶지 않은데, 시간을 나눠서 가야 하니 결국 한쪽은 서운해하실 수밖에 없잖아. 어느 쪽이든 부모님이 슬퍼하시는 걸 상상하기 힘들어서, 내 감정을 정리할 시간이 필요했어. 그래서 순간적으로 대화를 미루려고 했던 거야."

필요하다면 진심을 담아 사과하자

어쩌면 당신도 실수를 했을지 모른다. 나르시시즘이라고 불릴 정도는 아니지만, 상대가 상처받고 당신의 마음을 의심하게 만들 정도의 실수는 있었을 수 있다. 당신의 행동 중에서 책임져야 할 부분이 있다면, 지금이 그것을 인정할 때다. 상대를 배려하지 못한 순간들에 대해 사과할 수도 있고, 휴가 계획의 경우처럼 당신의 감정을 나누지 않은 점과 대화를 미룬 이유를 설명할 수도 있다. 사실 이런 종류의 책임을 인정하는 건 어렵지 않다. 당신의 반응 뒤에 숨어 있던 감정들을 충분히 전달하지 못했고, 그 침묵이 상대에게 오해를 불러일으켰다는 사실을 받아들이는 것뿐이기 때문이다.

상대방이 사용한 단어에 이의를 제기하자

상대가 나르시시스트라는 말을 꺼냈을 때, 당신은 얼마든지 그 표현에 대해 물을 수 있다. 아니, 오히려 꼭 그래야 한다. 상대에게 분명히 이야기하자. 나는 이 단어를 매우 진지하게 받아들이며, 만약 당신이 정말로 나를 나르시시스트라고 생각한다면 더 깊은 대화가 필요하다고. 전문가와 함께 이 문제를 살펴보는 것도 도움이 될 수 있다. 당신이 상대를 사랑한다면, 상대가 나르시시스트와 함께 있길 원하지 않을 것이다. 그런데 지금 상대는 당신을 바로 그런 사람이라고 부르고 있다. 해로운 관계 속에 있다고 스스로 믿고 있다는 뜻이다. 그러니 상대가 당신이 자기애성 성격장애에 해당한다고 진심으로 믿는다면, 이 문제는 반드시 제대로 다뤄져야 한다.

계속 나르시시스트라고 우긴다면 전문가를 찾자

이런 노력을 다 기울였는데도 상대가 여전히 당신을 따뜻하게 보지 못하고, 당신이 나르시시스트라는 믿음을 꺾지 않는다면, 이제는 전문가의 도움을 받을 차례다. 나르시시즘 관련 책을 읽어보라고 권하는 것부터 시작해볼 수 있다. 이 장애가 실제로 무엇인지 제대로 이해하는 계기가 될 수도 있다. 하지만 상대가 이미 결론을 내리고 당신의 모든 행동을 병적으로만 해석하려 한다면, 책 한 권이 오히려 편견을 강화할 수도 있다. 그럴 때는 치료사를 만나는 것이 낫다. 이 상황을 중립적으로 평가해줄 전문가가 필요하다. 사실 당신이 스스로 외부 평가를 받으려 한다는 점 자체가 자기애성 성격장애와는 거리가 멀다는 증거다. 다만 상대는 전문가의 입에서 직접 들어야 납득할지도 모른다.

거리를 두거나 떠날 수 있다는 것을 기억하자

상대가 이 진단에 매달려서 싸울 때마다 당신을 공격하는 무기로 쓴다면, 이제 당신의 선택을 결정할 때다. 관계에서 한 걸음 물러나거나 완전히 떠나는 것도 하나의 방법이다. 상대가 당신을 진정으로 나르시시스트로 인식한다면, 그 관계는 이미 건강한 토대를 상실했다고 봐야 한다. 상대는 당신과 함께 진짜 노력을 기울일 마음의 준비가 안 되어 있을지도 모른다. 오히려 당신이 자기애성 성격장애를 가졌으니, 모든 변화의 책임이 당신에게만 있다는 손쉬운 해법에 기댈 가능성이 높다.

상대방에게서 나르시시스트의 징조가 보일 때

이 장을 읽으면서 묘한 기시감을 경험했다면, 당신과 가까운 누

군가가 자기애적 성향을 지녔거나 실제로 자기애성 성격장애의 임상
적 기준에 해당할 수 있다. 혹은 주변 사람들이 당신과 관계 맺은 사
람이 나르시시스트일지 모른다고 우려하며 조심스럽게 언급한 적이
있을지도 모른다. 이러한 의구심이 당신 안에서 싹트고 있다면, 지금
부터 당신이 해야 할 일이 있다.

자기애성 성격장애에 대해 충분히 공부하자

나르시시즘을 이해하는 데 도움이 되는 자료는 생각보다 많이 있
다. 우선 전문가들이 쓴 글을 찾아 읽어보는 것이 좋은 출발점이다.
소셜미디어를 통해 정보를 얻고자 한다면, 화려한 인플루언서보다
는 심리학 학위와 실제 임상 경험을 갖춘 치료사들의 목소리에 귀
기울여보자. 관련 책을 읽으며 깊이 있게 공부하는 것도 좋다. 나르
시시스트는 겉으로 드러나는 것보다 훨씬 복잡한 심리를 가지고 있
어서 쉽게 파악하기 어렵다. 하지만 지식이 쌓일수록 그들을 알아보
는 눈도 예리해질 것이다. 다만 정보를 소화하는 과정에서 스스로를
돌아볼 필요가 있다. 만약 누군가를 나르시시스트로 단정하고 싶은
마음으로 책장을 넘긴다면, 우리의 뇌는 없는 증거까지 만들어내는
확증 편향의 덫에 빠질 수 있기 때문이다.

모든 인간관계에서 비슷한 패턴이 나타나는지 살펴보자

상대의 행동이 반복적으로 나르시시즘의 행동 패턴과 일치한다
면, 그 신호들을 세심하게 관찰할 필요가 있다. 당신과의 관계에서만
이 아니라 다른 사람들과의 상호작용에서는 어떤 모습을 보이는지

종합적으로 파악해보자. 자기애적 행동이 특정 상황에서만 나타나는가? 예를 들어 다툴 때만 당신의 감정을 무시하는 것처럼 느껴지는가, 아니면 평소에도 타인의 정서를 이해하는 능력이 부족해 보이는가? 갈등 후에 유독 당신의 인정을 갈구하는가, 아니면 일상적으로도 끊임없는 찬사를 요구하는가? 당신의 성취를 통해 자신을 과시하려 하거나, 자신의 이미지를 위해 당신의 결정에 개입하려 하는가? 이런 식으로 관찰할 때는 상황의 맥락을 놓치지 말아야 한다. 이 과정의 목적은 상대를 비난할 근거를 만드는 게 아니다. 오히려 그 사람의 진짜 모습을 명확히 보고, 나르시시스트와의 관계가 흔히 야기하는 자기 의심에서 벗어나 당신의 판단력과 직감을 다시 신뢰하는 법을 배우는 것이다.

전문적인 도움을 구하자

이런 분석과 성찰을 하면서 치료사의 도움을 받는 것은 당연히 도움이 된다. 자기애성 성격장애를 가진 사람과 관계를 맺어왔다면 분명 힘들었을 것이다. 현실 인식을 흔드는 심리적 조작을 당했을 수도 있다. 전문가는 상황을 평가하고 당신이 관계를 정확히 이해하도록 도울 수 있다. 다만 개인 상담의 한계를 염두에 두어야 한다. 치료사는 당신이 전하는 이야기를 통해서만 상황을 이해할 수 있다. 그들이 당신의 파트너나 가족, 친구를 자기애성 성격장애로 진단하는 것은 불가능하고 적절하지도 않다. 하지만 관계에서 나타나는 문제적 행동과 패턴을 파악하고 이를 바탕으로 조언을 제공하는 것은 가능하다.

불편한 직감을 느낀다면 그 신호를 믿자

이 사람과의 관계에서 뭔가 온전하지 못하다는 느낌이 스칠 때가 있다. 상대의 반응과 행동이 예상을 벗어나 당황스럽거나, 그들이 자신과 타인을 보고 말하는 방식이 불편하게 느껴질 수도 있다. 이런 느낌을 무시하지 말자. 물론 직감만으로 모든 것을 판단하는 건 위험하다. 계속해서 관련 지식을 쌓고, 구체적인 정보를 모으며, 전문가와의 상담을 통해 균형 잡힌 시각을 유지해야 한다. 그러나 당신의 무의식이 전하는 이 미묘한 경고의 신호들을 간과하거나 억압해서는 안 된다.

상대방에게 나르시시스트라고 직접 말하는 것은 피하자

"당신이 나르시시스트인 것 같으니 함께 고쳐보자"라고 말하고 싶은 마음이 들더라도, 이런 직접적인 접근은 효과가 없다. 상대가 나르시시스트가 아니라면 상처받고 방어적인 태도를 보일 것이고, 정말로 나르시시스트라면 격렬하게 반발할 것이다. 나르시시스트를 직접 지적하는 방식은 좋은 결과를 가져오지 못한다. 자기애성 성격 장애를 가진 사람이 자신의 상태를 인정하는 일은 거의 없다. 대신 그들은 격렬히 분노하며 상황을 왜곡해서, 결국 당신이 나르시시스트인 것처럼 느끼게 만들 것이다.

이 관계를 계속 이어갈 수 있을지 판단하자

나르시시즘도 다른 심리적 특성처럼 스펙트럼으로서 존재한다. 일부는 비교적 가벼운 양상을 보이며, 제한적이나마 공감 능력과 자기 성찰, 변화의 가능성을 지니고 있다. 보통 사람들만큼의 역량은 아니더라도 스스로를 돌아보고 노력할 의지가 어느 정도 있을 수 있다. 그들의 노력에는 분명한 한계가 있음을 인식하면서, 이 관계를 유지하며 함께 문제를 풀어나갈 수 있을지 판단해야 한다.

연인관계에서 변화를 시도해보기로 했다면, 부부 치료사를 찾는 것이 중요하다. 가능하다면 자기애성 성격장애를 다룬 경험이 풍부한 전문가를 선택하자. 파트너가 개인 치료를 받을 의향이 있는지, 그리고 개인 치료사와 부부 치료사 간의 협력을 위한 정보 공유 동의서에 서명할 수 있을지 확인해보자. 이런 접근이 반드시 변화를 가져온다고 단언할 수는 없지만, 관계의 긍정적 변화를 위한 가장 현실적인 토대가 될 수 있다.

관계를 유지해야 한다면 기대치를 조정하자

현실 속에서 우리는 나르시시즘적 특성을 가진 가족이나 연인, 직장 상사와의 관계를 쉽게 끊을 수 없는 상황에 놓이곤 한다. 관계를 정리하고 싶지 않거나, 그로 인한 대가가 너무 클 때가 있다. 이런 상황에서 우리가 할 수 있는 일은 자신을 보호하는 방법을 찾고 현실적인 기대치를 설정하는 것이다. 우선 상대에게 마음을 여는 정도를 잘 조절해야 한다. 나르시시스트가 당신을 칭찬하고 이상화할 때, 너무 깊이 빠져들지 않는 것도 중요하다. 이상화 뒤에는 언제나 평가 절하가 따라온다. 처음부터 적절한 거리를 유지하면 그 충격을 줄일 수 있다. 또한 상처받은 마음이나 관계 개선에 대해 대화하고 싶은 욕구가 들더라도, 이런 시도는 대개 벽에 부딪힌다는 점을 인정해야 한다. 나르시시즘의 특성상 진정한 상호 소통은 어렵기 때문이다. 이 관계의 한계를 받아들이는 것이 가장 현실적인 선택이다.

떠날 때가 되었다면, 그렇게 하되 신중하게 하자

오랜 고민 끝에 상대의 자기애적 특성이 너무 깊이 자리잡아 변화가 어렵고, 그로 인한 피해가 견딜 수 없는 수준에 이르렀음을 깨달았을 수 있다. 혹은 상대가 경미한 수준의 장애를 가지고 있더라도, 당신에게 함께 노력할 심리적 여유나 의지가 없을 수 있다. 충분히 이해가 간다. 어떤 이유에서든 관계를 끝내기로 했다면, 충분히 준비하고 명확한 계획을 세워야 한다. 자기애성 성격장애를 가진 사람들은 작은 일에도 깊이 상처받으며, 특히 이별은 그들에게 극도의 분노를 촉발한다. 스스로를 완벽하고 매력적이라고 믿는 그들은 당신이 떠난다는 사실을 받아들이지 못한다. 그래서 숨겨진 열등감을 드러내고, 방어적으로 과대함과 우월감, 분노를 더욱 강하게 표출한다. 통제감을 되찾기 위해 보복할 수도 있다. 이는 겁을 주려는 게 아니라, 예상 가능한 반응에 대비해 안전한 계획을 세우기를 바라는 마음에서 전하는 조언이다. 더 깊이 알고 싶다면 이 주제를 전문적으로 다룬 서적들을 찾아보고, 가능하면 치료사와 함께 이 장애에 대해 공부하기를 권한다.

관계가 끝난 후에는 치유에 집중하자

나르시시스트와 오랜 시간을 보냈다면 마음의 상처가 남아 있을 것이다. 자존감과 정체성에도 큰 타격을 받았을 가능성이 높다. 이제는 치유와 회복에 집중해야 한다. 나르시시즘이라는 용어는 당신이 겪은 일을 이해하는 데 도움이 되지만, 거기에 지나치게 얽매이지는 말자. 이 개념은 그 사람의 특성과 당신에게 미친 영향을 파악하는 도구일 뿐이다. 중요한 것은 이러한 이해를 바탕으로 치유의 길을 걷고 새로운 삶으로 나아가는 것이다.

8장

'러브 보밍'인가, 다정한 성격일 뿐인가?

러브 보밍love bombing은 가스라이팅처럼 상대를 지배하려는 학대 수법이다. 그런데 알아차리기는 훨씬 더 어렵다. 연애 초기나 다툼 이후에 관계를 다지거나 화해하려고 특별한 정성과 사랑을 쏟는 건 지극히 정상적이고 건강한 행동인데, 러브 보밍은 바로 이런 행동을 병적으로 극단화한 형태이기 때문이다. 게다가 가스라이팅과 달리 러브 보밍은 처음엔 달콤하기까지 하다. 하지만 이번 장에서 살펴보겠지만, 러브 보밍은 일반적인 애정 표현이나 관계 회복 노력과는 확연히 다르다.

러브 보밍의 실제 사례: 위고의 이야기

지안나는 위고를 만나게 된 행운을 아직도 믿기 어려웠다. 프랑스 남자였는데 억양부터가 달랐다. 섹시하다는 말로는 부족했다. 재미있고 매력적인 사람이었지만 필요할 때는 진지하고 열정적이었다. 무엇보다 놀라운 건 나이에 비해 엄청나게 성공했다는 점이었다. 대학을 졸업하자마자 스타트업을 차렸고, 20대를 그 회사와 함께 보낸 뒤 꽤 큰 돈을 받고 팔았다. 지안나와 친구들은 아직도 회사에서 한 계단 한 계단 승진을 위해 고군분투하고 있었는데, 위고는 이미 저만치 앞서 달리고 있었다.

지안나는 스물네 살 나이에 걸맞게 행복했고 자신감도 있었다. 일에 열정을 쏟았고, 좋은 친구들과 어울렸으며, 1년에 최소 두 번은 멋진 휴가를 떠났다. 하지만 연애만큼은 늘 행복을 가져다주지 못했다. 또래 남자들은 좌절감을 안겨줬다. 갑자기 잠수를 타거나, 관심 있는 척만 하거나, 바람을 피우거나, 거짓말을 일삼았다. 생각할 수 있는 모든 나쁜 행동을 다 했다. 아무도 데이트에 진심으로 임하지 않았고, 진지한 관계는 더더욱 기대하기 어려웠다. 이런 일들이 반복되자 지안나는 점점 지쳐갔고, 어느새 연애를 냉소적으로 바라보게 되었다.

그러던 중 음악 페스티벌에서 위고를 만났다. 위고는 대놓고 작업을 걸었고, 술이든 타코든 뭐든지 사주겠다며 나섰다. 무대를 옮길 때마다 자연스럽게 손을 잡았고, 온 세상이 자신의 구애를 지켜봐도 좋다는 듯 당당했다. 이런 태도는 첫날 밤에 그치지 않았다. 오히려 점점 더 대담해졌다. 만난 지 이틀 만에 긴 줄기 붉은 장미 36송이를 보내왔다. 첫날 밤 함께 탔던 택시에서 그녀가 말한 집 주소를 기억하고 있었던 것이다. 장미와 함께 온 카드에는 주말에 시내 고급 레스토랑에서 저녁을 먹자는 내용이 적혀 있었다. 문자로 간단히 물어볼 수도 있었을 텐데. 이런 낭만적인 방식에 지안나는 완전히 마음을 빼앗겼다.

저녁 식사에서 위고는 자신이 계산하겠다고 고집을 부렸다. 그리고 그 후로도 두 달 동안 모든 비용을 혼자 부담하겠다고 고집했다. 만난 지 3주째 되던 날, 위고는 지안나가 자신의 소울메이트라고 말했고, 그녀 없이는 살 수 없을 것 같다고 고백했다. 일을 제쳐두고 그녀의 직장으로 마중 나와 근사한 레스토랑으로 데려갔다. 떨어져 있을 때도 늘 존재감을 드러냈고 언제든 연락이 닿았다. 지안나는 그가 언제 연락할지, 언제 다시 만날지 걱정할 필요가 없었다. 하루에도 여러 번 메시지가 왔고, 언제나 다음 만남이 예정되어 있었다.

선물이나 고급 레스토랑도 좋았지만, 그녀의 마음을 완전히 사로잡은 건 끊임없는 사랑의 속삭임이었다. 위고가 거리낌없이 '운명의 상대'라는 말을 할 때마다 지안나는 깊이 사랑받는다고 느꼈다. 밤마다 침대에 누워 위고는 속마음을 털어놓았다. 페스티벌에서 음악에 맞춰 몸을 흔드는 지안나를 본 순간, 자신이 그동안 반쪽짜리로 살아왔다는 걸 깨달았다고. 이제야 비로소 온전해졌다고. 지안나가 자신을 위한 하나뿐인 사람이고, 둘은 함께할 운명이며, 그 무엇도 둘을 갈라놓을 수 없다고. "세상이 뭐라 해도, 가족이나 친구들이 막으려 해도 소용없어. 우리 사랑은 영원히 모든 걸 이겨낼 거야." 지안나는 완전히 빠져들었다. 누구나 그렇듯 그녀도 평생 이런 말을 듣고 싶어했다. 누군가에게 온전히 받아들여지고, 특별하고 소중한 존재가 된 기분이었다.

넷째 주가 되었을 때 위고가 사랑을 고백했고, 지안나는 망설임 없이 같은 말로 화답했다. 사랑의 확신이 그녀를 감쌌다. 얼마 지나지 않아 위고는 도심에 있는 자신의 아파트에서 함께 살자고 제안했다. 한 달 안에 이사를 가야 하는 급한 일정이었지만, 지안나는 동의했다. 위고는 운명의 사람을 만났으니 더 이상 미래를 지체할 이유가 없다고 설명했다. 그의 확신은 흔들림이 없었고, 그녀도 그 확신에 휩쓸렸다. 며칠 뒤 지안나가 어머니의 우려를 전하자, 위고는 그녀를 품에 끌어안으며 속삭였다. "사람들은 우리 관계를 이해하지 못할 거야. 우리가 하는 건 영화 같은 사랑이니까. 누군가는 비난하거나 방해하려 들겠지만, 우리는 흔들리지 않을 거야." 그 순간 지안나는 모든 것이 완벽하게 낭만적이라고 느꼈다. 마음 한편에서는 어머니의 걱정이 타당하다는 것을, 이 모든 것이 너무 빠르게 진행되고 있다는 것을 알았다. 하지만 그녀는 그런 내면의 경고를 의도적으로 묻어두었다.

5주가 지나고 지안나는 마지막 짐을 다 풀었다. 위고와의 동거 생활은 상상 이상으로 달콤했다. 지안나가 바라는 건 뭐든 다 들어주었다. 어느 날 저녁, 지안나가 귀가해서 토요일에 친구들과 여자들만의 모임을 갖기로 했다고 전했다. 그 순간 위고의 표정이 굳어졌다. "이번 토요일은 우리가 함께 보내기로 한 줄 알았는데." 위고가 말했다. "맞아, 근데 다들 스케줄이 빡빡해서 모이기가 진짜 힘들거든. 이번 토요일만 빼면 안 될까?" 지안나가 물었다. "알았어, 이해해. 이제 같이 살게 됐으니까 굳이 나랑 시간 보낼 필요 없다고 생각하는구나." 위고가 받아쳤다. "나랑 저녁 먹고 싶어하던 사람한테 그 샤넬 백 사줄걸 그랬나봐."

지안나는 가슴이 철렁 내려앉았다. "위고……."

"농담이야, 농담. 세상에, 지안나. 그냥 농담한 거야. 토요일에 나

놔두고 가도 돼. 괜찮아."

하지만 전혀 괜찮지 않았다. 위고의 빈정대는 반응은 앞으로 계속될 일들의 시작에 불과했다. 토요일이 되자 그는 온종일 그녀를 무시했다. 지안나가 들어오면 방을 나가고, 물어봐도 한마디로만 대답했다. 지안나는 하루 종일 괴로웠다. 죄책감에 시달렸고 그가 헤어지자고 할까봐 두려웠다. 저녁 약속을 마치고 돌아오자 은근한 공격은 노골적인 분노로 바뀌었다. 수많은 문자에 즉각 응답하지 않았다며 다른 남자와 있었던 거 아니냐고 몰아세웠다. 지안나는 절박하게 사과하며 실시간 위치 공유, 15분마다의 연락 확인, 그리고 관계 회복을 위한 몇 주간의 외출 자제를 약속했다. 지안나는 그를 사랑했고, 그에게 안정감을 주고 싶었으며, 뜸했던 연락으로 훼손된 신뢰를 복구해야 한다고 믿었다.

사과와 양보가 끝나자 위고는 누그러졌다. 따뜻함이 돌아왔고 선물 공세도 재개됐다. 위고는 장난이라며 비싼 샤넬 백에 GPS 추적기를 달아 선물했다. 무서운 대도시가 그녀를 훔쳐가지 못하게 하겠다는 거였다. 지안나는 그 바보 같은 소리에 웃긴 했지만 추적기를 그대로 놔뒀고, 자신을 믿어도 된다는 걸 보여주려고 항상 그 백을 들고 다녔다.

그러던 중 고등학교 친구에게서 결혼식 청첩장이 왔다. 소규모 행사라 비용상 부부만 함께 참석 가능하다는 내용이었다. 지안나는 이 사실을 위고에게 어떻게 전해야 할지 막막했다. 자신이 의도적으로 그를 배제하려 한다고 받아들일까봐 두려웠다. 운명의 상대라고 부르는 사람을 친구 결혼식에 빼놓고 간다는 게 말이 되는가. 고민

끝에 지안나는 차라리 초대 자체를 거절하는 쪽을 택했다. 나중에 위고가 "죄송하지만 참석할 수 없습니다"라고 체크된 답장을 발견했을 때, 그는 깊이 감동했다고 말했다. 자신을 위해 기꺼이 친구 결혼식을 포기한 지안나의 선택에 감격한 위고는 그 결혼식이 열릴 주말에 약혼반지를 보러 가자고 제안했다. 지안나의 마음속에는 기쁨과 함께 또 다른 설명하기 어려운 감정이 일었다. 불안감인지 부담감인지 분명하지 않았다. 하지만 그런 감정을 말로 꺼낼 수는 없었다.

러브 보밍의 정의

러브 보밍은 애정 표현과 선물, 사랑 고백과 헌신 요구, 공통의 가치관과 목표를 내세우는 말들, 그리고 칭찬을 과도하게 쏟아내는 행위다. 누군가 이런 열렬한 관심과 애정을 보인다면 매력적으로 느껴질 수 있지만, 이는 사실 가해자들이 상대를 빠르게 관계에 묶어두고 상대방의 삶에서 지나치게 큰 비중을 차지하려는 계산된 행동이다. 러브 보밍의 특징은 끊임없이 연락하는 것인데, 가해자는 계속 소통을 이어가며 상대방이 늘 자신을 가장 먼저 떠올리도록 만든다.

우리는 러브 보밍에 비싼 선물이 꼭 필요하다고 생각하기 쉽다. 하지만 학대적인 파트너들은 돈 한 푼 쓰지 않고도 상대를 매혹할 수 있다. 숨 막힐 정도의 애정 공세와 끝없는 찬사가 값비싼 선물 못지않은 위력을 발휘하기 때문이다. 러브 보머들은 상대가 듣고 싶어 하는 말을 정확히 간파해낸다. 화려한 칭찬을 늘어놓고, 같은 꿈을

꾸고 있다고 속삭이며, 필요하다면 거짓말도 서슴지 않는다. 자신을 너그럽고 헌신적인 사람으로 포장하면서 상대의 모든 필요를 채워줄 수 있는 완벽한 파트너인 양 행세한다. 애정에 목마른 마음, 인정받고 싶다는 욕구, 지지받고 싶다는 갈망까지 모두 충족해줄 수 있다고 약속한다. 이런 사람이 곁에 있으면 다른 사람들은 전부 부족해 보인다. 왜 굳이 시시한 사람들과 시간을 보내야 할까? 그런데 바로 여기서 문제가 시작된다. 고립이라는 문제 말이다. 상대의 인생에서 유일무이한 존재가 되면서 다른 모든 관계는 서서히 밀어내는 것이다.

러브 보밍은 주로 관계가 시작될 때 나타난다. 물론 나중에도 일어날 수 있지만, 가해자들이 가장 선호하는 시기는 바로 만남의 초기다. 이유는 간단하다. 상대가 아직 관계를 확신하지 못하고 있을 때 빠르게 마음을 사로잡아야 하기 때문이다. 학대적 파트너는 이 타이밍을 놓치지 않는다. 관계를 급속도로 진전시켜서 상대가 다시 생각하거나 물러설 기회를 차단한다. 가해자는 완벽한 파트너 역할을 연기한다. 상대와 놀라울 정도로 비슷한 꿈과 관심사를 가진 것처럼 행세하고, 상대가 듣고 싶어하는 말을 재빨리 파악하고 그대로 들려주며, 칭찬도 아낌없이 쏟아낸다. 예를 들어 상대가 이웃 도시에 집을 사고 싶다고 하면, 곧바로 그 지역 부동산을 알아봤다고 말한다. 당연히 거짓말이다. 하지만 상대는 같은 목표를 가진 사람을 만났다는 기쁨에 운명이라고 믿게 된다. 시간이 지나면 이것이 러브 보밍, 즉 권력과 통제를 위한 한 가지 학대 수법이었음을 알 수 있다. 그런데 관계 초기에는 판단할 만한 정보가 없다. 상대의 다른 행동을 본 적이 없고 비교할 기준도 없어서 러브 보밍을 알아채기가 매우 어렵다.

러브 보밍은 싸움 이후에 나타나는 전형적인 패턴이기도 하다. 3장에서 설명했듯이 학대 관계는 일정한 패턴을 반복한다. 팽팽한 긴장감이 쌓이고 쌓이다가 결국 폭발하고, 이어서 화해 분위기가 조성되고, 잠시 평화로운 시간이 찾아온다. 가해자가 다시 과도한 관심을 쏟고 상대를 떠받드는 시기가 바로 이 화해 단계다. 끊임없는 칭찬과 비싼 선물로 후회하는 모습을 보이면서 상대가 떠나지 않도록 노력한다. 그러고는 예전처럼 '운명의 상대'와 같은 표현을 다시 꺼내 들어 자신의 행동을 정당화한다. "내 운명의 반쪽한테 누가 추파를 던지는데 가만있으라고? 이렇게 소중한 사랑을 지키는 건 당연한 거 아니야?" "물론 힘든 순간도 있겠지. 하지만 우리는 서로를 위해 태어난 존재들이야. 하늘이 맺어준 인연이라고."

이렇게 해서 러브 보밍은 또다시 '우리 둘만의 특별한 세계'를 만들어낸다. 처음에는 달콤하다. 피해자는 금세 사랑받고 보호받는다는 따뜻한 감정에 빠져든다. 하지만 이 모든 게 신기루라는 사실을 곧 깨닫는다. 러브 보밍이 작동하는 과정은 명확하다. 가해자는 먼저 자신을 이상적인 파트너로 보이게 만든다. 친절하고 관대하며 무한한 사랑을 주는 사람, 운명의 상대라고 믿게 만든다. 관계 초기에는 이런 과도한 애정 표현이 계속된다. 하지만 피해자가 다른 사람을 만나거나 다른 일에 신경을 쓰면 상황이 급변한다. 가해자는 자신이 무시당했다고 느끼고, 사랑은 즉시 분노로 바뀐다. 이때부터 가해자의 본모습이 드러난다. 격렬하게 화를 내거나 얼음처럼 차갑게 입을 다문다. 피해자의 모든 선택을 비난하고, 관계를 소중히 여기지 않는다고 끊임없이 공격한다.

이때부터 관계는 두 가지 경로 중 하나를 따른다. 가해자는 다시 이상화 단계로 돌아가 러브 보밍을 재개하거나, 아니면 관계가 자신에게 더 이상 쓸모없다고 판단해 떠나버린다. 상대가 운명의 상대라고 믿었던 피해자에게 이런 갑작스러운 이별은 충격적이고 고통스럽다. 둘의 완벽한 만남과 미래를 그렇게 열정적으로 이야기했는데, 왜 갑자기 떠나는지 도저히 이해할 수 없기 때문이다.

지안나와 위고의 이야기는 러브 보밍이 한 사람의 인생을 어떻게 송두리째 무너뜨리는지 적나라하게 보여준다. 위고는 교묘했다. 질투로 지안나를 옥죄고는 다시 사랑으로 달래는 일을 반복했다. 지안나는 그의 화를 피하려고 친구들과의 만남을 하나둘 포기했다. 진정한 사랑을 위한 희생이라고 스스로를 속였을 것이다. 위고는 돈과 달콤한 말로 그녀를 자기 곁에 꽁꽁 묶어두었다. 그러다 어느 날 갑자기 폭탄을 터뜨렸다. "네가 나를 너무 많이 아프게 했어." 일주일 안에 나가라는 통보와 함께 모든 것이 끝났다. 이사 비용은 한 푼도 보태지 않았고, 연락도 완전히 끊었다. 오직 한밤중에 날아온 잔인한 문자만이 그의 마지막 흔적이었다. "네가 없으니 정말 행복해." 자신에게 무슨 일이 일어났는지, 그것이 사랑이 아니라 교묘한 학대였다는 사실을 깨닫기까지 지안나는 오랜 시간 폐허 속에서 헤매야 했다. 러브 보밍은 이렇게 사람을 완전히 부수고 떠난다.

용어의 발전

러브 봄love bomb이라는 용어는 미국 통일교가 신도를 모집할 때 쓰던 전략을 설명하기 위해 고안됐다. 1950년대 후반 문선명이 세운 통일교에서 갈라진 미국 분파, 많은 사람이 사이비라고 부르는 바로 그 집단 말이다. 처음엔 이들의 포섭 수법을 가리키던 말이었는데, 시간이 지나면서 모든 사이비 종교가 새 신도를 끌어들이는 방법을 뜻하게 되었다. 그러다 심리학자들이 이 용어에 주목했다. 연인을 지배하려는 가해자들의 행동 패턴이 사이비 종교의 포섭 전략과 섬뜩할 정도로 닮아 있었던 것이다. 사실 사이비 종교 집단과 관련된 용어가 학대 관계에도 적용되는 건 그리 놀랄 만한 일은 아니다. 둘은 패턴이 거의 같다. 먼저 피해자에게 "당신은 특별하고, 나는 당신을 진정으로 이해한다"는 느낌을 심어준다. 그렇게 끌어들인 다음에는 세뇌 과정을 거치고, 결국에는 피해자의 가치를 깎아내리면서 절대적인 복종과 고립, 맹목적 충성을 요구한다. 사이비 종교나 학대 관계에 빠지면 자유롭게 생각하거나 의사를 표현할 수 없게 된다. 그리고 둘 다 주변 사람들이 당신이 찾은 특별한 사랑을 이해하지 못하거나 질투해서, 이 관계를 이어가는 걸 말릴 거라고 믿게 만든다.

러브 봄이 다른 심리학 용어들보다 나은 점이 하나 있다면, 그 의미가 직관적으로 와닿는다는 것이다. 사랑이 폭탄처럼 터진다는 표현 그대로, 애정이 폭발적으로 쏟아져 정신을 차릴 수 없게 만든다. 참 잘 지은 이름이다. 이런 압도적인 애정 공세가 시작되면 우리의 비판적 사고는 마비된다. 그다음엔 무슨 일이 벌어질까. 지금까지 쌓아온 일상과 인간관계를 비롯해 모든 게 흐릿해진다. 오로지 나를 떠받드는 이 사람만이 온 세상이 된다. 이렇게 기존의 삶을 빈 공간으로 만든 자리에 가해자가 슬그머니 들어와 둥지를 튼다. 그런데 신기하게도 러브 보밍은 가스라이팅만큼 엉뚱하게 쓰이거나 뜻이 왜곡되지는 않았다. 다만 사람들이 개념을 헷갈려할 뿐이다. 연인이 좀 다정하게 대해주거나 다툰 뒤에 사과하면서 잘해주는 걸 보고 러브 보밍이라고 착각하는 식이다. 진짜 러브 보밍인지 아닌지 구별하기는 간단하다. 왜 저렇게 행동하는지, 우리 사이에서 저 행동이 무엇을 의미하는지 차분히 들여다보면 된다.

러브 보밍이 아닌 사례: 오스카의 이야기

데이미언을 만난 지 사흘째 되던 날, 오스카는 그날 밤 저녁 약속 시간을 분 단위로 세며 기다리고 있었다. 두 사람의 만남은 카페 줄에서 시작됐다. 복잡한 음료 주문 때문에 줄이 끝없이 늘어지는 걸 보며 둘은 거의 동시에 투덜거렸다. "이제 그냥 따뜻한 아메리카노나 드립 커피를 주문하는 사람은 없나?" 서로의 불평에 피식 웃음이 터졌고, 마침 둘 다 급하게 가야 할 곳이 없었던 터라 각자 뜨거운 커피를 들고 자리에 앉았다. 그렇게 대화가 시작됐다.

먼저 나선 건 오스카였다. 데이미언의 번호를 달라고 용기 내어 말했다. 처음 만나자마자 이렇게 잘 통하는 사람은 정말 오랜만이었다. 평소 같았으면 다음 데이트를 신청할지 말지 고민하느라 며칠은 끙끙댔을 텐데, 이번에는 달랐다. 데이미언을 다시 만나고 싶은 마음이 확실했고, 앞으로도 계속 보고 싶었다. 카페에서 헤어지고 몇 시간이 지났을까, 오스카는 결국 참지 못하고 문자를 보냈다. 너무 급해 보이면 안 된다는 걸 머리로는 알았지만, 정말 마음에 드는 사람을 만났는데 뭐 하러 밀고 당기기를 하나 싶었다. 데이미언이 10분도 안 되어 답장을 보낸 걸 보니, 그 역시 솔직한 게 최고라고 생각하는 모양이었다.

둘은 각자 사는 곳 중간쯤에 있는 이탈리안 레스토랑에서 만나기로 했다. 데이미언이 예전에 가봤다며 극찬했던 곳이었다. 레스토랑으로 걸어가는 내내 오스카는 주머니 속 작은 선물을 만지작거렸다. 카페에서 데이미언은 오래된 색유리 화병 모으는 취미 이야기를 신나게 했었다. 마침 회사 근처에 괜찮은 골동품 가게를 아는 터라, 낮에 잠깐 들러 작고 예쁜 빨간 화병을 하나 골랐다. 너무 부담스럽게 다가가고 싶진 않았지만, 그의 이야기를 잘 듣고 있었다는 것, 그의 취미가 궁금하다는 것을 보여주고 싶었다. 레스토랑에 들어서자마자 오스카는 마음이 놓였다. 데이미언이 2인 테이블에 앉아 있었는데, 맞은편 의자엔 봄꽃 다발이 놓여 있었다. 데이미언도 꽃을 가져왔다니! 둘은 앉아서 첫 데이트에 너무 많이 준비한 것 같다며 웃었다. 하지만 서로 통한다고 느꼈고, 더 알아가고 싶었다.

넉 달째 되던 날, 둘 사이에 첫 번째 큰 싸움이 터졌다. 이대로 끝날까봐 둘 다 가슴이 철렁했다. 데이미언이 방을 나가며 "생각할 시간이 필요해"라고 말했을 때, 오스카는 불안감에 휩싸였다. 그동안 알게 된 데이미언은 감정적으로 힘들면 침묵 속으로 숨어버리는 사람이었고, 그럴 때마다 오스카는 최악의 상황만 떠올리게 됐다. 꼬박 하루가 지났는데도 아무 연락이 없었다. 문자도 보내고 전화도 여러 번 했지만 데이미언은 끝내 응답하지 않았다. 데이미언에게 시간이 필요하다는 걸 머리로는 이해했지만, 오스카는 둘의 관계가 계속될 수 있을지 확인하고 싶었다. 이 사람을 진심으로 사랑했고, 데이미언만 원한다면 이 갈등을 함께 풀어가고 싶었다. 다음 날 퇴근하고 나서 오스카는 다시 그 골동품 가게에 들렀다. 이번엔 알록달록한 화병을 100달러어치나 샀다. 카드도 하나 골라서 정성스레 적었다. "커피 주문하는 네 모습도 사랑스럽고, 그냥 너 자체를 사랑해, 데미언. 우리가 심하게 싸운 거 알아. 내가 너무 예민하게 굴어서 미안해. 그래도 너랑 같이 이 문제를 해결하고 싶어. 시간 줄 테니까 천천히 생각해봐. 근데 보고 싶다. 준비가 되면 연락해. 사랑해. 오스카가."

그러나 데이미언은 아직 대화할 준비가 되지 않았다. 오스카가 보낸 화병들과 카드를 받아 부엌에 놓아두었다. 오스카가 지금 얼마나 불안해하고 있을지 뻔했지만, 솔직히 부담스러웠다. 데이미언은 이번 싸움이 이별로 이어지리라고는 생각하지 않았다. 다만 감정을 정리하고 생각할 시간이 필요했을 뿐이다. 계속되는 문자와 전화에 이제는 선물까지. 오스카의 행동이 점점 더 밀어붙이는 느낌이었다. 분명 지난 싸움들을 통해 자신이 회복하는 데 시간이 걸린다는 걸 배웠을 텐데, 지금은 그 사실을 완전히 잊어버린 것 같았다. 다음 날 아침, 현관 앞에 또 다른 선물이 놓여 있었다. 우스꽝스러운 테디베어와 두 번째 카드였다. 데이미언은 마침내 오스카에게 문자를 보냈다. "러브 보밍 좀 그만해. 우리 싸우고 나면 나한테 정리할 시간 필요한 거 알잖아. 내 감정을 네 맘대로 조종하려고 하지 마. 빨리 화해하자고 재촉하지도 말고."

오스카는 완전히 무너져 내렸다. 관계를 회복하려던 시도가 실패한 것도 모자라, 데이미언을 더 멀리 밀어낸 것 같았다. 이 사실을 깨닫자 공황 상태에 빠졌다. 자신의 사랑을 다시 한번 확인시켜주고, 둘의 관계를 지켜나갈 가치가 있다는 걸 보여주고 싶었을 뿐인데, 데이미언은 그런 노력을 학대로 받아들였다. '전화 두 통이 그렇게 부담스러웠을까?' '화병 여러 개가 너무 과한 선물이었나?' 하지만 데이미언은 며칠째 아무 말도 하지 않고 있었다. '이런 상황에서 연락을 시도하는 게 당연한 거 아닌가?' '아니면 정말 내가 상대를 통제하려는 학대적인 사람인 걸까?' 절망한 오스카는 연락을 끊고 데이미언에게 시간을 주기로 했다. 데이미언의 단호한 말은 효과가 있었다. 이틀 뒤 그가 먼저 연락해 만나서 이야기하자고 했고, 관계는 회복되었다. 하지만 오스카는 데이미언이 러브 보밍이라는 말을 쓴 것에 대해 말하기가 두려웠다. 겨우 정상으로 돌아온 관계에서 또 싸움을 일으키고 싶지 않았기 때문이다. 그래도 그 말은 계속 마음에 걸렸고, 이후로는 애정 표현을 할 때 훨씬 조심스러워졌다.

러브 보밍의 무기화

앞서 말했듯이, 러브 보밍이란 정상적이고 바람직한 연애 행동이 학대 수준으로 극단화된 경우를 말한다. 문제는 건강한 관계와 학대적 관계가 겉보기에 너무 비슷하다는 것이다. 학대적 관계가 긴장, 갈등, 화해, 평화를 끝없이 반복한다는 건 우리 모두 알고 있다. 그런데 건강한 관계도 조화, 균열, 회복이라는 비슷한 굴곡을 겪는다. 건강한 관계라고 늘 평온한 게 아니다. 때로는 팽팽한 긴장감이 흐르고, 싸울 때는 정말 끔찍한 기분이 들며, 과연 회복이 가능할까 싶을 때도 있다.

바로 이런 유사성이 문제를 만든다. 사람들은 평범한 관계의 모습을 러브 보밍이라고 오해하고, 이 용어를 상대방을 공격하는 무기로 쓴다. 이런 일이 벌어지는 이유는 크게 두 가지다.

하나. 정상적인 구애를 러브 보밍으로 오해한다

관계가 막 시작될 때 평소보다 각별한 애정을 쏟는 건 누구나 하는 일이다. 상대가 좋다는 걸 알리고, 더 가까워지고 싶은 마음을 전하고, 진지하게 만나보고 싶다는 의사를 표현하는 자연스러운 과정이다. 이런 끌림과 관심을 드러내지 않으면 관계는 애초에 싹도 틔우지 못한다. 연애 초반이란 원래 마음을 더 솔직하게 표현하고 시간도 기꺼이 내주는 시기다. 수시로 연락하고, 깜짝 선물을 준비하고, 사랑스러운 말을 속삭이고, 오롯한 둘만의 시간을 보내는 일이 모두 이 시기의 자연스러운 모습이다.

여기서 한 가지 분명히 하고 넘어가자. 나는 '각별한' 애정이라고 했지, '과도한' 애정이라고 하지 않았다. 얼핏 비슷해 보이는 두 단어에는 생각보다 큰 차이가 있는데, 문제는 이 경계선이 사람마다 완전히 다르다는 점이다. 어떤 사람에게는 로맨틱한 행동이 다른 사람에게는 숨 막히는 압박이 될 수 있다. 연애 초기가 유독 어려운 이유가 바로 여기에 있다. 사람마다 사랑을 표현하고 받아들이는 방식이 다르니, 내 마음이 상대에게 어떻게 전달될지 알 길이 없다. 연예인들의 세계에서는 사귄 지 얼마 안 돼서 억대 자동차를 선물하는 게 멋진 사랑의 표현일 수 있지만, 평범한 우리에게 그런 일이 생긴다면 감동보다는 부담이 앞설 것이다. 극단적인 예시지만 요점은 명확하다. 세 번째 데이트에서 명품 목걸이를 받고 감동하는 사람이 있는가 하면, 똑같은 상황에서 부담을 느끼고 거리를 두는 사람도 있다. 그러니까 정상적인 구애인지 러브 보밍인지는 행동 그 자체가 아니라 받는 사람이 어떻게 느끼느냐에 달린 문제다.

이런 주관성은 누가 애정을 표현하느냐에 따라서도 두드러진다. 내가 정말 좋아하는 사람이 매일 문자를 보낸다면 하루 종일 기분이 좋을 것이다. 그런데 관심 없는 사람이 매일 아침 "오늘도 좋은 하루!"라는 메시지를 보낸다면 어떨까. 아마 짜증이 나거나 부담스러워서 피하고 싶을 것이다. 친구 사이에서도 똑같다. 새 친구의 잦은 연락을 반기는 사람이 있는가 하면, 너무 빨리 가까워지려는 시도에 오히려 거리감을 느끼는 사람도 있다. 결국 똑같은 행동도 누가 하느냐에 따라 감동을 주기도 하고 부담이 되기도 한다. 선물과 애정, 소통을 받아들이는 방식이 이토록 사람마다 다르기 때문에, 우리는 순수한 애정 표현을 러브 보밍으로 오해하기 쉽다.

둘. 관계 회복을 러브 보밍으로 오해한다

모든 싸움에는 다시 연결되는 시간이 필요하다. 심리 치료에서는 이 과정을 '회복'이라고 부르는데, 흥미롭게도 건강한 회복의 모습은 연애 초기와 놀랍도록 닮아 있다. 다시 상대에게 온 신경을 쏟고, 관계에 에너지를 쏟아붓는다. 사랑한다고 말하고, 선물을 주고, 단둘이 특별한 시간을 보낸다. 그런데 건강한 회복에 이것으로는 부족하다. 내가 싸움에서 어떤 역할을 했고 뭘 잘못했는지 인정하는 과정이 꼭 필요하다. 더 잘할 수 있었던 부분을 반성하고, 미안하다고 말하는 것까지 포함해서 말이다. 상대방은 이런 모습을 보면서 안심하게 된다. 내가 잘못을 알고 있고, 고치려고 노력한다는 걸 확인하기 때문이다. 갈등은 두 사람을 멀어지게 만들고 불안하게 하지만, 회복은 상처를 아물게 하고 관계를 더 단단하게 만든다.

이런 회복의 시도는 일상에서도 흔히 볼 수 있다. 친구와 크게 다툰 뒤 친구가 좋아하는 디저트를 선물로 보내거나 평소보다 훨씬 자주 연락하는 모습 말이다. 이는 배려를 보여줌으로써 친밀감을 다시 쌓으려는 시도다. 연인관계에서는 더 적극적인 모습이 나타난다. 마치 처음 사귀기 시작했을 때로 돌아간 것처럼 애정 가득한 문자를 수시로 보낸다. "자기야 좋은 아침! 얼른 오늘 저녁에 보고 싶어" "잘 자, 좋은 꿈 꿔" 같은 메시지들이 다시 빈번해진다. 이렇게 갑자기 늘어난 애정 표현은 상대를 조종하려는 의도가 아니라, 관계를 소중히 여기고 있다는 신호를 보내려는 진심에서 나온 행동이다. 문제는 받는 사람이 아직 화가 풀리지 않았을 때다. 달콤한 메시지가 쏟아지면, 오히려 자신의 감정은 무시당한 채 상대가 러브 보밍으로 문제를 덮으려 한다고 오해할 수 있다.

이렇듯 회복의 과정은 일방적이지 않고 쌍방향의 섬세한 감정 교류를 필요로 한다. 하지만 우리가 화해의 손길을 내밀 때, 그 제스처가 즉각 받아들여지리라는 보장은 없다. 싸움이 마법처럼 사라지는 일도 없다. 가장 좋은 건 두 사람이 동시에 마음을 열고 앞으로 나아가는 것이지만, 현실은 그리 간단하지 않다. 한쪽은 아직도 마음이 아프거나 화가 안 풀려서 화해할 준비가 되지 않았을 수 있다. 성숙한 사람은 먼저 화해의 손길을 내밀면서도, 상대가 아직 준비가 되지 않았다고 해서 화를 내거나 재촉하지 않는다. 하지만 학대적인 사람은 전혀 다른 반응을 보인다. 상대가 계속 싸움을 질질 끌고 있다고 비난하고, 심지어 상대가 우위를 점하려 한다거나 "용서하지 않음으로써" 자신을 벌주려 한다는 식으로 몰아붙인다.

솔직히 말하면, 나는 싸운 뒤 화해하는 과정이 너무 좋다. 싸움이 끝나자마자, 아니 싸우면서도 벌써 화해하고 싶어진다. 루커스와 다시 이어지는 그 순간의 안도감도 있지만, 무엇보다 회복이 우리 관계를 얼마나 단단하게 만드는지 잘 알기 때문이다. 폭풍 같은 감정이 지나가고 서로를 이해하게 되면, 나는 평소보다 훨씬 더 많은 사랑을 쏟아낸다. 내 잘못을 인정하는 메시지를 보내면서 이런 말들도 꼭 덧붙인다. "싸우는 건 정말 싫지만, 그래도 싸워야 한다면 당신하고만 싸우고 싶어." "힘들 때도 당신이 있어서 든든해." 그를 생각한다는 작은 신호들도 빼놓지 않는다. 우리가 한창 달달했을 때 찍은 사진을 불쑥 보내거나, 그가 좋아하는 음식을 만들어놓는 것처럼 말이다. 이게 러브 보밍이 아닌 건 분명하다. 그를 조종하려는 마음이 하나도 없기 때문이다. 싸움을 덮어버리려는 것도, 내 실수를 못본 척해달라고 조르는 것도 아니다. 진짜로 반성하고, 진짜로 사과하고, 진짜로 다시 가까워지고 싶을 뿐이다. 하지만 가끔 루커스는 아직 준비가 안 됐을 때가 있다. 상처가 너무 선명해서 당장은 예전처럼 될 수 없는 날이 있지 않은가. 그럴 때 나는 조급해져도 그만의 시간을 존중한다. 스스로 마음을 열 때까지 기다려준다. 만약 내가 거절당했다고 화내며 "그만 좀 털어버려"라고 몰아붙인다면, 그땐 전혀 다른 문제가 되는 것이다.

그런데 말이다, 루커스도 나만큼이나 이 화해 과정에 진심이다. 그도 자기 잘못을 인정하고, 우리가 함께하는 삶이 얼마나 소중한지 말해준다. 때론 달콤한 사진을 보내기도 하지만, 그답게 주로 웃긴 사진으로 분위기를 바꾼다. 이런 쌍방향의 노력이야말로 회복과 러브 보밍의 진짜 차이다. 건강한 관계에서는 두 사람이 함께 화해를 만들어간다. 서로 잘못을 인정하고 함께 관계를 고쳐나간다. 둘 다 사과하고, 앞으로 더 잘하겠다고 약속한다. 러브 보밍은 이와 정반대다. 한 사람만 일방적으로 매달리며 과한 애정으로 상대를 압도한다.

하지만 솔직히 말해서, 이런 아름다운 균형이 언제나 유지되는 건 아니다. 두 사람이 정확히 같은 속도로, 같은 마음으로 화해에 나서는 관계란 동화책에나 나올 법한 이야기다. 현실에서는 언제나 한쪽이 조금 더 일찍 마음을 열고 싶어한다. 그래서 늘 그 사람이 먼저 "우리 이제 그만 싸우자"고 손을 내민다. 항상 먼저 다가가는 역할을 맡는 건 지치고, 가끔은 속상하기도 하다. 그렇기에 완벽하게 반반은 아니더라도, 서로가 때때로 먼저 손 내밀어주는 게 얼마나 중요한지 모른다.

수많은 사람이 진짜 회복과 러브 보밍을 구별하지 못한다. 파트너가 선물을 줄 때, 특히 싸운 직후라면 의심부터 한다. 이런 오해가 생기는 데는 두 가지 마음이 숨어 있다. 하나는 싸움의 책임이 전부 상대에게 있고 나는 아무 잘못 없다는 확신이다. 또 하나는 아직 내 마음이 풀리지 않았는데 상대가 선물로 대충 넘어가려 한다는 의심이다. 이 두 마음이 만나면 평범한 화해 시도조차 러브 보밍으로 왜곡된다. 상대를 나쁜 사람으로, 심지어 가해자로 규정하고 모든 잘못을 떠넘긴 상태에서는 이미 색안경을 끼고 보게 된다. 그러니 진심 어린 사과나 선물마저 나를 조종하려는 계산된 술수로 느껴질 수밖에 없다.

바로 이런 오해가 관계를 더 꼬이게 만든다는 걸 알아야 한다. 물론 새로운 관계에 정성을 쏟고, 싸운 뒤 다시 가까워지려 노력하는 건 좋은 일이다. 이런 노력이 쌓여 진짜 유대감이 만들어지고 관계가 끈끈해진다. 하지만 과도한 애정과 선물, 숨 막히는 연락으로 상대의 일상을 잠식하려 한다면? 내 마음대로 상대를 움직이려 한다면? 그건 사랑이 아니라 집착이고, 회복이 아니라 통제다. 이 경계를 분명히 아는 것이 건강한 관계의 시작이다.

내가 러브 보밍을 한다고 지목됐을 때

사랑한다는 마음을 전하고 싶었는데, 다툰 뒤 관계를 회복하고 싶었는데, 그런 마음이 러브 보밍이라는 말로 돌아왔다면 정말 당황스러울 것이다. '지나치다'는 느낌은 주관적이다. 내게 당연한 표현이 누군가에게는 숨이 막힐 수도 있다. 그런데 정말 당신의 사랑 표현이 문제인 것일까. 어쩌면 상대방이 지난 아픔 때문에 모든 다가옴을 의심의 눈으로 보고 있는 건 아닐까. 당신의 평범한 관심을 과도한 집착으로, 진심 어린 화해 시도를 계산된 조종으로 오해하고 있는 건 아닐까. 지금부터 이 복잡한 상황을 하나씩 풀어보자. 무엇이 진짜고 무엇이 상처가 만든 환상인지, 어떻게 서로를 이해하고 건강한 관계를 만들어갈 수 있을지 차근차근 알아가보자.

과도한 애정 표현은 아니었는지 내 행동을 돌아보자

자신에게 불편한 질문을 던져보자. '내가 선을 넘었나?' 메시지를 너무 많이 보냈거나 칭찬이 과하지 않았나? 좋아하는 사람을 만나 들떠서 나답지 않게 행동하지 않았나? 화해하고 싶은 마음이 급해서 상대를 압박하지 않았나? 싸운 뒤 상대가 마음 추스를 시간을 충분히 주었나? 내가 빨리 화해하고 싶더라도 상대가 준비될 때까지 기다렸나? 화해를 너무 서둘렀다면 솔직하게 말해보자. "당신 말이 맞아요. 멀어지는 게 싫어서 관계 회복을 서둘렀어요. 앞으로는 서로의 속도를 존중하며 나아갈게요."

옳고 그름을 따지기보다 상대방의 불편을 받아들이자

자기 성찰 끝에 당신의 애정 표현이나 화해 시도가 과하지 않았다는 결론에 도달할 수 있다. 오히려 상대가 지나치게 예민하다고 느낄 수도 있다. 그래도 괜찮다. 당신이 상대의 평가에 꼭 동의할 필요는 없다. 그런데 여기서 잠깐, 즉각적으로 자신을 변호하고 싶은 마음은 잠시 내려놓자. 학대한다는 오해를 받았을 때 우리가 할 수 있는 최선의 선택은 무엇일까. 바로 상대의 경험을 먼저 인정해주는 것이다. 상대의 말을 듣고 그 감정을 타당화해주면 놀라운 일이 일어난다. 우리가 진심으로 상대를 아끼고 있으며, 조종하려는 의도가 전혀 없다는 메시지가 자연스럽게 전달되는 것이다.

새로 만나는 사람에게는 "정말 가까워지고 싶었는데, 제가 너무 서둘렀네요"라고 솔직하게 말해보자. 오래 만난 사이라면 "부담됐구나. 이제 알겠어요. 화해하기 전에 시간이 더 필요했네요. 내 방식이 안 맞았다는 것도 이해해요. 어떤 방법이 편한지 함께 찾아봐요"라고 표현해보자.

내 행동의 의도를 설명하자

상대가 이제 내 말을 들을 준비가 되었다고 느껴진다면, 내가 왜 그런 행동을 했는지 차분히 설명해보자. 관계 초기라면 상대에 대한 진심 어린 관심과 애정을 알아주길 바랐던 간절함을 전하자. 관계 회복 단계라면 갈등으로 인한 단절의 고통, 멀어진 거리가 주는 상실감, 그리고 다시 연결되고자 하는 준비된 마음을 솔직하게 나누자.

부담 없는 소통 방식을 상의해보자

애정 표현이나 화해 방법에 대해 상대와 솔직하게 이야기해보자. 러브 보밍이라는 비난을 받았다면 지금까지의 방식이 맞지 않았다는 신호다. 새로운 관계에서는 상대에게 어느 수준의 소통이, 어떤 방식의 교류가 편안한지 물어보자. 매일 안부를 묻고 싶은 당신과 달리, 상대는 아직 그런 빈도가 부담스러울 수 있다. 오래 만난 사이라면 싸운 뒤에 서로가 존중받고, 안심하며, 사랑받는다고 느끼기 위해 무엇이 필요할지 터놓고 얘기해보자.

대화가 평행선을 달리면 잠시 물러서자

상대가 계속 듣지 않고 러브 보밍이라는 주장을 굽히지 않는다면, 더 이상 대화를 이어가는 건 소용없다. 상대가 정말로 당신의 행동을 러브 보밍으로 느끼고 있고, 상대를 이해하려는 노력도 막다른 길에 다다랐다면, 서로 생각할 시간을 갖자고 하자. 상대의 걱정을 곰곰이 생각해보고 내 입장도 정리할 시간이 필요하다. 마음이 진정된 후에 다시 이야기를 시작하는 게 낫다.

모든 노력이 의심받을 때는 관계를 재고하자

이제 알겠지만, 이런 비난에 맞서는 일의 아이러니는 당신의 모든 노력이 학대의 추가 증거로 해석될 수 있다는 점이다. 위에서 제시한 모든 단계를 거쳐도 상대는 당신의 타당화, 공감, 대화 시도마저 러브 보밍의 연장선으로 볼 수 있다. 진짜 잘못을 인정하지 않고 좋은 사람인 척 연기한다고 보는 것이다. 여기까지 왔다면 선택지는 많지 않다. 서로의 견해 차이를 인정하고, 상대에게 러브 보밍에 대해 직접 알아보길 권하며, 이 관계가 정말 당신에게 맞는지 진지하게 고민해볼 때다.

상대방에게서 러브 보밍의 징조가 보일 때

관계 초기나 큰 싸움 뒤에 갑작스러운 애정 폭탄을 맞은 경험이 있을 수 있다. 처음엔 꿈같이 달콤했지만 이내 사라져버리는 관심, 극과 극을 오가는 상대의 태도에 혼란스러웠다면 경계해야 한다. 폭풍 같은 사랑 고백 뒤에 찾아오는 무관심, 과도한 선물 공세 뒤에 이어지는 냉담함. 이런 패턴이 반복된다면 러브 보밍을 의심해볼 만하다. 지금부터 함께 살펴볼 내용은 진짜 러브 보밍이 무엇인지 명확히 파악하고, 그 피해를 최소화하는 실질적인 방법들이다. 다만 솔직히 말해서, 러브 보밍이 시작됐다는 건 관계의 토대가 이미 흔들리고 있다는 위험 신호다. 때로는 관계를 끝내는 것이 가장 현명한 선택일 수 있다.

경계를 설정했을 때 반응을 살펴보자

가장 중요한 점부터 짚고 가자. 상대가 러브 보밍을 하는 게 아닐 수도 있다. 단순히 당신과의 관계에 들떠 있는 것이고, 칭찬과 선물, 잦은 연락도 진심 어린 관심의 표현일 수 있다. 순수하게 당신과 가까워지고 싶은 마음이 과하게 표현되는 걸 수도 있다는 말이다. 물론 당신에게는 부담스럽고 불편할 수 있다. 이때 필요한 것은 솔직한 대화다. 당신도 관계에 대한 기대감은 있지만, 지금의 속도와 강도가 부담스럽다는 점을 명확히 전달하자. 선물을 거절하거나 연락 빈도를 조정할 때는 따뜻하면서도 단호한 경계 설정이 필요하다.

당신의 경계 설정에 상대가 슬퍼하거나 당황한다면, 그건 자연스

러운 반응이다. 거절당한 느낌을 받았을 테니 감정을 추스를 시간이
필요하다. 하지만 당신의 부탁에 화를 내거나, 오히려 당신을 탓하고
비난한다면 문제가 있는 것이다. 만약 이런 상황이라면, 앞으로 나
올 대처법들을 주의 깊게 살펴야 한다.

과도한 찬사에 취하지 말고 경계하자

관계 초기에 쏟아지는 과도한 칭찬을 경계하자. 칭찬이 달콤하더
라도 상대가 당신을 진심으로, 일관되게 바라보는 시선이라고 믿어
서는 안 된다. 학대적인 사람은 러브 보밍 단계에서 당신을 하늘 높
이 받들어 올린다. 그리고 나중에 평가절하 단계가 오면 당신을 그
높은 곳에서 무참히 끌어내린다. 당신이 이 세상에서 가장 특별하고
완벽한 존재라거나 운명의 반쪽이라는 달콤한 속삭임에 현혹되지
말자. 물론 당신은 훌륭한 사람이다. 하지만 동시에 불완전한 인간이
기도 하다. 지금 당신을 신처럼 떠받드는 사람이 나중에는 당신을 먼
지처럼 취급할 가능성이 높다는 사실을 잊지 말자. 우리가 원하는
건 건강한 애정이지 병적인 집착이 아니다. 사랑받고 인정받되, 비현
실적인 위상을 부여받는 것은 거부해야 한다.

시기와 의도가 의심스러운 선물은 거부하자

선물이 무기가 되는 순간은 당신이 선물을 받아들이는 순간이다.
러브 보밍 단계에서 쏟아지는 선물들을 거절하면, 상대가 평가절하
모드로 전환될 때 선물이 당신을 공격하는 도구로 사용될 수 없다.
선물의 양뿐만 아니라 시기도 중요하다. 관계의 단계에 맞는 선물이

어야 하고, 잘못한 뒤 비위를 맞추려는 수단이어서는 안 된다. 그런데 여기서 역설이 있다. 선물을 거절하는 행위 자체가 학대적 성향을 가진 사람에게는 도발로 읽힐 수 있다. 만약 당신의 거절에 분노를 터뜨린다면, 상대의 본질을 드러내는 중요한 신호를 포착한 것이다. 그렇다면 이제 이 관계의 지속 가능성을 진지하게 재평가해야 한다.

가치관이 같다는 말을 그대로 믿지 말고 검증하자

같은 가치관과 꿈을 가졌다고 말하기는 쉽다. 하지만 처음 알아가는 단계라면 더 깊이 파고들어야 한다. 삶의 목표와 가치관에 대해 물어보고 어떤 대답이 나오는지 관찰하자. 절대 먼저 답을 내놓지 말자. 당신이 먼저 말하면 상대는 그대로 따라 할 수 있다. 학대적인 사람들은 정보를 활용하는 데 탁월하다. 하지만 정보를 주지 않으면 활용할 수도 없다.

혼자 고민하지 말고 전문가의 도움을 구하자

전문가의 도움을 받아야 한다. 상대가 정말 학대적이라면, 붙잡고 있을 관계가 아니다. 이런 사람과 러브 보밍 문제를 해결하려 하면 소용없을 뿐 아니라 오히려 다른 수법을 쓰게 만들 수 있다. 러브 보밍이라고 생각하는 당신이 이상한 거라며 가스라이팅을 시작하는 것이다. 차라리 관계 초기에 러브 보밍을 알아채서 깊이 빠지기 전에 빠져나오는 게 낫다.

경고 신호들을 종합해보고 거리를 두거나 떠나자

러브 보밍을 당하고 있다면, 십중팔구 다른 학대도 함께 겪고 있을 것이다. 이 관계를 전체적으로 냉정하게 바라보자. 상대가 당신을 붙잡아두고 통제하기 위해 또 다른 수법들을 쓰고 있지 않는가. 친구나 가족과 멀어지게 만들고 있지 않는가. 당신의 기억과 판단을 의심하게 만들고 있지 않는가. 별거 아닌 일에도 갑자기 화를 내지 않는가. 상대 눈치를 보며 전전긍긍하지 않는가. 다른 모든 학대와 마찬가지로, 러브 보밍은 이 관계가 이미 학대적이거나 곧 학대적이게 되리라는 경고다. 더 늦기 전에 이 위험한 길에서 벗어나야 한다.

9장

'소시오패스'인가,
애정의 무게가 다를 뿐인가?

소시오패스라는 말이 요즘 참 흔하게 쓰인다. 특히 헤어진 연인이 너무 일찍 털어내고 다음 사람을 만나는 모습을 볼 때 우리는 쉽게 이 말을 꺼낸다. 전 연인이 우리를 너무 빨리 잊는 것보다 더 소시오패스적인 게 있을까. 물론 농담이다. 하지만 이런 농담 속에는 복잡한 심리가 숨어 있다. 이제 소시오패스가 실제로 무엇을 의미하는지 정의하고 언제, 왜 이렇게 자주 오용되는지 살펴보자.

소시오패스의 실제 사례: 시드의 이야기

시드와 켈리는 연애 3년에 결혼 1년 차 부부였다. 켈리는 대학을 졸업한 후로 쭉 러닝 클럽에 다녔는데 거기서 시드를 만났다. 시드는 막 이사 온 참이라 아는 사람이 없어서 클럽에 들어왔다고 했다. 처음 눈이 마주쳤을 때 켈리는 온몸에 소름이 돋았다. 시드가 활짝 웃으며 다른 사람은 제쳐두고 곧장 자신에게 다가왔던 것이다. '이렇게 많은 회원이 있는데 왜 나한테 먼저 인사를 하는 걸까.' 켈리는 설렜다. 더구나 시드는 정말이지 잘생겼다. 실제로 시드를 처음 보는 사람들은 하나같이 외모에 감탄부터 했다. 시드는 능청스럽게 농담을 건넸다. 자기가 마라톤을 열다섯 번이나 뛰긴 했지만, 켈리처럼 탄탄한 몸매를 가진 사람과 5킬로미터를 뛰면 아마 뒤처질 거라고. 켈리는 웃으며 맞받아쳤다. 그럼 한번 붙어보자고, 자신을 이길 수 있으면 이겨보라고 도전장을 내밀었다.

시드를 만난 켈리의 주변 사람들 반응은 한결같았다. 다들 첫눈에 반할 정도로 시드는 매력적이었다. 연애 넉 달째, 켈리 어머니는 노골적으로 결혼 얘기를 꺼냈다. 빨리 시드를 놓치지 말고 결혼하라는 거였다. 켈리도 내심 같은 생각이었다. 시드는 자신과 천생연분이라는 표현이 딱 맞았다. 온 세상 마라톤 대회를 정복하겠다는 포부며 음악 취향이며, 뭐 하나 안 맞는 게 없었다. 시드는 장밋빛 미래를 펼쳐 보였다. 평일에는 번화가 한복판 펜트하우스에서 살다가 주말이면 도시 밖 전원주택으로 떠나는 라이프스타일을 꿈꿨다. 사실 켈리는 그냥 교외에 마당 있는 집 한 채 사서 오순도순 사는 게 더 좋았다. 집을 두 채나 관리하면서 이사 다니듯 사는 건 생각만 해도 머리가 아팠다. 그래도 시드가 워낙 자신 있게 말하니 켈리는 그에 따르기로 했다.

당연히 두 사람 사이에도 문제는 있었다. 시드는 가끔 거짓말을 했는데, 웃기게도 정말 하찮은 일들이었다. 켈리가 출장 간 동안 집에 머물던 시드가 TV로 영화를 봤으면서도 아니라고 우겼던 일이 있었다. 켈리는 영화 본 게 뭐 어떠냐고 생각했다. 그냥 아직 안 본 영화라서 어땠는지 물어보려던 건데, 시드는 절대 자기가 본 게 아니라고 발뺌했다. 누군가 계정을 해킹했을 수도 있으니 당장 비밀번호를 바꾸고 환불 신청까지 하라며 호들갑을 떨었다. 식당 직원이나 택시 기사, 심지어 켈리 친구들에게도 시드는 아무렇지 않게 거짓말을 늘어놓았다. 켈리가 왜 그러냐고 따지면 시드는 못 들은 척, 무슨 말인지 모르겠다는 척하거나, 농담으로 화제를 돌리기 일쑤였다. 켈리는 점점 무뎌졌다. 시드가 습관적으로 거짓말한다는 사실을 어느새 일상의 일부로 받아들이고 있었다.

돌이켜보면 시드에게 청혼받았을 때부터 켈리의 마음 한구석에는 불안이 자리잡고 있었다. 승낙하기는 했지만 뭔가 잘못된 선택을 하는 것 같다는 예감이 들었다. 자잘한 거짓말들이 쌓여가는 것도 신경 쓰였고, 근본적으로 맞지 않는다는 느낌도 있었다. 그래도 완벽한 사람은 없다고 스스로를 다독이며 시드의 좋은 면을 보려 애썼다. 그런데 결혼 준비가 시작되자 시드의 숨겨진 욕망이 서서히 드러났다. 대규모 하객과 화려한 피로연, 모든 게 자신의 사회적 지위를 높이려는 계산이었다. 켈리가 부모님의 경제적 부담을 언급하자 시드는 격분했고, 부모님을 구두쇠라 욕하며 딸의 행복을 방해한다고 떠들었다. 또 자기는 신혼집 계약금을 모으고 있으니 결혼식 비용은 켈리가 내야 한다고 주장했다. 결국 켈리는 퇴직 연금을 해약해 호화로운 결혼식을 치를 수밖에 없었다.

그렇게 화려했던 결혼식으로부터 2년이 지났을 때, 켈리의 삶은 완전히 무너져 내렸다. 시드가 15만 달러의 빚더미에 앉아 있었고, 거의 1년 가까이 일 없이 지냈다는 충격적인 사실이 밝혀진 것이다. 알고 보니 지난 3년간 세 직장에서 연달아 해고당했는데, 일도 못하고 태도도 나쁘다는 게 이유였다. 켈리에게는 단 한 마디도 하지 않고 숨겨왔다. 통장을 각자 관리하자던 고집도 이 모든 걸 감추기 위한 계획이었다. 켈리가 시드의 실제 재정 상태를 알 길이 없도록 말이다. 백수 신세를 들키지 않으려고 대출까지 받았고, 그토록 강조하던 신혼집 자금은 애초에 한 푼도 모으지 않았다. 켈리만 퇴직 연금을 털어 생활비를 대고 있었는데, 이제는 시드의 대출금까지 떠안게 될 판이었다.

설상가상으로 켈리가 더 깊이 파헤치자 시드의 이중생활이 적나라하게 드러났다. 온라인 데이트 앱에 여러 계정을 만들어놓고 활동했고, 여자들이 다시 만나자고 보낸 메시지들이 수두룩했다. 신용카드 세 장은 모두 한도까지 탕진한 상태였다. 배우가 되겠다며 거금을 들여 찍은 프로필 사진, 캘리포니아의 100만 달러짜리 저택 매물 목록, 캐스팅 디렉터 명단까지 발견됐다. 켈리는 마지막으로 시드가 그토록 자랑하던 마라톤 경력을 확인해봤다. 아무것도 없었다. 단 한 번의 마라톤 기록도 존재하지 않았다. 처음 만났을 때부터 지금까지, 시드가 켈리에게 보여준 모든 것이 거짓이었다.

도대체 왜 시드를 믿었을까? 켈리는 자책에 빠졌다. 부유하고 야심 차고 다정한 남자라는 환상을 그대로 받아들였던 자신이 한심했다. 그동안 오히려 시드를 충분히 지지하지 못하는 못난 파트너라고 스스로를 탓했다. 그의 황당한 사업 계획에 투자하지 않는다고 죄책감을 느꼈으니 말이다. 이제 와서 생각해보니 그 죄책감조차 시드가 만들어낸 것이었다. 스타트업에 2만5000달러를 투자하기 부담스럽다고 했을 때, 켈리는 일주일 동안 완전히 투명인간 취급을 당했다.

켈리가 잘못했다고 빌고, 대단한 아이디어라고 추켜세우며 1만 달러를 쥐여주고서야 시드는 겨우 다시 말을 걸었다. 이혼할 때도 가관이었다. 위자료를 받겠다고 소송 운운하더니, 막상 변호사가 연락하면 몇 달씩 잠적하기 일쑤였다. 그러다 켈리가 알게 된 사실은 충격 그 자체였다. 이혼 절차가 끝나기도 전에 시드가 다른 주에서 결혼식을 올렸다는 것이었다. 불법이 분명한데 어떻게 했을까? 이제야 시드를 제대로 보게 된 켈리는 답을 알 것 같았다. 가짜 이름을 썼을 거다. 시드라면 그 정도는 충분히 할 수 있는 사람이었으니까.

그렇게 모든 게 끝났을 때 켈리에게 남은 건 정말 아무것도 없었다. 텅 빈 통장과 끊어진 인간관계들뿐이었다. 하지만 천천히 사람들과 다시 연락하면서 의외의 이야기들을 듣게 되었다. 다들 시드를 좋아하지 않았다는 거였다. 처음엔 매력적으로 보였지만 뭔가 가면을 쓴 것 같았다고, 시드의 이야기는 텅 빈 극장 안의 대사 같았고 감정 표현도 어딘가 어긋나 있었다고 했다. 그리고 켈리의 절친한 친구가 조심스럽게 한마디를 꺼냈다. 시드가 소시오패스인 것 같다고. 그 한마디에 켈리는 번개를 맞은 듯했다. 그동안 이해할 수 없었던 시드의 모든 행동이 갑자기 설명되는 기분이었다. 친구의 직감은 처음부터 옳았다. 켈리만 사랑에 눈이 멀어 보지 못했을 뿐.

소시오패스의 정의

기본 개념부터 정리하고 시작하자. 소시오패스라는 용어는 정신 질환 진단 매뉴얼인 DSM에 존재하지 않는다. 우리가 일상적으로 자주 사용하는 표현이기 때문에 이 책에서 다루는 것이지, 의학적으로 공인된 진단명은 아니다. 우리가 누군가를 '소시오패스'라고 지칭할 때, 실제로는 반사회적 성격장애antisocial personality disorder, ASPD 진단 기준을 충족하는 사람을 가리키는 셈이다. 여기서 한 가지 더, 많은 사람이 소시오패스와 사이코패스를 구별 없이 쓰곤 하는데, 두 장애는 분명히 다르다. 사이코패스라는 용어를 잘못 사용하는 것도 문제긴 하지만, 최근 들어 소시오패스가 더 자주 언급되고 있으니 이 책에서는 소시오패스를 중심으로 이야기를 풀어가보겠다.

반사회적 성격장애는 DSM에서 극적이고 변덕스러운 성격장애의 하위 범주로 분류된다. 반사회적 성격장애 진단을 받으려면 15세부터 다음 일곱 가지 기준 중 최소 세 가지가 나타나야 한다.

법을 어기는 행동: 반복적으로 법을 어기고 범죄를 저지른다. 사회 규범과 규칙을 위반한다.

거짓말: 목적 달성을 위해 거짓말과 속임수, 착취를 서슴지 않는다.

충동성: 결과를 고려하지 않고 충동적으로 행동한다.

공격성: 평소 쉽게 짜증을 내고 공격적으로 변하며, 자주 싸움이나 언쟁에 휘말린다.

무모함: 자신과 타인의 안전에 무관심하다.

무책임: 무책임하고 태만하여 약속을 지키지 않고, 지시받은 업무 등의 의무를 이행하지 않는다.

죄책감 부족: 타인에게 해를 끼쳐도 죄책감을 느끼지 않으며 자신

의 행동을 정당화한다.

반사회적 성격장애 진단을 받으려면 앞서 살펴본 특징들이 어린 시절이나 사춘기 초반부터 나타나야 한다. 방화, 통금 위반, 동물 학대, 재물 손괴 같은 행동이 대표적인 예다. 다시 말해 반사회적 성격장애의 징후는 인생 초기부터 관찰된다. (하지만 다른 성격장애들과 마찬가지로 만 18세가 되기 전에는 공식 진단을 내릴 수 없다.) 여기서 주목할 점은 반사회적 성격장애가 하루아침에 생기는 게 아니라는 사실이다. 어린 시절부터 지속적으로 나타나는 패턴이 있어야 하며, 25세에 느닷없이 소시오패스가 되는 경우는 없다. 특정 인간관계에서만 선택적으로 발현되는 것도 아니다. 한편 양극성 장애와 같은 다른 정신 질환으로 해당 행동을 설명할 수 있다면 반사회적 성격장애 진단을 내리지 않는다. 양극성 장애의 조증 삽화에서는 충동성, 사회 규범 무시, 과민성 등이 나타날 수 있는데, 이러한 증상이 반사회적 성격장애와 유사해 보여도 양극성 장애가 원인이라면 반사회적 성격장애로 진단하지 않는 것이다.

위에서 살펴본 진단 기준들을 종합해보면, '반사회적'이라는 명칭이 이 장애의 본질을 정확히 포착하고 있다. 반사회적 성격장애를 가진 사람들은 사회 규범을 준수하지 않으며 타인의 권리 침해에 무감각하다. 자신의 이익만을 추구하는 독자적인 행동 원칙을 따르며 살아가는데, 이러한 삶의 방식은 관계 맺는 사람들에게 심각한 피해를 입힌다.

실화를 바탕으로 한 범죄 이야기에 등장하는 전형적인 악인을 떠올릴 때, 우리는 대개 반사회적 성격장애를 가진 인물을 그린다. 교활하고 간교하며 치밀하게 계산하는 인물상 말이다. 이들에게는 공동체의 선이나 타인의 안전과 자율성을 존중해야 한다는 관념 자체가 없다. 자신이 원하는 것을 획득하는 데만 몰두하며, 그 과정에서 타인이 받는 영향은 전혀 고려하지 않는다. 반사회적 성격장애를 가진 사람들은 늘 여러 수를 앞서 계산하며, 사람들로부터 원하는 것을 얻어낼 방법을 모색한다. 목적 달성을 위해서라면 어떤 수단도 마다하지 않는다. 거짓말부터 절도, 사기, 살인에 이르기까지 가능한 모든 방법을 동원한다.

그러나 소시오패스가 모두 폭력적인 범죄자는 아니다. 실제로 대다수는 범죄와 무관한 삶을 산다. 앞서 언급했듯이 모든 정신장애는 스펙트럼상에 존재한다. 살인범과 연쇄살인마 대부분이 반사회적 성격장애를 가지고 있는 것은 사실이지만, 반사회적 성격장애를 가진 모든 사람이 살인범이 되는 것은 아니다. 흥미롭게도 최근 연구에 따르면 기업 최고경영자 중에 소시오패스 성향을 보이는 사람의 비율이 높다고 한다. 어찌 보면 충분히 납득할 만한 현상이다. 이들 고위직 인사들은 반드시 불법을 저지르지는 않지만(물론 적지 않은 수가 실제로 법을 위반한다), 정상에 오르는 과정에서, 그리고 주주 이익을 창출하는 과정에서 냉혹하리만큼 이기적으로 행동한다. 타인에게 피해를 입히면서도 죄책감이나 공감 능력에 발목 잡히지 않는다. 자신에게 유리할 때는 사회 규범을 충실히 따르고, 타인의 복지나 환경 보호 같은 사안에 관심이 있는 선량한 시민으로 보이는 것이 명성에 도움이 된다면 그런 모습을 연출한다. 그러나 관심 있는 척할 뿐 진정한 관심은 갖지 않아서, 자신에게 이익이 되지 않는 순간 언제든 그 가면을 벗어던진다.

나는 반사회적 성격장애 진단 기준을 충족하는 사람과 잠시 일한 경험이 있다. 그는 거리낌없이 거짓말을 했으며, 거짓이 탄로 나도 끝까지 자신의 주장을 고수했다. 불법 약물을 상습적으로 복용했고, 연인의 재산을 함부로 탕진했으며, 수차례 외도를 저질렀다. 자신의 행방과 동행인, 귀가 시간을 일절 알리지 않은 채 새벽까지 외박하는 일이 빈번했다. 모든 잘못된 행동이 발각될 때마다 웃음으로 무마하려 했고, 그러한 시도가 통하지 않으면 곧바로 공격적으로 돌변해 가스라이팅을 시도했다. 자신을 피해자로 포장하면서 연인을 불안정하고 의심 많으며 지배욕이 강한 사람으로 매도했다. 법적 규범이나 사회적 통념, 건강한 관계에서 요구되는 기본적인 배려에 전혀 개의치 않았으며, 그를 변화시킬 수 있는 방법은 없었다.

아이러니하게 우리는 소시오패스를 흥미로워하면서도, 정작 일상에서 그런 사람을 만나면 그 가능성을 부정한다. 연쇄살인범 같은 극단적 사례가 아닌 이상, 내 주변의 누군가가 공공연히 사회 규범을 어긴다는 사실을 인정하기란 너무나 어렵다. 우리는 인간이라면 당연히 공감하고 죄책감을 느낀다고 믿기 때문이다. 바로 이 믿음이 우리를 함정에 빠뜨린다. 상대가 우리를 해치는 데 무감각하다는 증거가 계속 쌓여도 우리는 끊임없이 기회를 준다. 그 사람이 진짜로 나를 상관없어한다는 현실이 너무 받아들이기 힘들어서다. 그래서 반사회적 성격장애를 가진 사람과 관계를 맺게 되어도, 초기에 알아차리지 못하고 상당 기간이 지나도 깨닫지 못할 가능성이 높다.

설령 반사회적 성격장애를 가진 사람이 명백한 증거를 제시하며 "저는 계속 불륜을 저지르고 있고 당신의 고통은 제 관심사가 아니에요! 근무했던 모든 직장에서 횡령했어요!"라고 외쳐도, 우리는 '잘못을 시인하다니, 긍정적인 변화의 신호구나!'라고 해석하려 든다. 너무나 관대한 해석이다. 그들도 자기 행동이 잘못됐다는 건 안다. 다만 그에 대해 아무런 감정도 느끼지 않을 뿐이다.

사람들이 이렇게 소시오패스적 행동을 못 본 척하는 모습을 나는 수년간 직접 목격해왔다. 놀랍게도 내 남편 루커스가 프로 포커 플레이어이기 때문이다. 도박계는 소시오패스들이 자연스럽게 모여드는 곳이다. 대학 졸업 후 남편은 줄곧 카지노에서 현금 게임으로 생계를 유지해왔다. 사람들은 이 직업을 듣고 "와, 정말 멋지다!"라고 반응하지만, 내가 본 현실은 처음 상상했던 제임스 본드의 우아한 모습과는 거리가 멀다. 턱시도보다는 구겨진 맨투맨이 훨씬 일상적이다.

어쨌든 남편은 다양한 사람과 포커를 하는데, 그중 일부는 도덕적 기준이 완전히 결여된 인물들이다. 포커 테이블에서 만난 사람들이 자기 범죄 경력을 아무렇지도 않게 늘어놓는다고 남편은 말한다. 일말의 양심의 가책도 없이 말이다. 그들이 재범을 하지 않는 이유는(그들의 말이 사실이라면), 수감 생활이 극도로 고통스러웠기 때문이지 자신의 행위가 도덕적으로 부당함을 인식해서가 아니다.

바로 이런 사람들이 포커 테이블에 둘러앉아 몇 시간씩 함께 게임을 한다. 서로의 플레이 스타일은 물론이고 성격이나 습관까지 속속들이 파악하게 된다. 그런데 이상한 일이 벌어진다. 이렇게 상대를 잘 알면서도 정작 그 사람의 본질은 못 본다는 거다. 루커스가 자주 들려주는 예가 있다. 누군가 며칠째, 아니 몇 주째 계속 돈을 잃는다. 칩이 바닥나면 다른 플레이어들한테 돈을 빌려달라고 한다. 다시 게임에 끼고 싶어서다. 문제는 이런 사람들 중 상당수가 포커장에 오기 훨씬 전부터 문제가 있었다는 점이다. 범죄 경력이 그 증거다. 법을 어기고, 남을 해치고, 훔치고, 심지어 가석방 조건도 위반했다. 이런 과거에 대해 물어보면 어떤 반응을 보일까? 후회는커녕 잘못했다는 생각조차 없다. 그런데 놀라운 건, 이 모든 사실을 알면서도 다른 플레이어들이 돈을 빌려준다는 점이다. 이 사람이 평생 사회 규범을 무시하며 살아왔다는 걸 안다. 바로 얼마 전에도 다른 사람한테 돈을 빌리고 떼먹는 걸 두 눈으로 봤다. 그런데도 "걱정 마, 이제 돈 생겼어. 내일 다 갚을게. 나 믿을 만한 거 알잖아"라는 한마디에 또 넘어간다.

이러한 현상에는 두 가지 심리적 기제가 작동한다. 첫째, 사람들은 타인의 요청을 거절하는 걸 심리적으로 부담스러워한다. 둘째, 설마 내 면전에서 대놓고 거짓말하며 도덕적으로 행동해야 한다는 사회의 약속을 깨뜨릴 리 없다고 믿는다. 하지만 현실은 어떤가? 일부 사람들은 이런 사회적 약속 따위는 아예 신경도 쓰지 않는다. 오직 자기가 원하는 걸 얻는 데만 관심이 있고 남에게 어떤 피해를 주는지는 상관하지 않는다.

이런 사람, 즉 반사회적 성격장애를 가진 사람과 어떤 형태로든 관계를 유지하고 있다면, 그 관계는 필연적으로 심리적 소진과 정서적 혼란을 야기한다. 이런 관계에서는 아무런 양심의 가책 없는 행동들이 반복되고, 공감이나 진정한 감정적 유대가 형성될 수 없다.

학대적인 패턴이 이미 나타났거나 곧 나타날 가능성이 높다. 건강한 관계를 만드는 것은 애초에 불가능하다. 감정적 교감을 나누거나 진솔한 대화를 할 능력과 의지 자체가 결여되어 있기 때문이다. 물론 연기는 할 수 있지만, 뭔가 본질적으로 어긋나 있다는 불편한 감각은 사라지지 않는다. 그 위화감은 모든 행동 뒤에 진정성이 완전히 부재하기 때문에 발생한다. DSM 진단 기준을 다시 떠올려보자. 반사회적 성격장애를 가진 사람들은 공감 능력이 없고 친밀함을 만들어가는 방법을 모른다. 그들에게 관계란 감정 조작과 기만, 착취를 통해 이익을 얻는 수단일 뿐이다.

소시오패스가 아닌 사례: 캐미의 이야기

테오는 아직도 이별의 충격에서 헤어 나오지 못하고 있었다. 충격이라는 게 원래 이런 건가 싶었다. 가슴이 미친 듯이 두근거리면서도 온몸이 마비된 것처럼 아무것도 느껴지지 않는 이상한 상태였다. 부엌 바닥에 털썩 주저앉아 빈 찬장을 멍하니 바라보았다. 예전에 그릇들로 빼곡했던 선반이 이제는 썰렁하기만 했다. 절반도 넘게 사라져버렸다. 애초에 주방 살림을 장만한 건 캐미였으니 당연한 일이었다. 오늘 일찍 집에 돌아왔을 때 테오는 집 안을 한 바퀴 둘러보았다. '이제 우리 집이 아니라 내 집이구나.' 문득 그런 생각이 들었다. 그리고 눈앞의 을씨년스러운 광경을 마주했다. 캐미가 오늘 이사 간다는 걸 알고는 있었지만, 막상 텅 빈 집을 보니 이렇게까지 가슴이 무너질 줄은 몰랐다.

캐미는 바람을 피우고 떠났다. 일주일이 지났지만 테오는 여전히 이 사실을 받아들이지 못하고 있었다. 뭔가 이상하다는 느낌에 테오가 추궁하자, 캐미는 회사 프로젝트 매니저인 마크와 잤다고 고백했다. "테오, 단순한 실수가 아니야. 난 마크를 사랑해. 그 사람과 살고 싶어." 캐미는 너무나 담담했다. 불륜이 들통났는데도 전혀 당황하지 않았다. 테오는 충격에 빠져 아무 말도 할 수 없었다. "그래, 알았어. 알았다는 말 말고 내가 뭘 더 할 수 있겠어?" 겨우 그 말만 했다. 캐미는 고개를 끄덕이고 바로 짐을 싸기 시작했다.

그날 밤늦게 캐미가 침실로 왔다. "얘기 좀 할 수 있을까?" 그녀가 물었다. 왜 이런 일이 생겼는지 설명하고 싶다고 했다. 테오는 고개를 끄덕였지만 캐미의 말은 제대로 들리지 않았다. 캐미는 관계에서 느낀 외로움을 말했다. 관계를 되살리려고 노력했다고도 했다. "마크와는 그럴 생각 없었어. 근데 너는 내가 뭘 하든 상관없을 거라고 생각했어." 캐미가 덧붙였다. 테오는 속으로 생각했다. '다른 남자와 잔 걸 내 탓으로 돌리는 거야?' 테오가 아무 반응도 보이지 않자 캐미는 말을 멈췄다.

테오가 가장 이해할 수 없던 건 불륜이 8개월이나 지속됐다는 점이었다. 하룻밤의 실수도, 출장 중 일탈도 아니었다. 캐미는 8개월 동안 마크와 관계를 맺었다. 8개월 동안 매일 거짓말을 했다. 테오는 캐미와 나눈 모든 대화를 되짚어보고 있었다. '언제부터 거짓말이 시작됐을까. 어떤 말이 진실이었고 어떤 말이 거짓이었을까.' 계속해서 과거를 되돌아보며 답을 찾으려 했다.

머릿속을 떠나지 않는 질문들이 테오를 더욱 괴롭혔다. '도대체 캐미는 어떻게 다른 남자랑 자고도 태연하게 집에 돌아올 수 있었을까. 조금이라도 미안했을까. 그럴 리 없지. 미안했으면 8개월씩이나 계속했을까. 나는 캐미한테 정말 아무것도 아니었나. 인간의 감정이란 게 있기는 한 건가. 8개월 동안 바람피우다가 들키니까 그제야 떠나는 게 정상인가. 두 남자를 동시에 만나면서 아무렇지도 않은 사람이 있을까. 사기꾼인가. 아니다, 더 심각하다. 소시오패스다. 이런 짓을 하고도 대면했을 때 눈물 한 방울 안 흘리는 건 소시오패스뿐이다.'

그 시각 캐미는 도시 반대편 빈 아파트로 이사하면서 눈물을 흘리고 있었다. 급하게 구한 허름한 곳이었지만 어쨌든 떠나야 했다. 테오의 절망적인 표정은 견딜 수 없었다. 테오가 회복할 수 있도록 자신이 사라져주는 게 맞다고 생각했다. 그날 밤 대화를 시도했을 때 자신의 진심을 전하고 싶었지만, 테오는 철저히 마음을 닫았다. 손을 뻗어도 닿을 수 없을 만큼 멀어진 테오 앞에서 캐미는 무력했다.

자기 자신이 너무 미웠다. 테오에게 한 일이 아직도 믿기지 않았다. 평생 이 죄책감을 안고 살아야 할 것이다. 하지만 죄책감에 시달리면서도 왜 그런 선택을 했는지는 알고 있었다. 언제부턴가 테오는 캐미에게도, 둘의 관계에도 무관심했다. 밥 먹으러 가자고 해도, 영화 보러 가자고 해도 테오는 소파에서 TV를 보거나 게임을 하기만 했다. 캐미는 여러 번 외롭다고, 불행하다고 털어놓았지만 테오는 그때마다 입을 다물었다. 모든 요청을 비난으로 받아들였다. 커플 상담을 제안했을 때도 이혼하는 부부나 받는 거라며 거부했다. 캐미는 정말 노력했다. 매일 테오에게 관심을 가져달라고 애원했지만, 어느 날 깨달았다. 테오가 이미 포기했듯이 자신도 포기할 때가 왔다고. 바로 그날부터 캐미의 눈에 마크가 다르게 보이기 시작했다.

마크는 캐미에게 진심으로 관심을 기울였다. 캐미가 병원을 무서워한다는 사실을 기억하고 있었기에, 치과 진료가 어땠는지 빠짐없이 물어봐주었다. 아침마다 따뜻한 커피를 건네주었고, 캐미가 카약을 타러 가고 싶다고 말하면 기꺼이 함께했다. 마크가 세심하게 배려하고 관심을 표현할수록, 테오의 무관심함이 더 선명하게 대비되었다. 테오는 캐미를 너무 당연한 존재로 여기게 된 걸까, 아니면 더 이상 예전처럼 사랑하지 않게 된 걸까. 캐미는 정답을 알 수 없었다. 테오의 마음이 언제부터, 왜 멀어졌는지 알아낼 방법이 없었다.

마크와 키스한 순간 테오와 헤어졌어야 했다. 그런데 왜 8개월 동안이나 그러지 못했을까. 이제 와서 생각해보니 답이 보였다. 마크와의 관계가 불확실했기 때문이다. 마크는 다정했지만 진지한 관계를 원하는지 확신할 수 없었다. 그래서 테오와의 관계를 끝내지 못했다. 테오가 변할지도 모른다는 희망도 있었다. 마크는 외로움을 달래주는 존재였고, 테오는 여전히 기다리는 대상이었다. 8개월간 이런 이중생활을 한 자신이 부끄러웠다. 테오에게 이 모든 걸 설명하고 싶었지만 한편으로 화도 났다. 자신이 힘들다고 했을 때 무시한 것, 관계가 망가지는데도 모른 척한 것, 그리고 지금 와서 자신만 피해자인 척하는 것이 분했다.

벽지가 들뜬 허름한 아파트에서 캐미는 울면서 상상했다. 테오가 자신을 안아주며 이렇게 말해주는 모습을. "캐미, 네가 잘못한 건 맞

아. 하지만…… 나도 잘못했어. 이제야 네 말이 무슨 뜻이었는지 알 것 같아. 네가 얼마나 외로웠을지, 내가 얼마나 너를 외면했는지. 미안해. 정말 미안해. 내가 달라질게. 우리 다시 시작해볼 수 있을까?”

정말로 들을 수 있다면 얼마나 좋을까. 캐미는 텅 빈 방에서 혼자 이루어질 수 없는 화해를 꿈꾸고 있었다.

소시오패스의 무기화

소시오패스라는 단어는 누군가에게 화가 났을 때 사용하기 참 좋은 무기다. 우선 발음할 때의 쾌감이 상당하다. 입안에서 날카롭게 튀어나오는 음절들이 분노를 표출하기에 딱 알맞다. ‘반사회적 성격 장애’라고 하면 어떤가. 말도 길고 뭔가 밋밋하다. 그런데 ‘소시오패스’는 다르다. 짧은 단어 하나에 모든 게 담겼다. 우리가 욕하는 사람이 얼마나 최악이고 우리를 아프게 하고도 아무렇지도 않은지, 얼마나 다들 증오해야 마땅한 존재인지를 한 방에 표현한다. 상대를 완전히 비정상으로 만들어버리는 데는 이만한 게 없다. 나를 아프게 한 사람을 미개한 인간으로 치부해버리면 속이 얼마나 시원한지 모른다.

하지만 함부로 소시오패스 딱지를 붙이면 중요한 걸 많이 놓치게 된다. 이제 하나씩 짚어보자.

하나. 나쁜 행동일 뿐인데 소시오패스라고 착각한다

누군가 잔인하게 굴거나 우리 고통에 무감각해 보이거나 전혀 후회하지 않는 것처럼 보일 때, 우리는 재빨리 소시오패스라는 진단을 내린다. 그런데 여기서 '잔인하게 군다'는 게 대체 무엇을 의미하는지 생각해보자. 정말 별의별 행동이 다 포함된다. 잠수 타기, 그러니까 아무 설명 없이 관계에서 사라져버리는 것에서부터, 낚시질하듯 간헐적 관심으로 상대방의 주의를 끌기, 불륜, 고함지르기, 대화 차단까지 온갖 행동이 여기에 해당한다. 하지만 7장에서 이미 확인했듯이, 성격장애가 없어도 사람은 충분히 잔인할 수 있다. 어떤 사람들은 아직 어려서, 또 어떤 사람들은 나이는 먹었지만 여전히 미성숙해서 건강하지 못한 방식으로 행동한다. 더 나은 방법을 아직 배우지 못했을 뿐이다. 이런 사람들은 잔인하게 행동하다가도 나중에 깊이 후회할 수 있고, 자기 행동이 정당했다고 믿으면서도 상대방의 상처를 이해할 수는 있다. 심지어 누군가를 이용하면서도 단지 다른 방법을 몰라서 그러는 경우도 있다.

인간은 복잡한 존재다. 우리에게는 놀라운 인지 능력이 있고, 대부분은 선하게 살고자 하는 본능을 타고났다. 그럼에도 우리는 끊임없이 서로에게 상처를 입힌다. 의도적이든 무의식적이든 사람들은 관계를 손상할 수 있는 방식으로 행동한다. 하지만 그렇다고 해서 모두가 소시오패스인 것은 아니다. 사실 누군가와 정말로 가깝고 의미 있는 관계를 맺고 있다면, 언젠가는 반드시 서로 상처를 주고받게 된다. 왜냐하면 친밀한 관계에는 필연적으로 고통이 어느 정도 수반되기 때문이다. 실망할 때도 있고, 슬플 때도 있고, 화가 날 때도 있고, 답답할 때도 있다. 아무리 조심해도 상처는 생기게 마련이다. 우리는 최선을 다해도 결국 서로에게 아픔을 준다. 그런 평범한 실수와 상처를 소시오패스와 같은 선상에 놓을 수는 없다.

둘. 책임을 면피하려고 전 연인을 소시오패스로 만든다

사람들은 헤어진 연인을 나르시시스트라고 부르듯이 소시오패스라고 부르는 것도 좋아한다. 뭐가 더 나쁜지는 모르겠다. 하지만 누군가를 소시오패스라고 부르는 건 정말 극단적이다. 그 사람을 법도 모르고, 남을 존중할 줄도 모르는, 도덕성이라곤 없는 인간으로 낙인찍는 것이기 때문이다. 그리고 이렇게 하면 관계의 모든 문제가 전부 상대방 탓이었다고 말하는 꼴이 된다. 물론 정말로 반사회적 인격장애의 극단적인 행동을 보인 사람과 사귀었다면 얘기가 다르겠지만, 대부분은 그렇지 않다. 그런 결론은 공정하지도 않고, 정확하지도 않으며, 무엇보다 당신에게 아무런 도움도 되지 않는다. 왜냐하면 관계에서 자신이 어떤 역할을 했는지, 뭘 더 잘할 수 있었는지, 앞으로는 어떻게 달라질 수 있을지 돌아볼 기회를 스스로 포기하는 것이기 때문이다. 전 연인을 소시오패스로 규정하고 끝내버리면 결국 손해를 보는 건 당신 자신이다. 성장할 기회를 차단하는 셈이니까.

일상에서 소시오패스라는 말은 그저 '무정한 사람'을 가리킬 뿐이다. 올리비아 로드리고가 「굿 포 유good 4 u」에서 헤어진 지 몇 주 만에 새 연애를 시작한 전 남자친구를 "빌어먹을 소시오패스"라고 부를 때, 우리는 모두 무슨 뜻인지 안다. 그가 그녀만큼 이별로 고통받지 않았다는 거다. 하지만 여기서 잠깐 생각해볼 필요가 있다. 그가 정말 냉정해서일까? 어쩌면 애초에 그에게는 맞지 않는 관계였을 수도 있다. 혹은 연애를 통해, 또는 이별 후에 성장해서 이제야 누군가와 더 건강한 관계를 맺을 준비가 되었을지도 모른다. 사실 우리가 추구하는 게 바로 이것 아닌가. 매번의 연애에서 무언가를 배우고 다음에는 더 나은 모습으로 사랑하려고 노력하는 것 말이다. 전 연인을 소시오패스라고 낙인찍으면 당장은 위안이 된다. 모든 게 상대방 잘못이고, 나는 아무 책임이 없으며, 그런 사람 없이도 충분히 잘 살 거라고 믿을 수 있기 때문이다. 하지만 관계의 실패는 절대 한 사람만의 책임이 아니다. 상대를 악마화하는 대신 자신의 몫도 인정해야 진정으로 성장할 수 있다.

셋. 실제 진단 기준은 확인조차 하지 않는다

우리는 누군가를 소시오패스라고 단정할 때 정작 중요한 질문들은 건너뛴다. 그 사람이 나에게 상처를 준 건 분명하지만, 과연 다른 관계에서도 비슷한 문제를 일으키는지는 살펴보지 않는다. 법을 습관적으로 어기는가? 주변 사람을 일상적으로 이용하고 착취하는가? 적어도 가끔은 진심으로 미안해하거나 타인의 아픔에 공감하는가? 물리적인 충돌을 일으킨 전력이 있는가? 무엇보다 이런 패턴이 최근에 형성된 게 아니라, 어린 시절 혹은 성인기 초기부터 이어져 온 것인가? 진짜 반사회적 인격장애는 선택적으로 작동하지 않는다는 걸 기억해야 한다. 나에게만 잔인한 게 아니라 직장에서도, 가족에게도, 친구들에게도 비슷한 모습을 보인다. 삶의 모든 영역에서 지속적이고 일관되게 나타나는 패턴이라는 말이다.

내 경험으로는 소시오패스라는 말을 제대로 쓰는 사람을 본 적이 없다. 아이러니하게도 진짜 소시오패스와 사귀는 사람들은 정작 상대가 소시오패스라는 걸 모른다. 이유는 간단하다. 소시오패스의 핵심 능력이 바로 진실을 감추는 것이기 때문이다. 이들은 거짓말을 밥 먹듯이 하고, 모든 상황을 자기한테 유리하게 조작하며, 상대를 철저히 이용한다. 대화를 완전히 지배하고, 가스라이팅으로 상대를 혼란스럽게 만들며, 필요하면 언제든 피해자 행세를 한다. 현실을 뒤틀어버리는 건 기본이다. 그래서 반사회적 인격장애를 가진 사람과 사귀는 이들은 완전히 혼란에 빠진다. 뭐가 진짜고 뭐가 가짜인지 구분이 안 되고, 자기 판단력을 믿을 수 없게 되며, 모든 문제가 자기 때문이라고 생각하게 된다. 나르시시스트의 연인들처럼, 누군가가 옆에서 "이건 학대야"라고 알려주기 전까지는 자신이 처한 상황을 제대로 파악하지 못한다.

그렇다면 아무도 소시오패스를 알아보지 못한다는 말인가? 물론 그렇지 않다. 실제로 많은 사람이 주변의 소시오패스를, 정확히는 반사회적 성격장애의 특징을 보이는 사람을 정확히 파악한다. 하지만 알아본다고 해서 대놓고 "너 소시오패스야"라고 말하거나 그 사람을 변화시키려 들지는 않는다. 왜냐하면 그런 노력이 헛수고라는 걸 너무나 잘 알기 때문이다. 반사회적 성격장애를 가진 사람들은 변할 능력도 거의 없지만, 변하고 싶다는 동기 자체가 없다. 전문 치료사가 개입해도 기껏해야 최소한의 공감 능력을 가르치고 사회 규칙을 지키도록 설득하는 정도가 전부인데, 이조차 본인이 협조해야만 가능하다. 결국 이건 평생 안고 가야 할 문제로, 치료가 아닌 관리의 영역이다. 그래서 다시 강조하건대, 화가 나서 누군가를 소시오패스라고 부르는 건 일시적 위안이 될 수 있지만, 그 단어가 진짜로 의미하는 바를 가볍게 여겨서는 안 된다. 만약 당신이 정말로 반사회적 성격장애를 가진 사람과 관계를 맺고 있다고 확신한다면, 그 관계를 끝내는 것이 최선의 선택일 수 있다.

내가 소시오패스라고 지목됐을 때

아마 대부분 전 연인이겠지만, 당신 면전에서 대놓고 소시오패스라고 말하지는 않았을 것이다. 대신 친구들에게 슬쩍 그런 얘기를 흘리고 다니거나, SNS에 이름은 안 썼지만 누가 봐도 당신을 겨냥하는 글을 올렸을 수도 있다. 혹은 정말로 가까운 사람이 직접 당신을 소시오패스라고 몰아붙인 경우도 있을 것이다. 이런 상황에 처했다면 어떻게 대응해야 할까? 지금부터 그 방법을 알아보자. 흥미롭게도 이 대응법은 나르시시스트라는 비난을 받았을 때와 거의 동일하다. 반사회적 성격장애와 자기애성 성격장애가 같은 성격장애 범주에 속한다는 점을 생각하면, 대응 방식이 비슷한 것도 당연하다.

왜 나를 소시오패스라고 생각하는지 물어보자

누군가 당신을 소시오패스라고 부른다면, 아마도 당신이 자신을 전혀 배려하지 않고 이기적으로 행동한다고 느꼈기 때문일 것이다. 하지만 정확히 무엇이 그런 극단적인 비난을 초래했는지 파악하는 것이 중요하다. 설명을 요청할 때는 분노보다는 진실된 호기심을 보여주려 노력해야 한다. 물론 화가 나는 것이 인지상정이지만, 격한 감정은 상황 파악에 전혀 도움이 되지 않는다. 당신의 어떤 말이나 행동 때문에 소시오패스라고 생각하게 됐는지 차분하게 물어보자.

상대방의 감정을 온전히 타당화하자

사회 규범을 어긴다는 비난을 받은 상황에서 이렇게 하기는 어렵다는 것을 안다. 하지만 지금 당신 앞에 있는 사람은 깊은 상처를 입었고, 당신이 그 상처를 알아봐주길 간절히 원한다. 4장에서 살펴봤듯이 감정을 타당화한다는 것은 상대의 주장에 동의한다는 의미가 아니다. 그저 상대가 왜 그렇게 느끼는지 이해한다는 뜻일 뿐이다. 사람은 자기 감정이 인정받았다고 느끼면 비로소 안정을 되찾는다. 흥분했던 신경계가 진정되고, 방어적이었던 태도가 누그러지며, 다른 사람의 이야기에도 귀를 기울일 수 있게 된다. 이제야 당신의 입장을 설명할 기회가 생기는 것이다.

자기애성 성격장애와 반사회적 성격장애의 공통점은 공감 능력 결핍이다. 진짜 소시오패스라면 상대의 고통에 무관심할 것이다. 그런데 당신이 상대의 감정을 세심하게 알아차리고 인정한다면, 그 자체로 당신이 소시오패스가 아니라는 증거가 된다. 당신이 타인의 감정을 이해하고 배려할 수 있는 사람이라는 것을 행동으로 보여주자.

상대방의 아픔을 인정하고 내 감정을 나누자

상대는 분명 당신이 자기 감정은 안중에도 없이 이기적이고 차갑게 굴었다고 확신하고 있을 것이다. 하지만 실제로는 그렇지 않을 가능성이 크다. 상대의 감정을 인정해주니 조금씩 마음이 열리는 게 보인다면, 이제 당신 이야기를 할 때다. 그때 무슨 감정을 느꼈는지, 왜 그렇게 행동했는지 솔직하게 털어놓자. 물론 당신의 행동이 상대에게 상처를 준 것도 알고 있고, 그 상처로 당신도 아프다는 걸 꼭 전달해야 한다. 결국 당신이 보여줘야 하는 건 이거다. 당신은 남을 함부로 짓밟고도 아무렇지 않은 소시오패스가 아니라, 감정도 있고 타인의 고통도 이해하는 평범한 사람이라는 사실 말이다.

필요하다면 진심을 담아 사과하자

이 얘기를 꺼내는 데는 이유가 있다. 소시오패스라는 극단적인 단어까지 나왔다면, 당신이 정말로 뭔가 잘못했을 수도 있다. 어쩌면 꽤 큰 실수였을지도 모른다. 물론 상대가 당신을 조종하려고 일부러 그런 무서운 단어를 무기처럼 쓰는 경우도 있다. 솔직히 이쪽이 더 심각한 문제긴 하다. 하지만 여기서는 상대가 정말 절박한 마음에, 자신이 얼마나 상처받았는지 당신이 제대로 알아차리게 하려고 그런 표현을 썼다고 생각해보자. 그렇다면 진짜 사과할 일이 있는지 돌아봐야 한다. 내가 더 잘할 수 있었는데 못했다면, 그건 인정하는 게 맞다. 실수를 인정하고 더 나은 사람이 되겠다고 약속하는 건 전혀 나약한 게 아니다. 다만 모든 책임을 혼자 뒤집어쓰려고 하지는 말자.

상대방이 사용한 단어에 이의를 제기하자

대화가 여기까지 잘 풀렸다면, 이제 가장 중요한 지점을 짚어야 한다. 소시오패스라는 단어가 지닌 근본적인 문제 말이다. 이 단어는 당신이 한 특정 행동을 설명하는 게 아니라 당신이라는 사람 전체를 정의해버린다. 한순간의 실수가 당신의 본질이 되어버리는 것이다. 이런 표현이 얼마나 상처가 되고 부당한지 차분하게 설명해보자. 누군가의 실수를 보고 즉시 심각한 성격장애로 진단하는 일이 관계에 어떤 해를 끼치는지도 이야기해야 한다. 아무리 그 순간 상처가 깊었더라도, 상대를 정신장애자로 낙인찍는 건 또 다른 폭력이라는 점을 알려주자. 그보다는 자신이 느낀 감정과 입은 상처를 있는 그대로 표현하는 게 훨씬 건강한 소통이니, 함부로 진단을 내리는 대신 솔직한 감정을 나누자고 제안하는 것이다.

상대방이 끝까지 그 용어를 고집한다면 도움을 구하고 관계를 재평가하자

앞서 제시한 모든 노력을 기울였는데도 상대가 여전히 당신을 소시오패스라고 몰아간다? 솔직히 이해가 안 되지만, 그 사람이 정말로 당신에게는 공감 능력도 없고 양심도 없다고 믿게 되었을 수 있다. 상대가 당신을 이렇게 극단적으로 부정적인 사람으로만 본다면, 이제 당신이 스스로에게 물어야 한다. 이런 관계를 계속 유지할 필요가 있을까? 학대적인 사람들은 종종 정신의학적 진단명을 내세우고 심리학 용어를 무기화해 상대를 지배하려 한다는 사실을 잊지 말자. 만약 지금 그런 일이 벌어지고 있다면 당신은 스스로를 보호해야 한다. 진단명을 이용해 당신을 수치스럽게 만들고, 자기 확신을 흔들며, 통제하려는 사람과는 어떤 형태의 관계도 맺어서는 안 된다. 게다가 정말 이상한 점이 하나 있다. 진심으로 당신을 소시오패스라고 믿는다면서 왜 떠나지 않고 곁에 있는 걸까? 보통은 거리를 두거나 완전히 관계를 끊을 텐데 말이다. 이 모순 자체가 뭔가 잘못되었다는 신호다. 정말로 이 관계가 당신에게 필요한지, 이어나갈 가치가 있는지 진지하게 생각해볼 때다.

상대방에게서 소시오패스의 징조가 보일 때

아마 여러분 중에 주변 사람이 혹시 소시오패스가 아닐까 의심하는 분이 있을 것이다. 진단 기준을 읽어보니 퍼즐이 맞춰지는 느낌이 들 수도 있다. 그동안 이상하다고만 생각했던 행동들이 이제야 하나로 연결되는 것 같을 수도 있다. 몰래 불법적인 일을 저지르고, 관계마다 문제를 일으키고, 죄책감이라곤 눈곱만큼도 없고, 자기 이익만 챙기면서 자기를 대단한 사람으로 포장하는 그 사람이 왜 위험한 인물인지 이제야 이해가 되는 것이다. 만약 당신이 정말로 소시오패스를 상대하고 있다고 판단된다면, 다음과 같이 대처해야 한다. 앞에서도 말했지만 반사회적 성격장애와 자기애성 성격장애는 비슷한 점이 많아서 대처법도 거의 같다.

반사회적 성격장애에 대해 충분히 공부하자

나르시시즘 때와 마찬가지로, 첫 번째로 해야 할 일은 반사회적 성격장애를 제대로 아는 것이다. 진단 기준이 워낙 극단적이라 이런 사람을 쉽게 알아볼 수 있을 것 같지만, 실제로는 전혀 그렇지 않다.

진단 기준 중 최소한인 세 가지만 겨우 맞추는 사람도 있고, 무엇보다 자신에게 공감 능력이 없다는 사실을 감추는 데 매우 능숙한 사람도 있기 때문이다. 그래서 반사회적 성격장애를 가진 사람과 사귀면 어떤 일을 겪게 되는지 다룬 글이나 책을 찾아 읽어보는 게 중요하다. 읽으면서 내 경험과 비슷한 부분이 있는지, 내 이야기 같다는 느낌이 드는지 확인해보자.

모든 인간관계에서 비슷한 패턴이 나타나는지 살펴보자

만약 당신이 반사회적 성격장애를 가진 사람을 알고 있다면, 그들에게서 일관된 패턴을 발견할 수 있을 것이다. 공감 능력의 결여와 주변 사람을 아무런 죄책감 없이 이용하는 행동 말이다. 이제부터 이런 패턴이 나타나는 구체적인 사례들을 기록하기 시작하자. 그들이 언제 거짓말을 하고 남을 이용하는지, 그리고 언제 기만하고 타인의 고통에 무관심한지 세심하게 관찰하자. 여기서 중요한 것은 당신과의 관계만 들여다보지 말라는 점이다. 그들이 다른 사람들과는 어떻게 교류하고, 어떤 방식으로 대하는지도 함께 살펴봐야 한다.

불편한 직감을 느낀다면 그 신호를 믿자

누군가에 대해 뭔가 이상한 느낌이 든다면 그 느낌을 무시하지 말자. 그 사람의 행동이 어딘가 찜찜하다면, 그 감정을 그냥 넘기지 말고 한번 생각해보자. 가식적이어 보이고 함께 있을 때 불편하다면, 그건 중요한 신호다. 내가 한번은 소시오패스와 같은 방에 있었는데, 정말 이상한 경험이었다. 그 사람 말에 점점 설득당하는 것 같으면서도, 동시에 머릿속에서 내가 조종당하고 있다는 경고음이 계속 울렸다. 나중에 상담 모임에서 그 방에 있을 때 정말 불안했다는 얘기를 했다. 만약 어떤 사람 곁에서 이런 기분이 든다면 당신 느낌을 믿는 것이 좋다. 물론 공부도 하고 도움도 받아야 하지만, 그 직감만큼은 무시하지 말자.

전문적인 도움을 구하자

반사회적 성격장애가 있는 사람과 관계를 맺고 있다면 혼자 해결하려고 하지 말자. 아무리 열심히 공부하고 증거를 수집해도 '내 판단이 맞을까' 하는 의구심은 계속 들 것이다. 바로 이때 객관적인 시각을 가진 전문가가 필요하다. 반사회적 성격장애를 가진 사람은 주변 사람에게 상처 주는 것을 일상처럼 반복하기 때문에, 당신 역시 무너진 자존감을 회복하고, 건강한 경계를 설정하며, 필요하다면 관계를 끝내는 과정에서 도움을 받아야 할 수 있다. 물론 나르시시스트의 경우처럼 상담사가 직접 만나보지 않은 사람을 반사회적 성격장애로 진단할 수는 없다. 하지만 당신이 겪고 있는 상황이 정상 범위를 벗어났는지, 그리고 어떻게 대처하는 것이 현명한지에 대해서는 충분히 전문적인 조언을 제공할 수 있다.

상대방에게 직접 소시오패스라고 말하는 것은 피하자

이 사람이 반사회적 성격장애라는 확신이 들면, 그 사람 얼굴에 대고 소리치고 싶을 것이다. "너 소시오패스인 거 다 알아!" 그런 마음을 충분히 이해한다. 하지만 그렇게 한다고 해서 달라지는 건 아무엇도 없다. 소시오패스는 당신이 뭐라고 하든 전혀 개의치 않으며, 당신을 대하는 태도나 행동 역시 조금도 바뀌지 않을 것이다. 그런 대결이 가져올 수 있는 건 오직 위험뿐이다. 왜냐하면 당신의 폭로가 그들을 화나게 만들 수 있고, 일단 화가 나면 그들은 당신의 안전 따위는 아랑곳없이 공격적으로 돌변할 수 있기 때문이다. 따라서 아무리 답답하고 화가 나더라도 정면으로 맞서는 것은 피해야 한다. 당신의 안전이 가장 중요하다.

언제 어떻게 떠날지 계획하자

나르시시스트는 그나마 증상이 가볍고 자각이 있으면 어떻게든 관계를 이어갈 여지가 있다. 하지만 반사회적 성격장애를 가진 사람과는 이야기가 완전히 다르다. 이들과는 절대 함께 있어서는 안 된다. 이들은 애초에 건강한 관계를 맺을 수 없기 때문이다. 감정을 나누는 능력도, 관계를 위해 노력하려는 의지도 없다. 진단 기준을 다시 한번 살펴보면 더욱 명확해진다. 오직 자기 자신만 생각하고 죄책감이라곤 찾아볼 수 없으며, 타인을 끊임없이 이용하고, 심지어 위험하기까지 한 사람이다. 그러니 당신에게 필요한 것은 탈출이다. 가족이든 친구든 연인이든 상담사든, 도움을 받아서 안전하게 빠져나올 방법을 찾아야 한다.

관계가 끝난 후에는 치유에 집중하자

드디어 그 관계에서 벗어났다면 이제 자신을 돌아볼 시간이다. 그 사람과 함께했던 시간이 당신에게 어떤 상처를 남겼는지 차분히 들여다보고 이해하는 과정이 필요하다. 땅바닥까지 떨어진 자존감을 다시 높여야 하고, 스스로의 판단을 믿는 힘도 되찾아야 한다. 돌이켜보면 그 관계를 어떻게든 이해하려고, 또 고쳐보려고 애쓰는 동안 정작 많은 중요한 걸 놓치고 살았을 것이다. 이제는 그동안 방치했던 삶의 영역들에 시간과 마음을 쏟을 때다. 그리고 무엇보다 중요한 건 앞으로의 관계를 위한 준비다. 건강한 경계를 설정하는 법을 배우고, 내면의 목소리에 귀 기울이는 연습을 하면서, 다시는 같은 상처를 받지 않도록 스스로를 단단하게 만들어가야 한다.

10장

'양극성 장애'인가, 감정 기복이 심할 뿐인가?

양극성 장애는 진단명이 무기처럼 휘둘러진 가장 오래된 사례일지도 모른다. 성격장애라는 개념이 생소했던 시절에도 사람들은 이미 양극성 장애를 알고 있었다. 그런데 아이러니하게도 이 장애의 진단은 여전히 놓치기 쉽고 오진되기도 쉽다. 전문가들조차 헷갈려하고, 일반인들은 더더욱 혼란스러워한다. 양극성 장애의 세부 내용과 다양한 변형들을 차근차근 살피다보면, 왜 이런 혼란이 계속되는지 자연스럽게 이해하게 될 것이다.

양극성 장애의 실제 사례: 피오나의 이야기

피오나에게 우울은 낯선 손님이 아니었다. 기억이 시작된 이래로 우울은 늘 삶의 일부였다. 어느 날 갑자기 모든 게 무의미해졌다. 삶 전체가 싫었고, 온종일 이불 속에 숨어 세상을 외면하고 싶었다. 말 걸어오는 사람도, 걱정해주는 사람도 다 성가셨다. 친절에도 퉁명스럽게 반응했고, 이내 후회가 밀려왔으며, 그 후회가 자기혐오를 더 깊게 만들었다.

그래도 피오나가 늘 우울한 건 아니었다. 컨디션이 돌아오면 사람들과 끊어진 관계를 다시 잇곤 했다. 에이든과 만난 뒤로는 이런 노력이 더 절실해졌다. 에이든은 참 좋은 사람이었다. 그래서 더 의아했다. 대체 에이든이 자신의 뭘 보고 좋아하는지 말이다. 에이든은 뭐든 느긋하게 받아들이는 사람이었는데, 피오나는 정반대였다. 에너지가 철철 넘치고 한번 물면 놓지 않는, 그야말로 불꽃 같은 성격이었다. 놀라운 건 에이든이 피오나의 이런 강렬함까지도 태연하게 받아들였다는 점이다. 다른 모든 일처럼 아무렇지 않게. 적어도 최근까지는 그랬다.

피오나는 얼마 전 영혼을 갉아먹던 회사를 박차고 나왔다. 자유로운 백수 생활 2주째였지만, 지난 며칠은 전혀 자유롭지 않았다. 오랜 직장생활 끝에 드디어 얻은 휴식기 동안 취미도 즐기고 마음껏 쉬리라 기대했건만 현실은 달랐다. 첫 주에는 그래도 집안일이라도 하며 나름 생산적으로 지내려 애썼다. 하지만 시간은 제멋대로 흘러갔고, 규칙적인 일상은 어느새 흔적도 없이 사라져버렸다. 회사가 짜준 틀 안에서 살아온 세월이 얼마나 자신을 지탱해주었는지, 피오나는 그제야 뼈저리게 느꼈다. 새벽 4시까지 소설 쓰기에 매달리다가 겨우 몇 시간 눈을 붙였고, 에이든이 일어나는 8시쯤 억지로 몸을 일으켰다. 에이든은 조심스레 "좀 예민해졌네"라고 표현했지만, 사실 피오나는 날카롭고 못되게 굴고 있었다. 에이든의 사소한 행동 하나하나가 신경을 건드렸고, 피오나는 에이든이 어서 출근해서 혼자만의 시간을 가질 수 있기를 애타게 기다렸다.

그런데 어느 날 밤, 퇴근한 에이든은 평소와 전혀 다른 피오나를 마주했다. 피오나는 흥분으로 온몸이 들떠 있었다. 소설이 드디어 제대로 된 모습을 갖춰가고 있었고, 피오나는 에이든에게 하나부터 열까지 다 들려주고 싶어 안달이 났다. 평생 찾아 헤맸던 진짜 일을 드디어 찾은 기분이었다. 솔직히 피오나는 이 소설이 뉴욕타임스 베스트셀러가 될 거라고 확신했다. 대작이 갖춰야 할 모든 요소를 빠짐없이 담고 있었다. 이 작품이 피오나라는 사람을 새롭게 정의할 터였다. 인생의 항로가 완전히 바뀔 순간이 코앞에 다가왔다. 그런데 에이든은 여전히 평범한 일상에 파묻혀, 피오나가 곧 맞이할 엄청난 성공을 전혀 눈치채지 못하고 있었다. 현관문이 열리자마자 피오나의 입에서 말들이 폭포수처럼 쏟아져 나왔다.

"에이든! 왔구나. 잘 다녀왔어? 뭐 안부는 나중에 하고. 미안한데 소설 얘기부터 해야겠어. 오늘 완전 깨달음을 얻었거든. 주인공이 바로 나야, 그런데 미래의 나라고 할까? 뭐가 잘못됐는지 다 깨닫고 전부 고쳐낸 5년 후의 내 모습이야. 그러니까 자서전을 쓰는 건데, 지금의 나 말고 앞으로의 나를 쓰는 거지. 미래 자서전이라고 해야 하나? 그런 게 있긴 한가? 아무튼 소설 속 나는 누군가 대놓고 '핸드폰 좀 내려놓고 주변을 둘러봐'라고 말해주기 전까지는 아무런 신호도 못 알아채. 알겠지? 스마트폰만 보고 걷다가 사람들이랑 부딪치는 거랑 똑같아. 몸은 거기 있어도 정신은 딴 데 가 있으니까 인생을 놓치는 거지. 소설 속 내가 딱 그런 식이라니까!" 피오나는 숨 쉴 틈도 없이 말을 쏟아냈다.

"잠깐, 조금만 천천히 말해줄래?" 에이든이 코트를 걸면서 귀를 기울였다. "너무 빨라서 못 따라가겠어. 책 속의 네가 미래의 너라는 건 알겠는데……."

피오나가 급하게 끼어들었다. "아니야, 아니야. 내가 설명을 잘못했네. 책 속의 나는 진짜 미래의 내가 아니야. 책 안에서의 미래의 나라고 해야 하나? 실제 나 말고 소설 속 나. 필명처럼 창조된 캐릭터라고 생각하면 돼. 이해했지? 그래서 글이 술술 써지는 거야!" 피오나는 손을 휘저으며 열정적으로 말을 이어갔다.

"솔직히 무슨 말인지 하나도 모르겠어." 에이든이 털어놓았다. "차라리 책을 좀 읽어보면 이해가 될 것 같은데. 한 챕터라도 읽어봐도 될까?" 에이든은 점점 걱정이 되기 시작했다. 피오나의 말에 논리가 없었다.

"이게 뭐가 어렵다는 거야? 내 말이 귀에 안 들어와? 계속 얘기하잖아. 책 속 미래의 나. 진짜 나 말고 소설 속 나라니까." 피오나의 눈빛이 차가워졌다. "근데 있잖아? 당신은 그 책에 없어. 우리가 헤어진다는 뜻인 거지. 아마 당신이 소설가로서의 내 재능을 무시해서일 거야. 맨날 내가 뭘 해도 의심만 하잖아. 이제 진절머리가 나. 다른 사람들처럼 날 의심하고 깎아내리고. 내가 뭔가 큰일을 해낼 참인데 또 천천히 하라고 하는 사람. 또 하나의 방해꾼, 장애물, 올림픽 허들 같은 거 있잖아. 선수들이 뛰어넘는 그 장애물. 근데 선수가 넘으면서 쓰러뜨리는 허들 말이야. 그래서 노트북 비밀번호를 18자리로 바꿨어. 아무도 내 소설을 지우거나 아이디어를 훔쳐 가지 못하게. 다들 제 밥그릇만 챙기니까 나도 내 것 지키는 거야. 이 소설은 『전쟁과 평화』『모비딕』처럼 나만의 대작이 될 거야! 언젠가 뉴욕타임스 베스트셀러 목록에서 내 이름을 발견하고 당신은 초라한 아침 시리얼에 눈물이나 떨어뜨리겠지. 난 하나도 측은하게 여기지 않을걸!" 피오나는 숨을 헐떡이며 붉어진 얼굴로 말을 끝냈다.

"대체 무슨 소리를 하는 거야?" 에이든이 외치다시피, 또 애원하다시피 물었다. "챕터 하나만 읽어보자고 한 건 네가 하는 말이 하나도 이해가 안 돼서 그런 거야! 갑자기 베스트셀러? 내가 올림픽 허들이라고? 지금 뭐가 어떻게 돌아가는 건지 전혀 모르겠다고! 왜 이러는 거야?"

"아, 됐어. 그만해!" 피오나가 양손을 허공에 휘저었다. "저녁 준비마저 해야 하니까 그냥 잊어버려." 에이든이 피오나를 따라 부엌으로 들어섰다가 할 말을 잃었다. 부엌 전체가 썰어놓은 채소들로 뒤덮여 있었다. 토스트기 위에는 당근을 썰어 담은 그릇이, 싱크대 가장자리에는 토마토를 썬 도마가 아슬아슬하게 걸쳐 있었고, 조리대에는 피망과 양파를 가득 담은 쟁반들이 어지럽게 널려 있었다. 부엌은 완전히 전쟁터였다.

"지금 대체 뭐 하는 거야? 채소는 또 왜 이렇게 많이 썰어놓은 거야?" 에이든이 믿기지 않는다는 듯 물었다.

"요리하는 중이야! 그 셰프가 하루는 재료만 다 썰어놓고 나머지 날에 요리하라고 했는데, 생각해보니 그게 바보 같더라고. 왜 굳이 나눠서 해? 한 번에 썰고 바로 요리하면 오늘 다 먹을 수 있잖아. 라자냐랑 파스타부터 한 다음에 엔칠라다나 타코를 만들고, 남은 건 볶음 요리에 쓸 거야. 당신이 볶음 요리 싫어하는 거 알지만 난 좋아하거든…… 아, 잠깐! 그만 말해!" 피오나가 느닷없이 외쳤다. "노트북! 지금 당장 가져다줘! 아이디어가 떠올랐는데 안 적으면 까먹어!"
피오나는 에이든을 밀치고 간 후 노트북의 자판을 마구 쳤다. 떠오른 아이디어가 사라지기 전에 붙잡으려는 듯 다급했다.

에이든은 소리 없이 피오나 뒤로 다가가 어깨 너머로 화면을 들여다봤다. 피오나가 아이디어를 붙잡으려 키보드를 두드리는 동안, 에이든은 이미 써놓은 글들을 읽어 내려갔다. 가슴이 철렁했다. 온통 횡설수설이었다. 앞뒤가 맞지 않는 말들의 나열이었다. 피오나가 쓴 문장 중에서 의미를 찾을 수 있는 건 단 하나도 없었다. 같은 말을 조금씩 바꿔가며 끝없이 되풀이하고 있어서 반복적이고, 산만하며, 도무지 따라갈 수 없는 글이었다. 소설이라고 부르기엔 너무나 엉망이었다. 방금 전 피오나가 쏟아낸 말들과 다를 바 없었다.

에이든은 조용히 다른 방으로 가 부모님께 전화를 걸었다. 뭘 어떻게 해야 할지 감도 잡히지 않았다. 하지만 한 가지는 분명했다. 피오나에게는 도움이 필요했다.

양극성 장애의 정의

과거 DSM에서 양극성 장애는 기분 장애의 한 종류로 분류되어, 모든 우울 장애들과 같은 섹션에 묶여 있었다. 하지만 최신 DSM은 양극성 장애가 단일한 형태가 아니라 여러 양상을 띤다는 점을 인정하고, 이 장애들에 독립된 고유 범주를 부여했다. 우리가 일상에서 쉽게 떠올리고 무기처럼 휘두르는 양극성 장애는 대개 양극성

I형을 가리킨다. 그러나 양극성 II형도 있고, 순환성장애라는 것도 존재한다. 이 세 가지 장애의 다양한 진단 기준을 하나씩 읽어나가다 보면, 왜 정확한 진단이 그토록 어려운지, 그리고 왜 이 용어가 그토록 쉽게 오남용되는지 자연스럽게 이해하게 될 것이다.

1. **양극성 I형 장애**: 양극성 I형 장애 진단을 받으려면 적어도 한 번은 조증 삽화를 경험해야 한다. 놀랍게도 우울 삽화는 필수가 아니다. 보통은 우울과 조증을 다 경험하지만 꼭 그런 건 아니다. 그렇기에 조증 삽화가 뭔지 제대로 아는 게 중요하다.
   - **조증 삽화**: 비정상적으로 들뜬 에너지나 기분이 최소 일주일 동안 이어지는 시기를 의미한다. 입원이 필요할 정도라면 기간은 따지지 않는다. 이런 에너지와 기분의 고조는 때로는 행복감으로, 때로는 짜증, 초조함, 분노로 나타난다. 이 시기에는 또한 다음 증상 중 적어도 세 가지가 함께 나타나야 한다. 에너지나 활동이 눈에 띄게 늘어나고, 자존감이 드높아지며, 수면 욕구가 감소한다. 목표를 향한 활동이 급증하고, 말이 빨라지며, 사고의 비약이 심해진다. 주의가 쉽게 흐트러지고, 위험을 무릅쓰는 행동을 한다. 조증은 때때로 정신병적 증상까지 동반하는데, 망상과 환각이 대표적이다. 망상은 현실과 동떨어진 거짓 믿음에 고착되는 상태고, 환각은 존재하지 않는 것을 보거나 듣는 경험이다.
2. **양극성 II형 장애**: 이 진단을 받으려면 적어도 한 번의 주요 우울 삽화와 적어도 한 번의 경조증 삽화를 경험해야 한다. 하지

만 완전한 조증 삽화를 겪으면 안 된다. 양극성 I형과 확실히 다른 점이 바로 여기에 있다. I형은 우울이 없어도 되고 조증을 경험하지만, II형은 우울이 필수고 조증 대신 경조증을 경험한다.

- **경조증 삽화**: 경조증 삽화의 기준은 조증 삽화와 유사하지만, 증상이 덜 심각하고 일상생활에 커다란 지장을 주지 않는다. 게다가 정신병적 특징도 나타나지 않는다. 기분이 들뜬 상태는 적어도 4일간 지속되어야 하는데, 조증 삽화에 필요한 일주일보다는 짧은 기간이다.

- **주요 우울 삽화**: 이 기준을 충족하려면 적어도 2주 동안 다음 증상 중 최소 다섯 가지를 보여야 한다. 우울한 기분에 빠지고, 흥미나 즐거움을 상실하며, 식욕이나 체중이 변화한다. 잠을 제대로 못 자거나 너무 많이 자고, 안절부절못하거나 움직임이 느려진다. 피로감에 시달리고, 무가치함이나 죄책감을 느끼며, 집중력이 떨어진다. 죽음이나 자살에 대한 생각이 떠오르기도 한다.

3. **순환성장애**: 이 범주에서 가장 양호한 형태로, 일상생활에 미치는 영향도 가장 적은 편이다. 순환성장애 진단을 받으려면 최소 2년이라는 긴 시간 동안 경조증 증상을 보이는 시기와 우울 증상을 보이는 시기를 여러 차례 경험해야 한다. 단, 우울 증상이 주요 우울 삽화의 기준에는 미치지 않아야 한다. 게다가 이런 증상들이 전체 기간의 절반 이상 나타나야 하고, 한 번에 2개월을 넘도록 증상 없이 지내서는 안 된다. 당연히 이 장애를 진단하려면 기분 변화를 아주 꼼꼼히 추적해야 한다.

보다시피 양극성 장애의 다양한 변형은 모두 기분이 고양되는 삽화가 서로 다른 방식으로 나타난다는 공통점이 있다. 언젠가 누가 이 장애들을 에너지 분배 문제라고 설명하는 걸 들었는데, 꽤 적절한 비유였다. 어떤 사람들은 에너지가 넘쳐흐르고(조증이나 경조증), 어떤 사람들은 에너지가 바닥나며(우울), 또 어떤 사람들은 이 두 극단을 오가며 흔들린다는 것이다.

조증 삽화는 사람들이 흔히 생각하는 것보다 훨씬 강렬하고 극단적이다. 기분이 비정상적으로 고조되면서 판단력과 의사 결정 능력이 완전히 무너진다. 무언가를 계속 말하거나 해야 한다는 충동에 사로잡히고, 평소라면 절대 하지 않을 위험한 일을 거리낌없이 저지른다. 정신병적 증상이 함께 나타나면 하늘을 날 수 있다고 믿는 식의 터무니없는 망상에 빠지기도 한다. 물론 모든 조증이 이런 증상을 동반하는 건 아니다. 조증 상태의 사람은 평소와는 완전히 다른 사람처럼 보인다. 짜증스럽고, 불안하고, 알아들을 수 없는 말을 하며, 이성적인 대화가 불가능하다. 넘치는 에너지가 온몸에서 뿜어져 나와 주변 사람들까지 압도할 정도다. 양극성 I형 장애는 조증 삽화로 입원할 때 진단되는 경우가 많다.

경조증은 알아차리기가 훨씬 더 까다롭다. 기분이 고양되고 비슷한 증상들이 나타나기는 하지만, 조증만큼 극적이지 않다. 경조증 상태에서는 말이 빨라지고 특정 아이디어나 주제에 지나치게 몰두하는 모습을 보이지만, 직장 동료나 친구들은 별다른 차이를 느끼지 못할 수도 있다. 수면, 각성 수준, 기분, 인지 기능에 실제로 혼란이 일어나고 있음에도, 여전히 출근해서 비교적 정상적으로 일상을 유지할 수 있다. 당사자는 내적으로 변화를 느낄 수 있고, 부모나 연인처럼 가까이서 자주 보는 사람이라면 아마 알아챌 수 있겠지만, 조증처럼 극적인 변화는 아니다.

경조증이 나쁘지만은 않아 보인다고 생각하는 사람들이 있다. 실제로 에너지와 집중력, 자신감이 치솟으면서 놀라운 생산성과 긍정적인 결과를 가져다주기도 한다. 하지만 경조증의 이면에는 극심한 과민함이 도사리고 있다. 사소한 일에도 쉽게 짜증내고 날카롭게 반응하게 된다. 더구나 넘치는 에너지가 올바른 방향으로 흘러가리라는 보장도 없다. 경조증 상태에서는 쓸데없는 일에 돈과 시간을 퍼붓거나, 이것저것 손대다가 하나도 제대로 못 끝내는 일이 부지기수다.

조증이나 경조증 상태에서는 수면 욕구가 현저히 줄어든다. 하지만 극심한 조증 삽화 중에도 인간의 몸은 여전히 잠을 필요로 한다. 단지 잠들기가 어렵고 깊은 잠을 유지하기 힘들어서 필요한 수면 시간을 채우지 못할 뿐이다. 몸이 정상적으로 기능하려면 여전히 평소만큼의 수면이 필요하다. 바로 이런 이유로 양극성 장애를 진단받은 사람들은 수면 관리에 각별한 주의를 기울여야 한다.

수면 문제 외에도 양극성 장애에는 우울이라는 또 다른 측면이 있다. 양극성 II형과 순환기분장애는 물론, 양극성 I형에서도 우울 증상이 나타난다. 주요 우울 삽화가 시작되면 슬픔과 무기력, 절망감에 빠진다. 예민해지고 때로는 자살 충동까지 느낀다. 양치질이나 샤워처럼 누구나 당연히 하는 일상조차 버거워진다. 문제는 이런 기분 변화와 증상들이 너무 미묘해서 놓치기 쉽고, 스트레스나 피로 탓으로 돌리기도 쉽다는 점이다. 그래서 양극성 II형과 순환기분장애는 제대로 진단받기까지 정말 오랜 시간이 걸린다. 수많은 사람이 몇 년 씩 엉뚱한 진단을 받다가 겨우 정확한 병명을 알게 되었다고 토로한다. 양극성 II형은 특히 주요 우울 장애, 경계선 인격장애, ADHD, 조현병, 심지어 외상후 스트레스 장애로 오진되기 일쑤다. 상황을 더 복잡하게 만드는 건 이런 장애들이 동시에 나타나는 경우가 많고, 증상도 서로 겹친다는 사실이다. 양극성 II형과 ADHD를 함께 앓는 사람이라면, 한 가지 일에서 다른 일로 계속 옮겨 다니는 행동이 주의력 결핍 때문인지 경조증 때문인지 구분하기 어려워한다. 결국 대부분의 경우 무엇이 원인인지 확실한 답을 찾지 못한 채 혼란 속에서 살아간다.

그런데 양극성 I형만큼은 사정이 다르다. 조증 삽화가 극적이어서 진단이 쉬운 편이기 때문이다. DSM 기준을 다시 보면, 양극성 I형은 단 한 차례의 조증 삽화만 있으면 진단이 가능하다. 우울증 병력을 캐물을 필요도 없다. 흥미로운 건 한 번 조증을 겪고 나서 평생 재발하지 않아도 공식적으로는 양극성 I형 환자라는 사실이다. 심지어 나중에 경조증만 나타나고 조증은 다시 나타나지 않아도 진단은 그대로다. 사실 이런 사람은 경조증이 주 증상이니까 양극성 II형으로 바꿔주는 게 맞을 것 같은데 말이다. 바로 이런 사례들이 장애를 진단하고 분류하기 위한 임상적 판단에 주관적 해석이 불가피하게 개입한다는 사실을 보여준다.

이런 진단의 복잡성은 여기서 끝이 아니다. 자세히 들어가지는 않겠지만, 양극성 장애에는 우리가 알아둬야 할 세부 유형들이 더 있다. 급속 순환 양극성 장애가 대표적인데, 1년 동안 조증이든 경조증이든 우울이든 기분 삽화를 네 번 이상 겪는 경우를 말한다. 이때 인생의 특정 시기에만 이런 급속 순환을 경험하다가 점차 안정을 찾는 사람들도 있지만, 계속해서 다른 환자들보다 훨씬 자주 기분이 오르락내리락하는 사람들도 있다. 혼재 특징을 보이는 양극성 장애도 있다. 우울하면서 동시에 조증이나 경조증 증상이 나타나거나, 아주 짧은 시간 안에 번갈아 나타나는 혼재 삽화를 경험하는 경우다. 한 사람 안에서 정반대의 감정 상태가 공존하거나 빠르게 교차하는 것이다.

이것만으로 충분히 복잡한데, 한 가지 더 있다. 바로 계절에 따라 기분이 오르락내리락하는 계절성 양극성 장애다. 계절 변화가 기분 삽화를 좌우하는 경우인데 생각보다 흔하다. (흥미롭게도, 봄이 정신 건강에는 최악의 계절이다. 1년 중 봄에 조증 삽화가 가장 많이 나타나고 자살률도 가장 높다. 우리도 결국 햇빛의 양 같은 자연의 리듬에 좌우되는 동물이라는 사실을 새삼 깨닫게 되는 대목이다.)

이런 복잡한 양상들 속에서도 꼭 짚고 넘어가야 할 오해가 하나 있다. 하루에도 몇 번씩 기분이 오락가락한다고 양극성 장애인 것은 아니다. 실제 양극성 장애에서 나타나는 기분 삽화는 짧으면 며칠, 길게는 몇 주씩 이어진다. 평소와는 확연히 다른 상태가 꽤 오래 지속되는 것이다. 그런데 혼재 특징이 있다보니 오해하기가 쉽다. 우울하면서도 들뜨고, 가라앉았는데도 흥분된 상태라니. 겪어보지 않은 사람은 상상도 못 할 혼란이다. 이렇게 복잡한 장애인데도, 사람들은 연애에서 상대가 감정 기복을 보이면 너무 쉽게 양극성 장애라고 단정 짓는다. 로맨틱한 여행 다녀와서 바로 이별 통보 하는 애인을 보고 "너 양극성 장애 아니야?"라고 말하는 일, 우리 주변에서 너무나 흔하다.

그렇다면 실제로 양극성 장애를 가진 사람들은 관계를 어떻게 이어가고 있을까. 현실은 녹록지 않다. 특히 진단받기 전이라면 더 막막하다. 뚜렷한 기분 삽화를 겪으면서도 원인과 대처법을 모르는 상태이기 때문이다. 기분 삽화가 시작되면 평소 같으면 입에 담지도 않을 말들이 쏟아진다. 진심이 아닌데 말이다. 양극성 장애가 있는 부모는 일주일 전이라면 그냥 넘어갔을 사소한 일에 갑자기 분노를 터뜨린다. 연인이라면 어떨까. 행복감에 취해 당장 도망쳐서 결혼하자고 했다가, 며칠 뒤에는 애초부터 불행한 관계였다며 떠나겠다고 선언한다. 같은 사람 입에서 이렇게 다른 말이 나오니, 듣는 사람은 혼란스러울 수밖에 없다.

기분 삽화가 끝나면 환자들은 완전히 달라진다. 삽화 중에 했던 말들이 선명하게 기억나 죄책감에 시달리기도 하고, 반대로 무슨 일이 있었는지 제대로 기억하지 못하기도 한다. 더 큰 문제는 많은 양극성 장애 환자가 술이나 약물에 의존하게 된다는 점이다. 극심한 기분 변화를 어떻게든 '평탄하게' 만들어보려는 시도지만, 관계는 오히려 더 악화된다. 양극성 장애를 가진 부모에게서 자란 자녀들의 이야기는 특히 가슴 아프다. 예측 불가한 감정 변화로 늘 긴장해야 했고, 부모의 음주나 약물 사용을 목격해야 했으며, 무엇보다 기분에 따라 전혀 다른 사람이 되는 부모 때문에 극심한 혼란과 두려움을 경험했다고 말한다.

그래도 효과적인 치료법들이 존재하기에 희망은 있다. 리튬, 라모

트리진 같은 기분 안정제와 상담 치료를 병행하는 것이 표준 치료법이다. 또한 매일 기분을 기록하고, 증상을 촉발하는 요인을 파악하며, 수면을 철저히 관리하고, 기분 변화의 초기 신호를 포착하며, 스트레스를 조절하고, 대처 기술을 익히는 과정이 모두 필요하다. 가족이나 친구들의 도움도 중요하다. 기분 변화를 먼저 알아채거나 약 복용 시간을 챙겨주는 역할을 할 수 있기 때문이다. 연인관계나 가족 관계에서 양극성 장애와 함께 살아가는 법을 알고 싶다면, 이 주제를 다룬 전문 서적들을 찾아보길 바란다.

양극성 장애가 아닌 사례: 스타스의 이야기

스타스는 아내 에이미를 사랑했다. 아들 캠도 사랑했다. 하지만 자신의 삶은 사랑할 수 없었다. 서류상으로는 완벽한 인생이었고, 주변 사람은 모두 스타스가 세상에서 가장 운 좋은 남자라며 부러워했지만, 정작 본인은 행복과는 거리가 멀었다. 진실을 말하자면 스타스는 아이를 원한 적이 없었다. 아내의 끊임없는 설득과 압박에 결국 두 손을 들었고, 그렇게 지금의 삶이 시작되었다.

아들을 향한 사랑은 깊고 진실했지만, 아버지라는 역할 자체를 원한 건 아니었다. 캠과 함께 새벽부터 일어나 소란스럽고 온통 난장판이 되는 아침 식사를 치르는 일이 고역이었다. 등하교, 놀이 약속, 온갖 활동을 위해 하루 종일 운전대를 잡고 여기저기 누비는 일은 더 끔찍했다. 베이비시터 비용 걱정 없이 마음 편히 외식하던 때가 그리웠다. 친구들과 만나던 시간도, 깔끔했던 집도, 조용했던 집도, 원 없이 떠나던 여행도 다 그리웠다. 무엇보다 아이 때문에 망가진 결혼생활이 싫었다. 첫해는 전쟁터였고, 둘째 해는 불안한 휴전 상태였으며, 지금은 남이나 다름없었다. 부부 관계는 1년이 넘도록 없었다. 둘만의 시간을 만들려는 노력도 안 했다. 아들이라는 유일한 교집합을 제외하면 완벽하게 평행선을 달리는 두 삶이었다.

이런 내적 갈등 속에서도 스타스는 훌륭한 아버지이자 남편 역할을 충실히 해냈다. 해야 할 일도 빠짐없이 했고 항상 밝은 표정을 지었다. 원래 불평하거나 억울해하는 성격이 아니었으니까. 하지만 마음속으로는 날마다 조금씩 더 가라앉았고, 에이미는 남편의 미묘한 변화를 알아차렸다. 아침에 일어나기 힘들어하고 밤늦게까지 TV만 보면서 잠들지 못하는 모습이 늘었다. 몸은 가족 곁에 있지만 마음은 다른 곳에 가 있었다. 에이미는 더 이상 모른 척할 수 없었다. 어느 날 저녁, 캠을 재우고 난 뒤 조심스럽게 말을 꺼냈다.

"당신 요즘 좀 힘들어 보여. 무슨 일 있어? 회사에서 문제라도 생긴 거야?"

"그냥…… 모든 게 지겨워." 스타스가 기운 없이 대답했다.

"아, 나도 그래! 정말 지치지? 오늘은 일찍 잘까?" 에이미는 도움이 되고 싶었다.

하지만 그게 전부였다. 스타스는 왜 지쳤는지, 뭐가 그렇게 힘든지 한 번쯤은 물어봐주길 바랐다. 하지만 에이미는 더 묻지 않았다. 혼자서만 이 무게를 짊어지고 있다는 생각에 스타스는 숨이 막혔다. 에이미가 그저 일찍 자면 된다는 식으로 넘어가려 한다고 확신했다.

일주일이 지나는 동안 외로움과 무력감, 출구 없는 불행이 마음속에서 점점 커져갔다. 그러다 어느 날 저녁, 에이미가 부엌에서 저녁을 준비하고 있을 때 스타스가 들어섰다. 이미 마음을 정한 듯한 표정이었다.

"에이미, 이런 얘기 갑자기 꺼내서 미안해. 근데 난…… 이제 못 하겠어. 떠나야 할 것 같아."

"뭐?" 에이미의 칼질이 멈췄다. "무슨 소리야?"

"계속 불행했어. 당신도 알잖아. 매일 이렇게 사는 게…… 더는 못 견디겠어. 무언가 바뀌어야 해. 완전히."

"스타스, 지난주에 내가 괜찮냐고 물었을 때 분명 그냥 피곤하다고만 했잖아. 근데 지금 와서 이게 대체 무슨 소리야?" 에이미가 황당함과 분노를 감추지 못했다.

"그때도 이미 이런 상태였어. 미안해. 이렇게 하는 게 얼마나 비겁한지 알아. 근데 정말 숨을 못 쉬겠어. 지금 뭐라도 하지 않으면 서서히 숨이 막혀 죽을 것 같아. 물속이 아닌데도 익사하는 기분이야." 스타스가 간신히 말을 이었다.

"그래서 당신이 선택한 게 날 떠나는 거야? 나한테 먼저 얘기해보지도 않고? 부부 상담이라도 받아보자고 하지도 않고? 아무것도 시도해보지도 않고! 이건 내가 알던 당신 모습이 아니야. 당신 지금 우울증에 걸린 거야. 틀림없어. 2주 전에 캠 없이 못 산다고 했으면서 이제는 몇 년간 불행했다고? 앞뒤가 안 맞잖아, 스타스!" 에이미가 울부짖듯 말했다.

"맞아, 그렇게 말했어. 진심이었고. 캠은 내 인생에서 가장 소중한 존재야! 하지만 그래도 난 행복하지 않아. 이런 말 하면 끔찍한 사람 같은데…… 애초에 아이를 원하지 않았잖아. 당신도 그걸 알았고. 캠을 진심으로 사랑하지만, 캠이 태어나고 나서 바뀐 내 일상이 너무 버거워. 떠나는 것 말고는 답이 없는 것 같아." 스타스가 울먹이며 말했다.

"지금 정신적으로 완전히 무너진 거야. 우울증이 확실해. 지금 하는 말들 진심 아니잖아. 정상이 아닌 걸 봐서는 조울증일지도 몰라. 진짜 말도 안 되는 소리야. 우리 며칠 전에 당신이 좋아하는 호텔 예약했잖아. 그렇게 좋아했으면서! 매주 토요일 캠이랑 가려고 축구도 등록했고! 가족이랑 앞날을 그리던 사람이 어떻게 갑자기 가족을 떠나겠다고 해?" 에이미가 절규하듯 외쳤다.

대화는 계속 평행선을 그었다. 스타스는 정말로 노력했다고, 이 삶에서 행복을 찾으려고 온 힘을 다했지만 결국 불가능함을 깨달았다고 거듭 설명했다. 에이미는 반박할 증거들을 쏟아냈다. 스타스가 가족을 위해 얼마나 헌신적이었는지, 얼마나 행복해 보였는지 하나하나 들먹이며, 지금 이 충동적인 결정이 잠깐의 정신적 위기에서 비롯된 착각일 뿐이라고 설득하려 애썼다.

에이미 말이 틀린 건 아니었다. 스타스는 정말 성실한 남편이자 아버지였다. 가족과 주변 사람들에게 모범적인 가장의 모습을 보여주려 애썼고, 언젠가는 마음도 따라오리라는 희망으로 속마음을 깊이 묻어두었다. 에이미가 되묻는 "왜 하필 지금?"이라는 질문에 스타스도 답을 찾지 못했다. 자기도 모르는 사이에 한계점을 넘어버린 거였다. 에이미 입장에서는 억울할 만했다. 스타스가 진작에 털어놓을 수도 있었는데 그러지 않았으니까. 하지만 스타스에게 아까 그 대화는 명백한 신호였다. 부부가 얼마나 남남이 되었는지, 변화가 얼마나 절실한지를 보여주는 증거였다.

결국 스타스는 짐을 싸서 떠났다. 에이미는 즉시 시어머니에게 전화를 걸어 아들이 가족을 버렸다고, 아내와 아이를 두고 집을 나갔다고 호소했다. 그리고 확신에 찬 목소리로 진단을 내렸다. 조울증이 틀림없다고. 어제는 신나서 휴가 계획을 세우더니 오늘은 숨이 막힌다며 집을 나가는 게 정상이냐고. 문득 예전에 읽은 기사 내용이 떠올랐다. 조증이 오면 이성을 잃고 충동적으로 인생을 뒤집어버리는 결정을 내린다고 했다. 그렇다면 스타스도 곧 정신을 차릴 것이다. 자신이 무슨 짓을 했는지 깨닫고 돌아올 것이다. 에이미는 그렇게 믿고 싶었다. 아니, 그렇게 믿어야만 했다.

양극성 장애의 무기화

양극성이라는 단어가 공격의 도구로 전락한 지 오래다. 감정이 격해지거나 기분이 급변하는 사람을 보면 우리는 반사적으로 이 말을 던진다. 문제는 이 말을 제대로 이해하고 쓰는 경우가 거의 없다는 점이다. 12장에서 살펴볼 경계선 성격장애처럼, 부정적 감정을 강하게 표출하면 바로 정신적으로 문제가 있는 사람으로 취급받는다. 이런 무분별한 진단은 실제로 양극성 장애를 안고 사는 이들에게 더 무거운 편견을 지운다. 게다가 서로 터놓고 이야기할 길마저 막아버린다.

양극성이란 말을 오용할 때 우리가 되풀이하는 대표적 실수 네 가지를 정리하면 다음과 같다.

하나. 강렬하거나 갑작스러운 감정을 병리적인 것으로 해석한다

우리는 모두 때로 강한 감정에 휩싸인다. 옆에서 지켜보는 사람은 당황스러울 수 있어도, 정신과 진료가 필요한 문제는 아니다. 온 세상이 다 알도록 감정을 밖으로 쏟아내는 사람이 있는가 하면, 꽁꽁 숨기는 사람도 있다. 감정의 폭이 크다고 해서 병리적인 것은 아니다. 아이들만 봐도 알 수 있다. 아이들은 작은 일에도 난리를 치고, 금세 울다가도 언제 그랬냐는 듯 깔깔 웃는다. 하지만 우리는 아이들을 보고 양극성이라고 하지 않는다. 다만 마음을 다스리고 행동을 조절하는 방법을 알려줄 뿐이다.

사랑하는 사람이 감정을 격하게 드러낼 때 "너 양극성 장애 있는 거 아니야?"라고 말한다면 상대방은 자신의 경험을 부정당하고, 당신 곁에서 안전하지 않다고 느낀다. 흔히 하는 "좀 진정해"보다 한 단계 더 나아간 말이다. 누군가 속상해할 때 "진정해"라고 말해서 정말로 진정시킨 적이 있던가. 아무리 지나친 반응이라 해도, 진정하라는 소리를 들으면 사람은 더 억울해진다. 왜 내가 이렇게 반응하는지 이해시키려고 더 목소리를 높이게 마련이다.

공감과 이해, 호기심은 격한 감정을 가라앉힌다. 반대로 비난과 판단, 낙인찍기는 감정을 증폭시킨다. 누군가 화났을 때 양극성이라고 몰아붙이면 진솔한 대화의 가능성은 차단된다. 감정을 느끼는 행위 자체를 잘못이자 수치로 여기게 만든다. 이런 방식으로는 서로 연결될 수도, 감정을 함께 헤쳐나갈 수도 없다.

둘. 정상적인 기분 변화를 병리적인 것으로 오해한다

강한 감정을 느끼는 게 자연스럽듯, 기분이 오르락내리락하는 것도 인간의 당연한 모습이다. 우리 치료사들이 상담실에서 입버릇처럼 하는 말이 있다. "지금 기분이 어떻든 간에 언젠가는 달라진다. 정확히 언제인지는 모르지만 반드시 변한다." 어떤 날은 기분 변화가 극적이다. 행복하게 잠자리에 들었다가 우울한 기분으로 눈을 뜨는 날이 있다. 아침부터 상사한테 질책 메일을 받았다면 그나마 이유라도 있지만, 도무지 이유를 찾을 수 없는 날도 많다. 기분이란 원래 그런 것이다.

사랑하는 사람이 어제는 다정했는데 오늘은 날카롭게 굴 수도 있다. 그렇다고 양극성 장애라는 뜻은 아니다. 어쩌면 잠을 설쳐서 온 세상이 거슬리는 날, 당신이 우연히 옆에 있었을 뿐일지도 모른다. 아이들 병원 예약을 늘 혼자 챙기는 일에 지쳐 있다가, 하필 그날 쌓였던 불만이 터져나온 걸 수도 있다. 평소엔 자상한 아버지가 갑자기 차갑게 변한다면, 당신의 스카이다이빙 계획이 못마땅하지만 차마 말은 못 하고 속으로 끙끙 앓는 중일 수도 있다. 당신은 영문도 모른 채 서운해하겠지만 말이다. 사람들이 사랑하는 이에게 화를 내는 데는 대개 나름의 이유가 있다. 설령 그 이유가 억울하게 느껴지더라도 한 번쯤은 들여다볼 필요가 있다.

기분이 빠르게 변하거나 자주 바뀐다고 해서 양극성 장애는 아니다. 앞서 이야기했듯이 양극성 장애를 진단받으려면 조증이나 경조증 삽화가 있어야 한다. 사람이나 관계에 대한 마음이 바뀌는 건 완전히 다른 이야기다. 당연한 말이지만, 우리 감정은 원래 변한다! 나도 가끔 이런 생각을 한다. '루커스와 평생 살 수 있을까?' 부부싸움이 심해서 도저히 출구가 보이지 않을 때 그런 생각이 든다. 정말 웃긴 건, 이틀만 지나도 완전히 다른 생각을 한다는 거다. 내가 '어두운 시간'이라고 부르는 시기를 벗어나면 이렇게 생각한다. '루커스 말고는 평생을 함께할 사람이 없어.' 남편에 대한 생각이 이렇게 극과 극을 오간다. 그렇다고 내가 양극성 장애가 있는 건 아니다. 주변 상황에 따라 감정이 달라지는 보통 사람일 뿐이고, 가끔 그 변화가 갑작스럽고 극단적이게 보일 뿐이다.

기분 변화를 양극성 장애로 착각하는 이유는 들뜬 기분 상태를 잘못 이해하기 때문이다. 불안감에서 비롯한 에너지 문제, 심지어 집중력 문제까지 경조증이라고 오해하기 쉽다. 나도 가끔 '폭주 모드'에 빠진다. 평소엔 게으르다가 갑자기 뭐에 씌어서 집 안을 뒤집어놓을 만큼 청소할 때가 있는데, 그걸 루커스와 장난삼아 부르는 표현이다. 어디서 이런 에너지가 나오나 싶을 정도로 열심히 움직이지만 금방 사그라든다. 물론 평소 내 모습과는 천지차이지만 경조증은 아니다. 그냥 에너지가 넘칠 뿐, 다른 증상은 없기 때문이다. 게다가 진단 기준인 4일은커녕 몇 시간도 채 안 간다. 조증이라면 7일은 가야 하는데 말이다. 다만 이럴 때 좀 예민해지는 건 사실이다. 루커스가 "천천히 해"라고 하면 괜히 짜증이 난다. 이때가 바로 남편이 나를 양극성이라고 의심할 만한 순간이다. 어제는 "애 키우는 집이 다 그렇지 뭐"라고 했는데, 오늘은 장난감을 싹 다 쓰레기통에 집어넣겠다고 으름장을 놓으니까. 시끄러운 장난감부터 처리하겠다고 벼르는 내 모습이 이상해 보일 수 있다. 하지만 이런 식으로 즉석에서 진단을 내리는 건 잘못된 일이다. 듣는 사람은 비난받는 기분에 맥이 빠진다. 무엇보다 루커스의 본심이 가려진다. 갑작스러운 내 변화에 어리둥절하고 이런 광기 어린 모습이 힘들다는 마음을 제대로 전하지 못하게 된다.

셋. 설명할 수 없는 갈등을 양극성으로 설명한다

내 경험으로 볼 때, 양극성 장애가 가장 흔하게 무기가 되는 순간은 싸우는 중이거나 막 헤어졌을 때다. 상대가 양극성이라서 갑자기 폭발했다느니, 그래서 관계를 끝냈다느니 하는 식으로 몰아간다. 분명 함께 있을 때는 행복해 보였는데 왜 갑자기 사소한 일에 화를 내는지, 왜 별거 아닌 이유로 떠나는지 도무지 이해가 안 간다는 것이다. SNS에서 생일 축하를 안 했다고 친구가 연락을 끊는다면, 추수감사절 집 정리 가지고 부모님이 예민하게 군다면, 잘 지내던 연인이 갑자기 이별을 통보한다면, 우리는 손쉬운 답을 찾는다. 양극성 장애. 이 한마디면 모든 게 설명된다고 믿는다.

나도 이해한다. 정말이다. 이별 직후에 "뭐 어때, 끝났으면 끝난 거지!" 하면서도 전 애인을 속으로 진단해본 적 없는 사람이 있을까? 나도 했다. (노아, 미안해. 8년 동안 만나면서 너한테 붙인 병명이 수도 없이 많았어.) 사실 이러는 게 꼭 나쁜 건 아니다. 적당히만 하면 오히려 치유에 도움이 된다. 사랑했던 마음을 희석해서 이별의 아픔을 조금이나마 덜어주니까 말이다. 상대가 별로였다는 그럴듯한 이유를 찾으면 우리는 헤어지길 잘했다고 스스로를 위로한다. 솔직히 잠시 이런 식으로 마음을 달래는 건 괜찮다고 본다. 다만 언젠가는 그 머릿속에서 만들어낸 진단을 버려야 한다. 관계가 왜 끝났는지 제대로 돌아보고 다음 관계에 도움이 될 교훈을 얻으려면 말이다. 친구관계도 마찬가지다. "재는 틀림없이 양극성이었어"라는 생각에만 갇혀 있으면 반성하고 성장할 중요한 기회를 놓치게 된다.

넷. 이해할 수 없는 상대를 양극성으로 진단한다

양극성은 누군가의 행동이나 감정을 도무지 이해할 수 없을 때 꺼내 드는 만능 카드다. 이유 없이 우리한테 화를 낸다면? 양극성. 시시한 일에 들떠 있다면? 양극성. 갑자기 신경질 내면서 아이들 장난감을 쓰레기통에 던진다면? 양극성. 결혼식에 우리 독서 모임 친구를 전부 초대하지 않는다고 예비 배우자가 난리를 친다면? 딱 양극성이다. 우리는 상대의 반응이 이해되지 않을 때마다 이 단어를 꺼내 든다.

그런데 이해되지 않는 행동을 진단명으로 설명하려다보면, 정작 사랑하는 사람을 알아갈 소중한 기회를 놓치게 된다. 누군가 뚱한 표정을 짓고 있을 때 장애 탓으로 돌리기보다는 궁금해해야 한다. 왜 기분이 안 좋을까? 회사에서 무슨 일이 있었나, 혹시 내가 뭔가 잘못했나? 아니면 본인도 모르는 이유 없는 기분 변화일까? 이유가 있든 없든 지금 느끼는 감정을 인정해주고, 시간을 주고, 받아들일 수는 없을까?

물론 누군가의 기분이 왜 바뀌는지 항상 알아내야 하는 건 아니다. 인간은 누구도 똑같은 기분을 평생 유지하지 못한다. 곁에 있는 사람들이 감정의 파도를 탈 수 있도록 여유를 주는 것도 관계 맺기의 일부다. 모든 감정을 일일이 분석하고 이해하려 들 필요는 없다. 때로는 이렇게 전하는 것만으로 충분하다. "오늘따라 예민해 보이네. 기분이 안 좋은가봐. 좀더 다정하게 대해주고, 얘기하고 싶다면 언제든 들어줄게."

실제 양극성 장애는 기분이 극단적으로 오르내리면서 여러 증상이 동반되는 복잡한 질환이다. 그냥 변덕스럽거나 이해하기 어려운 행동과는 차원이 다르다. 양극성 장애를 무기로 휘두르면 우리는 사랑하는 사람의 감정을 짓밟고 필요를 외면하는 셈이다. 더 큰 문제가 또 있다. 사랑하는 사람이 정말로 아직 진단받지 못한 채 양극성 장애를 앓고 있다면 어떨까? 싸우다가 화가 나서 "너 양극성 아니야?" 내뱉는 순간, 상대는 마음의 문을 닫아버린다. 우리의 진심 어린 걱정을 받아들이거나 전문가의 도움을 구할 가능성은 오히려 사라진다.

내가 양극성 장애라고 지목됐을 때

가까운 사람이 당신을 양극성 장애라고 진단해버린 적이 있을 수 있다. 아마 당신의 감정이나 행동이 평소답지 않거나 이해하기 어렵다고 느꼈기 때문일 것이다. 물론 어떻게 말했는지가 정말 중요하다. 똑같은 말도 어투에 따라 의미가 완전히 달라지니 말이다. 당신을 비난하려고 한 말인지, 정말로 걱정해서 한 말인지는 내가 알 수 없으니, 어느 쪽이든 현명하게 대응할 수 있는 방법을 알려주겠다.

대응하기 전에 먼저 감정을 가라앉히자

지금 필요한 건 침착한 태도다. 감정에 휩쓸려 즉흥적으로 튀어나오는 반응이 아니라, 신중하게 선택한 대응을 할 수 있을 만큼 마음이 진정되어야 한다. 깊게 숨을 들이쉬고 내쉬기를 몇 번 반복해보자. 아니면 아예 자리를 떠나 충분히 시간을 갖는 것도 좋다. 만약 당신이 감정을 터뜨린다면 어떻게 될까? 상대방은 당신의 감정이 롤러코스터처럼 오르내리고 정말로 무언가 문제가 있다고 더 확신하게 될 것이다.

나를 돌아보는 시간을 갖자

잠깐 멈춰서 감정 상태를 살펴보자. 요즘 우울한가? 반대로 이상하게 신나고 힘이 넘치는가? 아무 이유 없이 감정이 롤러코스터를 타는가? 말이 빨라지거나 행동이 앞서서 주변 사람들이 힘들어하지는 않나? 사람들이 내 이야기를 잘 못 알아듣는다는 느낌이 드나? 예전에도 누군가 비슷한 지적을 한 적이 있나? 가족 중에 양극성 장애를 앓은 사람이 있나? 이 질문들을 던지는 이유는 간단하다. 상대방이 왜 내 감정 기복을 보고 걱정하는지, 혹시 내게 정말 문제가 있는 건 아닌지 객관적으로 판단하려는 거다. 만약 상대방의 우려가 타당하다는 생각이 든다면, 전문가를 찾아가 제대로 된 평가를 받아보자.

상대방의 진짜 의도가 무엇인지 물어보자

자기 성찰만으로는 충분하지 않다. 하루 종일 나를 돌아본다고 명확한 답이 나오지는 않는다. 이제 상대방에게 직접 물어야 한다. 왜 하필 양극성 장애라는 말을 꺼냈는지, 내 어떤 모습 때문에 그런 생각을 했는지 자세히 듣고 싶다고 말해보자. 지금 다투고 있어서 서로를 이해하지 못한 채 나온 말일 수도 있고, 정말로 내 감정 기복이 심해 보여서 걱정되어 한 말일 수도 있다. 중요한 건 상대방의 진짜 의도다. 나를 공격하려고 한 건지 진심으로 걱정한 건지 파악해야 한다.

감정의 맥락과 배경을 차근차근 설명하자

상대방이 당신의 감정 변화를 이해하지 못해 어리둥절해한다면 차근차근 설명해주는 게 좋다. 왜 지금 이런 감정을 느끼는지, 어떤 일이 있어서 이렇게 행동하게 되었는지 솔직하게 이야기해보자. 무엇이 당신을 자극했는지, 어떤 상황들이 겹쳐서 지금의 모습이 되었는지 차분히 풀어놓으면 된다. 당신이 이런 배경을 공유할 때 상대방도 비로소 당신의 입장을 이해하기 시작할 것이다.

심리학 용어의 무기화 문제를 다루자

만약 상대방이 양극성 장애라는 진단명을 무기로 휘둘렀다면, 이제 진지한 대화가 필요한 시점이다. 그 말이 당신에게 어떤 상처를 주었는지, 왜 문제를 해결하는 데 전혀 도움이 되지 않는지 솔직하게 털어놓아야 한다. 아무렇지 않게 정신 질환 진단명을 내뱉는 행동이 얼마나 대화의 장벽을 높이는지, 서로 마음을 열고 건설적으로 소통하기를 얼마나 어렵게 만드는지 차분히 설명해보자. 그리고 제안해보자. 앞으로는 서로 심리학 용어를 무기처럼 사용하지 않기로 약속하면 어떨까 하고 말이다.

상대방의 우려가 타당하다면 함께 해결책을 찾자

상대방이 여전히 당신이 양극성 장애일 가능성을 진심으로 우려한다면, 일단 끝까지 들어보자. 어쩌면 당신이 미처 알아차리지 못한 감정의 패턴을 상대방은 오랫동안 지켜봐왔을지도 모른다. 부모님이나 오랜 친구가 수년간 당신의 변화를 묵묵히 관찰하다가 드디어 용기를 내서 말을 꺼낸 걸지도 모른다. 만약 상대방의 관찰에 일리가 있다는 생각이 든다면, 이제 행동에 나설 때다. 자격을 갖춘 전문 치료사를 찾아가 제대로 된 임상 평가를 받아보자. 정말로 양극성 장애 진단 기준에 해당한다면 적절한 치료를 시작할 수 있을 것이다. 아니라면 최소한 당신도, 상대방도 확실한 답을 얻게 되니 그것만으로 의미가 있다.

무기화가 지속된다면 대응 방안을 결정하자

심리학 용어를 계속해서 무기처럼 사용하는 건 때로 정서적 학대일 수 있다. 학대까지는 아니더라도 진단명을 함부로 붙이는 행동 자체가 문제다. 당신이 그만하라고 했는데도 계속한다면 행동에 나서야 한다. 한 번 더 진지하게 대화를 시도할 수도 있고, 분명한 선을 그어서 더는 넘어오지 못하게 할 수도 있다. 때로는 관계를 끝내는 것도 필요하다. 무엇을 선택하든 당신의 정신 건강을 지키는 일이 가장 중요하다.

상대방에게서 양극성 장애의 징조가 보일 때

지인이 양극성 장애의 임상 기준에 부합한다고 판단했다면 다음과 같이 접근하자.

상대방을 배려하는 마음으로 대화하자

싸우는 중에 이런 민감한 이야기를 꺼내면 안 된다. 서로 마음이 열려 있을 때, 관계가 안정됐을 때 말을 꺼내야 한다. 진심을 전달하려면 때를 기다릴 줄 알아야 한다. 차분한 시간을 골라서 당신이 봐온 모습들을 따뜻한 마음으로 전달해보자. 평소와 달리 극단적이었던 행동, 일상에 지장을 준 순간들을 이야기하되, 상대방을 판단하는 게 아니라 걱정하는 마음에서 나온 말임을 분명히 해야 한다.

확신할 수는 없다는 점을 먼저 밝히자

대화를 시작하기 전 가장 먼저 할 일이 있다. 상대방이 정말로 양극성 장애를 앓고 있는지 당신은 알 수 없다는 사실을 솔직하게 인정하는 것이다. 당신은 전문가가 아니고, 설령 정신과 의사라 해도 가까운 사람을 객관적으로 진단하기는 어렵다. 그러니 이렇게 말해보자. "내가 본 걸 토대로 조심스럽게 이야기하는 거야. 확실한 건 아니지만 한번 들어봐줄래?" 이렇게 시작하면 상대방을 판단하는 사람이 아니라 걱정하는 동료가 될 수 있다. 진심으로 염려하는 마음에서 비롯한 관찰을 나누고 싶다는 뜻을 전하자.

탐색과 성찰을 제안하자

상대방이 이 자리에서 진단을 받아들이거나 부정할 필요까지는 없다. 당신이 바라는 건 간단하다. 상대가 자신의 감정 변화를 좀더 의식적으로 살펴보기 시작하는 것이다. 기분이 언제 어떻게 바뀌는지, 무엇이 감정을 자극하는지 스스로 관찰해보고, 필요하다면 전문가의 도움을 받을 수 있다는 사실을 알려주면 된다. 상대방에게는 처음 듣는 이야기일 수 있다. 그렇기에 혹시 정말 그런 문제가 있다면 인정하기가 정말 두려울 수도 있다는 걸 이해해야 한다.

현실을 직시하고 기대치를 조정하자

상대방이 당신의 말을 듣고 바로 병원에 가겠다고 할 거라 기대하지 말자. 현실은 그렇게 간단하지 않다. 특히 조증이나 경조증 상태라면 더 어렵다. 자신을 객관적으로 보는 능력이 떨어져 있기 때문이다. 게다가 고양된 기분이 행복감을 동반한다면 문제 인식은 더욱 힘들어진다. 기분이 최고조에 달해 있는데 무엇이 문제인지 이해할 리가 없다. 상대방이 도움을 받기로 결정하기까지 이런 대화를 여러 차례 반복해야 할 수도 있다.

평가 후 맞닥뜨릴 결과에 대비하자

의외로 상대방이 생각보다 순순히 병원에 가겠다고 할 수도 있다.

그럼 두 가지 결과 중 하나가 나올 것이다. 하나는 양극성 장애가 아니라는 진단이다. 이 경우 처음부터 다시 생각해봐야 한다. 그런 행동과 감정 기복의 원인이 무엇인지 다른 각도에서 살펴봐야 한다. 다른 하나는 실제로 양극성 장애를 진단받는 경우다. 그때부터 당신의 역할이 중요해진다. 복잡한 의료 시스템을 헤쳐나가는 동안 든든한 지원군이 되어주어야 한다. 치료받고, 약을 처방받고, 필요한 도움을 찾아가는 모든 과정을 함께해주는 것이다.

떠나도 괜찮다는 걸 잊지 말자

상대방이 정신적으로 힘들어한다고 해서 무조건 곁에 있어야 하는 건 아니다. 떠날 때 죄책감이 들겠지만, 우리도 우리 자신을 돌봐야 한다. 양극성 장애로 인한 감정 기복과 여러 증상을 함께 감당할 수 있는 사람도 있고, 없는 사람도 있다. 지극히 정상이다. 상대방이 치료받기를 거부하거나, 치료를 받는데도 너무 힘들다면 관계를 정리해도 된다. 자신을 위한 선택을 하는 건 이기적인 게 아니다.

11장

'경계 침범'인가,

서로의 기준을 몰랐을 뿐인가?

경계는 존중과 소통의 중요한 토대이지만, 많은 사람이 생각하는 것처럼 절대적인 선은 아니다. 누구나 지켜야 할 보편적 경계도 분명 존재하지만, 대부분의 경계는 사람마다 다르다. 그래서 자신의 경계를 명확히 전달하고 때로는 서로 조율해야 한다. 사실 경계를 침범당했다고 주장하면 상대방의 행동을 즉시 통제할 수 있다. 너무나 간단하고 효과적인 방법이다. 이런 점 때문에라도 경계 침범이 정확히 무엇을 의미하는지 제대로 이해하고, 관계 안에서 서로의 경계를 바람직하게 존중하며 살아가는 법을 배워야 한다.

경계 침범의 실제 사례: 홀리의 이야기

모리스와 홀리의 연애는 겨우 1년 차를 향해가고 있었다. 그런데 둘 사이에는 해결되지 않는 문제가 있었다. 모리스의 가족, 더 정확히는 홀리가 그 가족을 받아들이는 방식이 문제의 핵심이었다. 모리스는 늘 부모님과 꽤 돈독한 관계를 유지했다고 믿었다. 부모님은 정

서적으로 아들을 지지했고, 필요할 때면 경제적 도움도 아끼지 않았
다. 그런데 홀리는 바로 이 점을 두고 부모가 아들을 통제하려 한다
고 해석했다. 물론 부모님이 가끔씩 아들이 고려했으면 하는 것들에
대해 슬쩍 언급하기는 했다. 주로 로스쿨 얘기였는데, 그래도 결국엔
아들의 선택을 받아들였다. 그런데도 홀리는 로스쿨 얘기만 나오면
즉각 경계 태세에 들어갔다. 모리스를 보호한다는 명분이었다. 급기
야 이런 부모의 행동이 학대에 가깝다는 주장까지 펼쳤다가, 모리스
가 불쾌함을 드러내면 "알았어, 알았어. 그냥 생각해봐"라며 슬그머
니 한발 빼고는 했다.

사실 이런 불같은 기질이야말로 모리스가 홀리에게 끌렸던 이유
였다. 자신감 넘치고, 용감하고, 타인의 시선 따위는 아랑곳하지 않
는 당당함. 하지만 그 매력적인 성격의 이면에는 위험이 숨어 있었다.
홀리는 때로 사람들을 밀어붙이고 압도했다. 확고한 신념과 흔들림
없는 도덕적 잣대를 가진 그녀를 두고, 누군가는 파괴적일 만큼 독
선적이라 평하기도 했다. 모리스 귀에도 그런 평가가 들려왔고, 완전
히 부정할 수는 없었다. 그래서였을까. 모리스는 아버지에 대한 홀리
의 태도를 놓고 여러 차례 진지한 대화를 시도했다. 홀리가 느끼는
답답함은 이해하지만, 자신은 홀리와 가족이 좋은 관계를 맺길 간절
히 원한다고. 무엇보다 그는 자신의 아버지고, 그 성가신 대화는 결
국 자신이 감당해야 할 몫이라고 말이다.

그래서 모리스는 홀리에게 분명한 선을 그었다. 자기를 대신해 나
서는 것이 불편하다고, 부모와의 관계는 자신이 직접 관리할 영역이
라고 못 박았다. 홀리의 지지는 고맙지만 뒤에서, 조용히 해주길 바

란다고도 덧붙였다. 무엇보다 이건 자율성의 문제였다. 부모님이 로스쿨 타령을 할 때, 그 상황을 독립적으로 처리할 여유가 필요했다. 더군다나 모리스에게는 과거의 상처도 있었다. 전 연인이 모리스의 모든 인간관계에 개입하려 했던 경험이다. 그 통제적인 행동은 깊은 흔적을 남겼고, 모리스는 아직 거기서 완전히 벗어나지 못했다. 그래서 홀리의 개입은 선의였더라도 과거의 그림자를 다시 드리웠다.

이런 모리스의 고백을 들은 홀리는 그의 입장을 이해한다고 말했다. 자기한테는 참기 힘든 일이지만 개입하지 않겠다고 약속까지 했다. 모리스는 홀리의 약속을 믿고 싶었다. 하지만 그녀가 감정에 쉽게 휘둘린다는 걸 너무나 잘 알았기에, 마음 한구석에는 불안이 자리했다. 언젠가는 또 그런 일이 터질 것 같았다. 그리고 그 예감은 정확했다. 버몬트에 있는 모리스 부모님 댁에서 주말을 보내던 날, 예상했던 순간이 찾아왔다. 저녁 식사 중에 아버지가 평소처럼 은근슬쩍 말을 꺼냈다. 올해는 로스쿨 지원자가 줄어서 경쟁률이 낮아졌다는, 듣기만 해도 의도가 뻔한 이야기였다. 모리스는 속으로 한숨을 쉬며 '또 시작이군' 하고 생각했다. 적당히 받아넘길 말을 준비하던 그 순간, 홀리가 먼저 치고 나왔다. 목소리를 높이며 모리스 아버지를 향해 쏟아내기 시작한 것이다.

"아니 진짜, 이제 좀 그만하세요! 볼 때마다 로스쿨 얘기만 하시는 거 정말 지긋지긋해요. 모리스는 로스쿨 안 간대요, 아시겠어요? 본인이 원하는 걸 아들한테 억지로 시키려는 게 얼마나 이기적인지 아세요? 죄송한데 이런 얘기 더는 못 듣겠어요!"

모리스는 얼굴이 확 달아올랐고 속에서는 화가 치밀었다. 그토록 간곡히 부탁했던 선을 홀리가 넘어버린 것도 황당했지만, 무엇보다 자신의 입장을 대변하듯 나선 행동이 견딜 수 없었다. 아버지는 분명 모리스도 홀리처럼 격분한 상태라고 오해할 터였다. 전혀 사실이 아닌데 말이다. 부모님이 바라는 진로 얘기가 성가시긴 해도 화까지 낼 일은 아니었다. 아버지 얼굴에는 상처받은 기색이 역력했고, 당장이라도 눈물이 흘러내릴 것 같았다. "네가 그렇게 싫어했구나"라고 겨우 말을 꺼낸 아버지는 그대로 방을 나가버렸다.

모리스는 믿기지 않는 표정으로 홀리를 돌아봤다. "도대체 왜 그런 거야? 이 문제에 개입하지 말라고 분명히 말했잖아. 아버지가 로스쿨 얘기를 꺼내리라는 건 예상했지만, 내 아버지니까 내 방식대로 처리하겠다고 했잖아. 제발 끼어들지 말라고 부탁했는데 왜 아버지한테 그렇게 화를 낸 거야?"

홀리의 대답에는 일말의 후회도 없었다. "너야 늘 눈치 보고 참고 살지만, 난 누가 무시당하는 꼴을 못 봐. 드디어 아버지도 그게 얼마나 성가신 일인지 알았을 거야. 이제 다시는 그 말 안 꺼낼 테니까 오히려 나한테 고맙다고 해야지." 홀리는 정말로 자신이 문제를 해결했다고 믿는 것 같았다.

이 순간 모리스는 관계를 끝내기로 마음먹었다. 만약 홀리가 선을 넘은 것을 인정하고 사과했다면, 아버지와 화해하려는 노력이라도 보였다면, 어떻게든 관계를 이어갈 방법을 찾았을지도 모른다. 하지만 홀리는 정반대였다. 자기 행동을 정당화하며 한 치도 물러서지 않았고, 남은 시간 내내 그의 부모를 얼음처럼 차갑게 대했다. 원래 하룻밤 묵기로 했던 계획은 무산됐다. 그날 저녁, 둘은 서둘러 짐을 싸서 집을 나섰다. 차 안의 침묵 속에서 모리스는 확신했다. 자신이 그토록 간절히 부탁한 경계를 홀리는 지킬 수 없거나 지킬 생각이 없는 사람이었다. 관계를 정리하기에 이보다 충분한 이유는 없었다.

경계와 경계 침범의 정의

나라마다 국경선이 있듯이, 사람과 사람 사이에도 지켜야 할 선이 있다. 관계의 경계란 바로 이런 신을 말한다. 상대방의 행동이 받아들일 만한지, 내 자율성을 해치는지를 판단하는 기준이 되는 선이다. 경계는 안전하고 자연스러운 행동과, 나를 불편하게 하거나 내 권리를 침해하는 행동을 명확히 구분해준다.

그런데 누군가 우리의 경계를 넘어서면 무슨 일이 일어날까. 우선 내 삶을 내가 결정할 수 없다는 무력감이 찾아온다. 마치 누군가 내 삶의 운전대를 빼앗아 간 것 같은 기분이 든다. 사실 우리 모두가 암묵적으로 동의하는 절대적인 선들이 있다. 나는 이를 '보편적 경계'라 부른다. 이 보편적 경계를 넘는 행동은, 특히 상대가 받는 충격을 알면서도 반성 없이 계속 반복한다면, 학대라 부를 수 있다. 3장에서 살펴본 대로 학대에 여러 종류가 있듯이, 보편적 경계도 다양한 형태로 존재한다. 감정적 경계, 신체적 경계, 성적 경계, 재정적 경계가 대표적이다. 물론 이것 말고도 더 많은 경계가 있지만 여기서 전부 다룰 수는 없다. 이런 경계들은 서로 맞물려 있다. 가령 신체적 경계를 침범당하면 감정적 경계도 함께 무너진다. 경계 침해가 일어났을 때 어떤 종류인지 정확히 분류하려 애쓸 필요는 없다. 다만 여러 범주가 존재한다는 사실, 그리고 하나의 심각한 침해가 도미노처럼 다른 침해들을 연쇄적으로 불러올 수 있다는 사실만 기억하면 된다.

보편적 경계　　　　　　　　　　　　　　　　　○○○

감정적 경계

- 상대의 인격을 깎아내리거나 모욕감을 주는 행위
- 가스라이팅으로 현실 인식을 혼란스럽게 만드는 행위
- 대인관계를 통제하고 교류를 제한하는 행위
- 공개적으로 상대의 발언을 조롱하고 무시하는 행위

신체적 경계

- 가격하기, 주먹질하기, 뺨 때리기, 목 조르기 등의 폭력
- 신체를 구속하거나 이동을 제한하는 행위
- 가족 구성원이나 반려동물을 위협하는 행위
- 위협이나 상해 목적으로 물건을 던지는 행위

성적 경계

- 동의 없는 성행위를 강제하는 행위
- 헌신이나 사과의 표시로 성적 행위를 요구하는 행위
- 거부 의사에도 불구하고 성적 접촉을 지속하는 행위
- 피임 요청을 무시하고 거부하는 행위

재정적 경계

- 금전 통제권을 빼앗거나 금전을 갈취하는 행위
- 타당한 이유 없이 공동 자금 접근을 제한하는 행위
- 징벌이나 보복 수단으로 경제력을 이용하는 행위
- 용돈 지급을 통해 상대를 통제하려는 행위

보편적 경계는 절대적이다. 여기에는 예외도 없고, 변명도 통하지 않는다. 누군가 이 경계를 침범한다면, 특히 반성 없이 반복한다면, 우리는 이를 학대라고 부른다. "당신이 내 경계를 넘었다"는 말이 무거운 의미를 갖는 이유가 바로 여기에 있다. 단순한 불평이 아니라 학대 행위를 지적하는 말이 될 수 있기 때문이다.

하지만 세상의 모든 경계가 이렇게 절대적인 것은 아니다. 보편적 경계와는 다른 차원에 개인적 경계가 존재한다. 모든 사람에게 똑같이 적용되는 보편적 경계와 달리, 개인적 경계는 개인의 고유한 선호와 필요에 의해 결정된다. 그래서 개인적 경계는 본질적으로 유연하다. 시간의 흐름에 따라 변화하고, 미묘한 뉘앙스로 가득하다. 이런 경계가 침범당했을 때 불편함을 느낄 수는 있지만, 그 자체가 학대를 의미하지는 않는다. 불편함과 학대 사이에는 분명한 차이가 있다.

개인적 경계의 유연성은 관계와 상황에 따라 다양한 모습으로 나타난다. 직장 동료들에게는 사생활을 철저히 지키는 사람도 가까운 친구나 연인에게는 그 경계를 느슨히 한다. 집에서 배우자가 목에 키스하는 건 자연스럽게 받아들이지만, 아이들 학교 행사에서는 같은 행동을 원하지 않을 수 있다. 관계는 살아 있는 유기체처럼 계속 변화한다. 서로 더 가까워지기도 하고, 예상치 못한 갈등으로 멀어지기도 하며, 함께 성장하다가도 어느새 소원해지기도 한다. 사람이 변하고 관계가 변하면서 경계도 자연스럽게 움직인다. 누군가와 안전하게 지내기 위해 필요한 심리적 거리에는 정답이 없다. 살아가면서 계속 조정해가야 한다. 개인적 경계의 가장 큰 장점은 대화와 협상이 가능하다는 점이다. 어머니와 관계가 어려워서 한 달에 한 번만 통화하기로 정했더라도, 어머니가 아프셔서 더 자주 목소리를 듣고 싶어하신다면 경계를 조금 느슨하게 할 수 있다.

개인적 경계가 이렇게 유연하고 변화무쌍하다면, 우리는 어떻게 해야 할까. 답은 명확하다. 직접 말해야 한다. 말하지 않으면 사람들은 경계를 넘고 나서야 경계가 있었다는 걸 알게 된다. 자신의 경계를 밝히는 일이 취약해 보일 수 있고, 명시적으로 말하는 게 불편할 수 있다. 하지만 우리 누구도 상대방 마음을 읽을 수 없다. 개인적 경계를 알리지 않는다면, 누군가 무심코 경계를 침범한 후에야 그것이 '발견'되도록 방치하는 셈이다.

경계와 선호가 다르다는 점을 이해하는 것도 중요하다. 우리에게는 저마다 바라는 것들이 있지만 내가 원한다고 해서 모두 경계가 되는 건 아니다. 경계는 내 안전과 자율성을 지키는 마지노선이다. 선호는 나를 행복하게 만들 수는 있지만, 관계에서 꼭 지켜져야 할 핵심은 아니다. 예를 들어보자. 연인이 여행을 떠났을 때, 어떤 사람은 연락이 뜸해도 전혀 개의치 않는다. 오히려 혼자만의 시간을 만끽한다. 반면 어떤 사람은 하루라도 연락이 없으면 불안에 휩싸이고 더 자주 목소리를 듣고 싶어한다. 누가 맞고 틀린 게 아니다. 그저 서로 다른 선호를 가졌을 뿐이다.

이 장의 뒷부분에서 다루겠지만, 침해된 것이 보편적 경계인지 개인적 경계인지 파악하는 일은 꽤 중요하다. 그 구분이 우리의 대응 방식을 결정하는 핵심이기 때문이다.

경계 침범이 아닌 사례: 릴리의 이야기

대학에서 만나 졸업 후로도 돈독하게 유지해온 친구 모임에서, 에이다와 릴리는 그 누구보다 가까운 단짝이었다. 서로를 아끼고 응원하는 훈훈한 모임이었는데, 특이하게도 친구들끼리 연인관계로 발전하는 일이 잦았다. 이런 특성 덕분에 모임은 늘 활기가 넘쳤고, 다 같이 여행을 갈 때면 커플끼리 방을 쓰니 숙소 예약도 간편했다. 하지만 커플이 헤어질 때면 모두가 난처해졌다. 일주일 전 또 다른 친구 브릿이 에이다와 결별을 선언했을 때가 바로 그런 순간이었다.

브릿과 에이다는 애초에 맞지 않는 조합이었다. 성격이 강한 두 사람이 만나니 충돌이 일어날 수밖에 없었다. 짧게 만났지만 서로에게 남긴 상처는 깊었다. 에이다는 유독 마음이 쓰렸다. 마지막까지 브릿이 보여준 태도가 너무 매정했기 때문이다. 차라리 만나서 정리했다면 나았을 텐데, 전화로 통보하다니. 물론 친구들이 얽혀 있어서 브릿과 완전히 연을 끊을 수는 없겠지만, 지금 당장이라도 브릿이 먼 곳으로 떠나면 속이 시원할 것 같았다.

하지만 브릿은 떠나기는커녕 생일 파티를 연다고 했다. 모든 친구를 초대했는데, 에이다도 포함되어 있었다. 다른 친구들은 브릿이 나름대로 신경 쓴 거라고 말했지만, 에이다는 의도적인 공격으로 받아들였다. 참다못한 에이다는 릴리에게 연락했다. 점심이나 같이 먹으면서 파티 건을 상의하고 싶었다.

"헤어지자고 해놓고 생일 파티에 초대한다는 게 말이 돼? 나보고 와서 축하해달라고?" 에이다가 답답한 듯 말했다. "우리 친구들 다

뺏어 가려는 거 아냐? 자기가 먼저 끝냈으면서 이건 너무하잖아."

"네 심정 이해해, 정말로." 릴리가 달래듯 말했다. "그래도 파티는 이미 계획되어 있던 거고, 너만 못 오게 하면 더 마음 아플까봐 배려한 거 같은데?"

"그런가. 아, 몰라. 그만 생각할래." 에이다가 숨을 크게 들이쉬었다. "그날 우리끼리 뭐 하지? 내 방에 있는 브릿 흔적이라도 지워야 하나? 향이라도 피워서 정화 의식이라도 해볼까?"

어색한 침묵이 흘렀다.

"사실은……." 릴리가 머뭇거렸다. "나 파티 가기로 했어. 너희 사귀던 때 이미 가겠다고 했거든. 너도 잠깐이라도 얼굴 비치는 게 어때? 오히려 마음 정리 되지 않을까?"

"진짜야?" 에이다가 되물었다.

"응, 진짜. 모두 가는데 너도 가면 좋겠어!" 릴리가 대답했다.

"헐, 대박." 에이다가 비웃듯 말했다. "브릿이 나를 어떻게 대했는지 뻔히 알면서 생일 파티에 가? 날 무시하고 불안하게 만들다가 차버린 애 생일을 축하하러 가겠다는 거야?"

"브릿이 너무했던 건 나도 알아." 릴리가 신중하게 말했다. "근데 너희 사이가 워낙 복잡했잖아. 내가 네 편이라는 거 알지? 네 마음도 다 이해해. 그래도 나는 이러지도 저러지도 못 하는 입장이야. 너는 내 단짝이지만 브릿도 내 친구거든. 이참에 서로 화해하고 넘어가면 좋겠다고 생각했어."

"솔직히 말해서 네가 가는 건 배신이야." 에이다가 단호하게 말했다. "파티에 가면 브릿 편 드는 거야. 이건 선을 넘는 거라고. 네가 이럴 줄은 몰랐어. 이렇게 중요한 문제에서 내 경계를 무시한다면, 다시는 널 못 믿을 거야."

릴리는 어찌할 바를 몰랐다. 에이다가 이별로 상처받은 건 알았지만, 편을 들어서 친구 모임을 더 갈라놓고 싶지는 않았다. 사실 에이다도 연애에서 잘못한 부분이 있다고 생각했지만, 지금 당장 그런 말을 꺼낼 때는 아니었다. 경계 침범이라는 에이다의 말을 듣자 릴리는 몹시 불안해졌다. 이제 파티에는 못 가게 된 셈이었다. 그곳에 가면 에이다는 우정을 배신했다고 여길 게 분명했다. 하지만 이건 공평하지 않았다. 에이다가 릴리의 인간관계를 통제하려는 꼴이 아닌가. 릴리는 에이다가 브릿과 여전히 친하게 지내는 친구들을 보며 서운해하는 마음은 이해하면서도, 연인 사이의 이별이 친구 모임 전체의 해체를 의미하는 건 아니라는 점, 모두에게 편 가르기를 강요하는 게 무리한 요구라는 점을 알아줬으면 했다.

경계 침범의 무기화

앞서 이야기한 대로, 일어나지도 않은 일을 경계 침범이라며 들고일어나는 건 여러 문제를 낳는다. 다행히 가벼운 경우라면 상대를 불쾌하게 만드는 정도에서 그친다. 문제는 이게 학대의 도구로 변질될 때다. 3장에서 봤듯이 진짜 학대자들은 이 방법을 능수능란하게 구사한다. 일단 상대에게 도저히 지킬 수 없는 규칙을 제시한다. "이성 친구는 만나지도 마" 아니면 "다른 사람이랑 대화하는 것도 내 경계를 넘는 거야" 같은 요구를 한다. 그러고는 상대가 이 말도 안 되는 규칙을 어기면 즉시 이기적이고 배려 없는 사람이라고 몰아붙인다. 이런 교묘한 조종을 알아채려면 어떻게 해야 할까. 학대자들이 "경계"를 들먹이는 패턴을 관찰하면 된다. 보통 사람들은 서로 원하는 게 뭔지 솔직하게 얘기하고 타협점을 찾는다. 하지만 학대자는 전혀 다르다. 자기가 세운 벽에서 한 치도 물러서지 않는다. 상대가 그 벽 때문에 얼마나 고통받는지는 안중에도 없다. 끊임없이 잘못을 지적하고 죄책감을 심어주면서 상대를 자기 뜻대로 움직이려 한다.

이렇듯 학대자에게 경계란 지배와 통제의 수단일 뿐이다. 하지만 평범한 사람들도 가끔 경계를 오해해서 엉뚱한 주장을 하곤 한다. 이런 경우는 보통 네 가지 흔한 실수에서 비롯된다.

하나. 내 경계를 남들도 당연히 알 거라고 착각한다

사람은 저마다 다른 기대를 품고 산다. 불편함을 느끼는 지점도 천차만별이다. 아이러니하게도 우리는 누군가 선을 넘고 나서야 비로소 자신에게 그런 경계가 있었다는 걸 깨닫곤 한다. 예를 들어보자. 마음이 통하던 사람과 드디어 연인이 되었다. 서로 구속하지 말자고, 질투도 하지 말자고 쿨하게 약속했다. 멋진 출발이었다. 그런데 데이트 중 애인이 다른 사람과 농담을 주고받는 모습이 눈에 들어온다. 별거 아닌 대화인데도 당신은 갑자기 불쾌해진다. 아니, 화가 치민다는 표현이 더 정확하다. 머릿속에서 '이건 바람피우기 직전 아닌가?' 하는 생각이 맴돈다. 경계 침범이라고 따지고 싶고, 바람둥이라고 몰아세우고 싶다. 하지만 잠깐, 과연 이게 공정한가? 상대는 지금

이 관계의 암묵적 규칙을 하나하나 익혀가는 중이다. 당신만의 기준이 무엇인지, 남들과 어떻게 다른지 조금씩 파악해가고 있다. "사귀는 사이에서는 다른 사람하고 너무 친하게 지내지 마"라고 미리 말하지 않았다면, 상대가 당신의 불편함을 어떻게 알겠는가. 의도치 않게 선을 넘고서야 당신의 반응을 보고 '아, 여기가 경계구나' 비로소 알게 되는 것이다.

이렇듯 누군가와 관계를 쌓아가다보면 경계 침범은 불가피하게 일어난다. 가까운 사람이 무심코 선을 넘었을 때 곧바로 경계를 침범했다고 비난해봐도 아무 도움이 되지 않는다. 상대는 여전히 당신만의 경계를 배워가는 중이고, 관계가 지속되는 한 앞으로도 계속 그럴 것이다. 당신이 상대의 경계를 조금씩 알아가는 것과 똑같이 말이다.

개인의 경계선은 콘크리트보다는 모래 위에 그은 선에 가깝다. 자존감 수준, 인생 경험, 성숙한 정도, 관계 안정성에 따라 이리저리 움직이고 때로는 사라진다. 고등학생 때 나는 확고한 원칙이 있었다. 전 애인과는 절대 친구가 될 수 없다는 것이었고, 남자친구에게도 똑같이 요구했다. 당시 남자친구 노아(졸업 파티에서 헤어진 바로 그 친구다)가 알리야와 계속 연락하는 게 싫었다. 알리야는 노아와 분명 썸을 탄 적이 있고 호감도 숨기지 않았다. 1년을 만나도 둘이 대화하거나 만나는 건 참을 수 없었다. 그런데 지금은 다르다. 남편 루커스는 전 여자친구와 친구로 지내고, 나도 그녀와 친해졌다. 정말 좋은 사람이다. 루커스가 그녀를 만나는 게 경계 침범이라니, 이제는 말도 안 되는 생각이다. 친구관계에서도 예전엔 너무 예민했다. 터무니없는 기대치를 세워놓고는 실망할 때마다 크게 아파했다. 내가 싫어하는 사람에게 친구가 잘해주면 배신당한 기분이었다. 하지만 지금 똑같은 일이 일어난다면 대수롭지 않게 넘길 것이다. 나 자신에 대한 확신이 생겼고, 관계에서도 안정감을 느끼기 때문이다.

물론 정반대로 변하는 경우도 있다. 원래는 쉽게 사람을 믿고 마음을 열었는데, 바람피운 연인이나 이용만 한 친구 때문에 상처받는 경우다. 가령 회식에서 친한 동료가 취한 모습을 찍자고 해서 흔쾌히 허락했는데, 나중에 그 영상을 상사에게 보여준 걸 알게 되었다고 해보자. 이런 일을 당하면 누구나 직장 동료들과 거리를 두게 마련이다. 순식간에 경계가 높아지는 것이다. 한동안은 어쩔 수 없다. 예전엔 대수롭지 않았던 일들이 이제는 죄다 배신이나 악의로 느껴진다.

핵심은 살면서 경계가 계속 변한다는 사실이다. 바로 이 점이 경계 침범을 예측하거나 판단하기 어렵게 만든다. 가까운 사람들이 내 경계를 존중해주길 바라면서도, 경계가 무엇인지, 언제 어떻게 바뀌었는지 말하지 않는다면 어떻겠는가. 사랑하는 사람들이 아무리 조심해도 실수할 수밖에 없게 되는 것이다.

둘. 보편적 경계와 개인적 경계를 혼동한다

관계에는 누구나 지켜야 할 선이 있다. 이 선을 넘으면 학대가 된다. 우리 사회가 모두의 안전과 자유를 위해 정한 보편적 경계가 바로 그것이다. 그런데 요즘 사람들은 이 보편적 경계와 자기만의 개인적 경계를 구별하지 못한다. 동료가 퇴근 후 카톡을 보내면 '무급 노동을 시키려고 나를 조종하는 거야'라고 받아들인다. 친구가 양해

없이 내 휴대폰으로 치킨을 시키면 '내 재산을 마음대로 쓰는 거야'
라며 언짢아한다. 애인이 내가 피곤할 때 불쑥 뒤에서 안으면 '내 몸
에 대한 권리를 무시하는 거야'라고 생각한다. 마치 누구에게나 해당
되는 절대적 선을 넘은 것처럼 받아들이지만, 사실은 사람마다 불편
함을 느끼는 지점이 다를 뿐이다. 나만 해도 그렇다. 밤늦게 누가 연
락해도 별로 신경 쓰지 않는다. 답장하지 않으면 그만이니까. 친구가
내 휴대폰을 쓰는 것도 괜찮다. 내가 잠금을 풀어줬다면 얼마든지
쓰라는 의미니까. 루커스가 내 기분도 모르고 갑자기 안아온다면?
간단하다. 지금은 아니라고 말하면 된다.

그래서 다시 강조하지만, 우리는 늘 서로의 개인적 경계를 모른
채 넘나들 수밖에 없다. 의도하지 않았어도 누군가의 선을 밟게 되
는 것이다. 친구가 당연하다는 듯이 내 배달 앱 계정을 쓸 때, 분명
경계를 침범당한 기분이 들 수 있다. 충분히 타당한 감정이다. 하지
만 상대를 비난하기 전에 먼저 생각해봐야 한다. 내가 불편하다는
사실을 상대가 알기나 했을까. 아마 몰랐을 것이다. 개인의 경계라는
건 말을 하거나 실제로 넘고 나서야 비로소 드러나기 때문이다. 그러
니까 누군가 내 선을 밟았다면, 화를 내기보다는 내게 중요한 게 무
엇인지 알려줄 기회로 삼아야 한다. 대화도 없이 먼저 폭발해버리면
서로에게 상처만 남고 정작 중요한 건 전달되지 않는다. 관계는 거기
서 막히고 만다.

셋. 선호를 경계로 착각한다

경계는 우리를 지켜주는 울타리다. 안전과 보안을 위해 꼭 필요한

선이다. 하지만 선호는 다르다. 있으면 좋고 없어도 그만인, 일종의 바람이나 희망 사항이다. 누군가 경계를 넘으면 우리의 몸과 마음은 위험에 빠진다. 하지만 선호가 무시당하면? 짜증은 나겠지만 실제로 해를 입지는 않는다. 내 일상을 예로 들어보자. 루커스가 부엌 찬장 문을 활짝 열어놓고 다닐 때마다 나는 속으로 한숨을 쉬며 닫아주면 좋겠다고 생각한다. 하지만 팔꿈치를 한 번 부딪히는 것 말고는 별다른 해가 없다. 이는 선호의 영역이다. 반면 내 사생활을 존중받는 건 차원이 다른 문제다. 만약 루커스가 허락도 없이 내 폰을 뒤진다면? 우리 사이의 신뢰는 순식간에 무너질 것이다. 이는 경계의 영역이다. 나와 가장 친한 두 친구가 멋진 밤을 계획할 때 나를 부르면 기쁘겠지만, 매번 끼워주지 않는다고 상처받을 필요는 없다. 엄마가 내 타투를 보고 잔소리를 늘어놓아도, 경계를 침범당했다고 할 수는 없다. 차이가 느껴지는가.

그런데 여기 함정이 하나 있다. 사랑하는 사람들이 우리 이야기를 제대로 들어주지 않을 때, 우리가 별로 중요하지 않은 존재처럼 느껴질 때, 이상한 일이 벌어진다. 선호였던 것들이 슬그머니 경계로 둔갑하기 시작한다. 왜 그럴까. 관계에서 안정감을 찾고 싶은 마음 때문이다. 우리의 바람과 욕구를 존중해줬으면 해서, 선호를 경계인 양 포장한다. 그런데 이렇게 하면 할수록 상처받을 일만 늘어나고, 실망할 일도 많아진다. 선호 하나하나를 경계로 만들어버리면 관계는 숨 막히게 경직되고, 우리는 모든 걸 통제하려는 사람이 되어버린다. 사실 당연한 이치다. 사람들이 늘 우리 요청을 들어줄 의무는 없다. 우리가 남의 요청을 항상 들어줄 필요는 없는 것과 마찬가지로 말이다.

넷. 내 경계를 상대방이 지켜줄 거라고 기대한다

경계를 세우는 건 나고, 지키는 것도 나여야 한다. 특히 개인적 경계는 더 그렇다. 물론 가까운 사람들이 알아서 내 경계를 존중해주면 얼마나 좋겠나. 하지만 세상은 그렇게 돌아가지 않는다. 부모님께 "소리 지르지 마세요. 불안하고 초조해져요"라고 말씀드렸는데, 다음에 또 소리를 지르신다고 해보자. 내 경계를 지키는 건 누구 몫일까. 바로 나다. "조용히 얘기해주세요"라고 다시 말씀드려야 한다. 안 되면 "지금은 대화가 어려울 것 같아요. 좀 진정되면 다시 얘기해요" 말하고 자리를 피해야 한다. 부모님이 소리를 질렀으니 부모님이 나가야 한다고? 현실적이지도 않고 도움도 되지 않는다. 내가 세운 경계는 내가 지킨다. 이게 원칙이다.

하지만 아무리 노력해도 변하지 않는 사람이 있다. 존중해달라고 몇 번이나 부탁했는데도 똑같은 선을 계속 넘는 사람 말이다. 그럴 때는 어떻게 해야 할까. 결단의 시간을 마주하고, 경계를 어떻게 지킬지 선택해야 한다. 가장 확실한 방법은 관계를 떠나는 것이다. 그 상황에서 완전히 벗어나면 경계는 저절로 지켜진다. 물론 쉬운 결정은 아니기에 대부분 그러고 싶지 않을 것이다. 하지만 아무리 대화하고 설명해도 달라지는 게 없다면? 관계를 끝내는 게 최선일 수도 있다. 이런 선택지가 있다는 걸 기억해두는 게 왜 중요할까. 내가 무력한 존재가 아님을 상기시키기 때문이다. 떠나고 싶지 않더라도, 떠날 수 있는 선택권은 내게 있다는 사실 그 자체가 힘이 된다.

이제 경계에 대한 가장 중요한 진실을 정리해보자. 사람들은 경계를 넘는다. 일부러 그럴 때도 있고, 모르고 그럴 때도 있다. 한 번만 실수할 수도 있고, 끊임없이 반복할 수도 있다. 하지만 어떤 경우든 변하지 않는 사실이 하나 있다. 내 경계를 알리고 지키는 건 결국 내 몫이라는 것이다. 그런데 잠깐, 모든 경계가 똑같이 중요한 건 아니다. 어떤 경계는 생존과 직결되어서 진짜로 나를 위험에서 구해준다. 반면 어떤 경계는 선호에 가까워서 있으면 좋지만 없어도 치명적이지 않다. 이 경계들을 똑같은 무게로 다루면 안 된다. 얼마나 단호하게 지킬지, 언제 양보할지, 누구에게는 융통성을 발휘할지, 이 모든 판단은 오직 나만이 할 수 있다. 경계의 주인은 나 자신이다.

내가 경계를 침범한다고 지목됐을 때

가까운 사이라면 언젠가 한 번쯤은 상대의 경계를 건드리게 마련이다. 상대가 자신의 경계를 한 번도 말해주지 않았다면 더욱 그렇다. 아무리 조심해도, 의도하지 않았어도 일어나는 일이다. 그런데 가끔은 정말 황당한 일도 벌어진다. 분명 내가 알 수 없었던 경계를 넘었다고 화를 내거나, 그냥 자기 취향인데 마치 신성불가침의 경계인 양 몰아붙이는 사람들이 있다. 이런 일을 당하면 당황스럽고 뭐라고 해야 할지, 어떻게 반응해야 할지 막막하다. 그래서 미리 대응책을 생각해둘 필요가 있다.

따지기 전에 상대의 입장부터 들어보자
문제를 풀려면 상대가 지금 뭘 생각하고 느끼는지부터 알아야 한다. 변명하거나 따지고 싶은 마음이 들어도 일단 참자. 그리고 먼저 상대를 이해해보자. 상대가 지키려던 경계가 무엇이었는지, 내가 그 선을 넘었을 때 어떤 감정이 들었는지 차분히 물어보자. 대화는 거기서부터 시작된다.

잘못을 인정하되 지킬 수 없는 경계는 솔직하게 협상하자

내가 정말로 상대의 경계를 넘었다는 사실을 알게 되었다면, 이제 관계를 다시 맺어가야 할 때다. 먼저 상대의 감정을 있는 그대로 인정하고 받아들이자. 내 행동이 어떻게 상처를 주었는지 이해했다는 사실을, 앞으로는 더 조심하겠다는 진심을 전하자. 만약 상대의 경계를 온전히 받아들일 수 있다면, 그 마음을 솔직하게 표현하면 된다. 하지만 솔직히 늘 지키기는 어려울 것 같다면, 숨기지 말고 털어놓자. 상대의 경계가 조금은 유연해질 수 있는지, 서로 타협점을 찾을 수 있을지 대화를 나누자.

경계가 아닌 선호 문제라면 대화의 규칙부터 다시 정하자

이번엔 좀더 까다로운 상황이다. 상대가 경계라고 주장하는 게 실은 단순한 선호일 수도 있다. 아니면 작은 실수 하나로 당신을 너무 가혹하게 몰아세운다고 느낄 수도 있다. 물론 상대의 격한 감정은 여전히 인정해줄 수 있다. 4장에서 봤듯이 감정의 타당화는 거의 언제나 도움이 된다. 하지만 이런 상황에서는 더 중요한 대화가 필요하다. 서로의 실수를 어떻게 다루고, 어떻게 관계를 회복할지에 대한 근본적인 이야기 말이다. 당신에게도 할 말이 있다. 경계라는 단어가 오히려 진짜 필요한 논의를 하는 데 방해가 된다고 우려를 표현할 권리가 있다. 무엇이 서로를 안전하고 편안하게 만드는지 얘기하고, 그런 필요가 충족되지 않았을 때 어떻게 치유할지 함께 정해야 한다. 대화는 양방향이어야 한다.

대화가 과열되면 서로 숨 고를 시간을 갖자

상대가 너무 흥분해서 차분한 대화가 불가능한 상태라면, 잠시 숨을 고를 시간이 필요하다. 이 문제를 제대로 풀어가고 싶다고, 그러려면 서로 생각을 정리할 시간이 필요하다고 말하자. 상대가 한 말들을 깊이 생각해보겠다고 약속하면서, 내 입장도 한 번 더 생각해달라고 부탁하자. 관계에서 상대가 무엇을 필요로 하는지 진심으로 이해하고 싶다는 마음을 전하되, 동시에 이런 갈등의 순간들을 함께 헤쳐갈 방법을 찾아야 한다는 점도 강조하자. 잠시 멈추는 건 포기가 아니라 더 나은 대화를 위한 준비다.

경계 조율이 어려우면 전문가의 도움을 받자

건강한 관계에서도 서로 맞춰가기 힘든 경계들이 있다. 아무리 노력해도 합의점을 찾지 못해 막막하다면, 상담을 고려해보자. 전문가가 중간에서 도와주면 훨씬 수월하다. 서로를 존중하면서도 억압받지 않고, 억지로 양보하지 않고, 서운함도 쌓지 않는 방법을 찾을 수 있다. 가족 상담, 부부 상담, 개인 상담, 뭐든 좋다. 어떤 관계든 상담은 가능하다. 나도 사이좋은 형제가 되고 싶어서 온 남매를 상담해준 적이 있고, 친구들끼리 이런 문제를 해결하려고 함께 상담실을 찾는다는 이야기도 들었다.

경계의 무기화가 반복되면 떠날 준비를 하자

가끔은 상대가 경계라는 말 자체에 집착해서 대화가 불가능할 때가 있다. 당신이 아무리 노력해도 상대는 변하지 않는다. 자신의 경계를 침범당했다는 주장만 되풀이하면서, 당신이 완전히 잘못을 인정하고 다시는 그러지 않겠다고 약속하기 전까지는 절대 물러서지 않는다. 이럴 때는 진지하게 고민해봐야 한다. 상대가 원하는 대로 다 인정하고 사과할 수도 있다. 하지만 그건 내가 짓지도 않은 죄를 뒤집어쓰고, 말도 안 되는 요구를 받아들이는 일일 수 있다. 물론 전문가의 도움을 받으면서 계속 대화를 시도해볼 수도 있다. 하지만 이런 패턴이 계속 반복된다면? 그때는 정말 어려운 결정을 내려야 한다. 관계에서 한발 물러서거나, 아예 관계를 끝내는 것까지 생각해야 한다. 누구도 소중한 사람과 헤어지고 싶어하지는 않는다. 하지만 나를 계속 아프게 하는 관계에서 나오는 것, 그 자체가 내가 나를 위해 세울 수 있는 가장 중요한 경계다.

상대방에게서 경계 침범의 징조가 보일 때

누군가 당신의 경계를 알면서도 넘었을 수 있다. 어쩌면 여러 번 반복됐을지도 모른다. 이럴 때 먼저 스스로 점검해보자. 이게 정말 경계인지, 아니면 그냥 내 선호인지. 확실히 경계라면 이제 제대로 다뤄야 한다. 하지만 기억하자. 사람들은 가끔 경계를 넘는다. 그렇다고 그 사람이 나쁜 사람이거나 학대자는 아니다. 당장 관계를 끊을 일도 아니다. 경계 침범은 일어날 수 있는 일이고, 중요한 건 그때 우리가 어떻게 대처하느냐다. 다음번에 이런 일이 생기면 이렇게 해보자.

경계를 분명히 말하자

가장 먼저 할 일은 상대에게 어떤 선을 넘었는지 알려주는 것이다. 앞서 살펴본 보편적 경계가 아닌 이상, 상대가 당연히 알 거라고 기대해선 안 된다. 만약 보편적 경계마저 침범했다면 그것은 다른 문제다. 당신이 학대적 관계에 있는 건 아닌지, 관계를 끝내야 하는 건 아닌지 진지하게 고민해봐야 한다. 일반적인 경우라면, 선을 넘었다고 지적하기 전에 먼저 내 경계가 무엇인지 명확히 전달해야 한다. 부드럽지만 분명하게, 그리고 구체적으로 말해야 한다. "내 경계를 침범했어"라는 막연한 표현은 피하자. 정보도 부족하고 대화를 막아버린다. 대신 이런 식으로 말해보자. "몰랐을 텐데, 나는 내 폰을 마음대로 쓰는 거 싫어해. 사진 찍으려고 해도 말이야. 두 달 전에 도둑맞고 나서 좀 예민하거든. 쓰고 싶으면 먼저 물어봐줄래?"

경계 침범이 반복되면 말 대신 행동으로 보여주자

내 경계를 분명히 전달했는데도 상대가 계속 무시한다면, 이제는 행동으로 옮길 때다. 상대가 알아서 존중해주길 바라며 기다리기만 할 순 없다. 내 경계는 내가 직접 지켜야 한다. 어떻게 실행할지는 경계의 종류에 따라 다르다. 예를 들어 싸울 때도 지켜야 할 경계가 있다면, 상대가 욕하고 비웃기 시작할 때 이렇게 말하는 거다. "지금 너무 심해졌어. 서로 마음 가라앉힐 시간이 필요해. 나중에 다시 얘기하자." 그리고 말에만 그치지 않고 실제로 자리를 떠나거나 대화를 중단하는 행동이 뒤따라야 한다. 경계는 말이 아니라 행동으로 지키는 것이다.

한 번 말했다고 끝이 아니니 일관되게 계속 실천하자

상대가 한 번에 알아들을 거라고 기대하면 안 된다. 사람들은 경계를 쉽게 잊어버리고, 특히 불안한 상태에서는 멈추라고 해도 계속 매달리는 경우가 많다. 이럴 때야말로 내가 정한 선을 흔들림 없이 지켜야 한다. 왜 지금 대화를 멈춰야 하는지 차근차근 다시 설명할 수도 있고, 아예 그 자리를 떠날 수도 있다. 내 경계를 지키는 건 한 번의 선언으로 끝나지 않고 꾸준한 실천이 요구된다. 필요하다면 어떤 행동이든 취해야 한다.

싸움 직후보다 감정이 가라앉은 뒤 대화하자

경계가 침범당한 그 순간에 바로 대응하는 것도 물론 중요하다. 하지만 싸움이 끝나고 감정이 가라앉은 뒤에 차분히 대화하면 상대가 내 경계를 진정으로 이해할 가능성이 훨씬 높아진다. 서로의 열기가 식을 때까지 기다렸다가 조용히 대화를 시작해보자. 내게 그 경계가 왜 중요한지 천천히 설명하면서, 상대 입장에서는 받아들이기 어려울 수 있다는 점도 솔직하게 인정하는 것이다.

예를 들어 이렇게 말할 수 있다. "당신이 욕하면서 목소리를 높이면 나는 정말 압도당하는 기분이야. 우리 부모님은 늘 조용히 대화하셨거든. 갑자기 소리가 커지면 익숙하지 않아서 당황스러워. 당신 말이 더 이상 귀에 안 들어와서 제대로 된 대화를 이어갈 수도 없고. 당신이 시끄러운 집안에서 자라서 큰소리가 자연스럽다는 거 이해해. 하지만 나는 그럴 때 정말 불안해져. 우리가 또 그렇게 격해지면 서로 진정될 때까지 잠시 대화를 멈춰야 할 것 같아."

상담사와 이야기하고 기록을 남겨두자

경계 침범이 계속된다면 이제 상황을 냉정하게 들여다볼 때다. 내가 분명히 말한 선을 상대가 계속 무시하는지, 내 감정은 안중에도 없는지, 왜 이게 문제인지를 진지하게 듣기라도 하는지 스스로 따져 보자. 비슷한 일이 자꾸 반복되고 있다면 더 주의 깊게 살펴야 한다. 이럴 때 전문 상담사의 도움이 필요하다. 상담사는 상황을 객관적으로 보면서 이 관계를 위해 노력할 가치가 있는지, 아니면 이제 놓아줄 때가 왔는지 판단하는 데 도움을 준다. 혼자서 끙끙대며 답을 찾으려 애쓰지 말고 전문가와 함께 길을 찾는 것도 현명한 선택이다.

연인관계라면 커플 상담을 받아보자

커플 상담사로 일하는 나로서는 당연히 커플 상담을 권하고 싶다. 경계 침범으로 고통받는 수많은 연인을 만나왔다. 특히 감정이 격해지는 말다툼 속에서 경계는 쉽게 무너진다. 이럴 때 전문가가 개입해서 대화의 기본 규칙을 세워주고, 왜 경계 존중이 건강한 관계의 핵심인지 설명해주면 놀라운 변화가 일어난다. 흥미로운 건, 당신이 파트너에게 백번 말해도 전달되지 않던 얘기가 상담사 입에서 나오면 갑자기 설득력을 갖는다는 점이다. 내가 근거에 기반한 명확한 대화 원칙을 제시할 때, 그건 사실 대부분 이미 서로가 주고받았던 말들이다. 그런데 제3자인 내가 전달하면 완전히 다르게 받아들여진다. 경계를 침범하는 사람들 대부분은 악의가 있는 게 아니다. 감정의 소용돌이에 휩쓸려 통제력을 잃었거나, 자신의 행동이 상대의 경계를 넘고 있다는 사실 자체를 인지하지 못하고 있을 뿐이다.

아무것도 바뀌지 않는다면, 거리를 두거나 관계를 정리하는 걸 생각해보자

안타깝지만 때로는 떠나는 것도 고려해야 한다. 당신의 경계를 받아들이지 않는 사람과 함께하는 건 끝없는 소모전이다. 왜 이 경계들이 소중한지 충분히 설명했음에도 상대가 여전히 이해하지 못하거나 존중하지 않는다면, 당신이 할 수 있는 일은 거의 없다. 사람을 억지로 바꿀 수는 없는 법이다. 오직 상대의 행동에 어떻게 반응할지 선택할 수 있을 뿐이다. 서서히 거리를 두는 방법도 있다. 경계를 침범하는 사람이 가족이나 친구라면, 친밀감의 농도를 조절해볼 수 있다. 상처받을 기회를 줄이면서도 적당한 거리에서 괜찮은 관계를 유지할 수 있을지도 모른다. 덜 가깝지만 더 평화로운 관계, 때로는 그게 최선일 수 있다.

12장

'경계선 성격장애'인가, 감정이 격렬할 뿐인가?

요즘 나르시시즘이란 말이 유행하는 것과 마찬가지로, 경계선 성격 장애란 표현도 무분별하게 쓰이고 있다. 연애하다가 감정이 좀 격해지거나 친구 사이에서 예민한 반응을 보이면 바로 경계선이라며 함부로 판단해버린다. 사실 감정 기복이 심하다고 다 경계선 성격장애는 아닌데 말이다. 이 장애가 가진 깊고 복잡한 면면, 단순히 감정이 강하다는 것만으로는 설명할 수 없는 많은 부분을 우리는 너무 쉽게 무시하고 있다.

경계선 성격장애의 실제 사례: 조엘의 이야기

해나는 이제 정말 지쳐버렸다. 남자친구 조엘과 만나는 날이면 늘 뭔가 문제가 생겼다. 사귀기 시작할 때는 정말 좋았다. 에너지가 넘치고 열정적인 사람, 속마음을 터놓고 깊은 대화를 나눌 수 있는 사람을 만났다고 생각했다. 작은 일에도 섬세하게 반응하는 감수성 덕분에 해나는 평소 무심코 지나쳤던 것들의 의미를 새롭게 발견하고는 했다. 그런데 언제부턴가 그 예민한 시선은 온통 해나에게만, 둘의 관계에만 고정되어 있었다. 조엘이 예전 연애에서 많이 힘들어했다는 이야기를 들었을 때, 해나는 오히려 희망을 품었다. 자기 문제가 무엇인지 정확히 알고 있다고 말하는 사람이니까, 이번엔 정말 다를 거라고 기대했다. 하지만 그 기대가 무색하게도 같은 패턴이 반복되었다.

이번에도 시작은 별거 아닌 문자였다. 조엘이 소통 문제로 또 장문의 카톡을 보냈는데, 해나가 짧게 답한 게 화근이었다. 딱 몇 줄로 끝낸 답장에 조엘은 완전히 무너졌다. 지난번 대화에서 자기가 얼마나 상처받았는지 하나하나 설명하면서, 혹시라도 해나가 잘못 이해할까봐 구체적인 예시까지 들었다. 그런데 이 친절한 설명이 해나를 더 답답하게 만들었다. 해나는 조엘의 메시지, 나중에 친구들에게 '소설'이라고 말한 그 메시지에 이렇게 답했다. "네가 무슨 말 하는지는 알겠는데, 우리가 너무 사소한 것까지 다 파헤치고 분석하는 것 같아. 지금 회사야. 이런 얘기 할 상황이 아니니까 저녁에 만나서 얘기하자."

답장을 본 순간 조엘은 화가 확 치밀었다. 진심을 담아 쓴 긴 메시지에 겨우 몇 줄이라니. 너무 차갑고 무성의했다. 관계를 되살리려고, 소통하려고 그렇게 노력했는데 해나는 대수롭지 않게 넘겨버렸다. 화는 금세 불안으로 바뀌었다. 저녁에 만나서 얘기하자는 말이 사실은 헤어지자는 신호가 아닐까. 요즘 들어 해나가 점점 멀어지는 게 느껴졌는데, 이미 마음이 떠났을지도 모른다는 생각에 조엘은 가슴이 철렁 내려앉았다.

조엘은 모든 것을 집어삼키는 불안에 휩싸였다. 이별이란 두 글자가 머릿속을 떠나지 않았다. 다시 메시지를 보낼까, 전화를 걸까, 아니면 회사로 찾아갈까. 온갖 충동이 머릿속을 휘저었지만, 그럴수록 해나가 더 멀어지리란 걸 알았다. 대신 조엘은 자신을 진정시킬 수 있는 유일한 방법을 택했다. 늘 책상에 숨겨둔 가위를 꺼내 화장실로 들어갔다. 허벅지에 날을 대고 살짝, 깊지 않게 그었다. 순간 모든 걸 끝내버리고 싶다는 생각이 스쳤지만, 아직은 해나를 붙잡을 수 있을지도 모른다는 작은 희망에 매달렸다.

그날 밤, 해나가 집에 도착했을 때 조엘은 이미 초조하게 그녀를 기다리고 있었다. 절박함이 온몸에서 묻어났다. 해나가 들어서자마자 조엘은 다급하게 다가와 말을 쏟아냈다. 아침에 보낸 긴 메시지에 대한 변명이 줄줄이 이어졌다. 왜 그런 문자를 보냈는지, 왜 그렇게 길어졌는지, 그리고 다시는 그러지 않겠다는 다짐까지. 겨우 한숨을 돌린 조엘은 곧바로 해결책을 제시했다. 앞으로는 오해가 생기지 않도록 더 많이 소통해야 한다면서 매일 저녁 관계에 대한 감정을 점검하고 서로의 요구 사항을 나누는 시간을 갖자고 제안했다.

해나는 조엘의 다급함에 숨이 막혔다. 불편한 분위기를 어떻게든 풀어보려는 마음은 알겠지만, 매일 관계를 점검하자는 제안은 정말 받아들이기 힘들었다. 그럴 시간도 없을뿐더러, 솔직히 그럴 힘도 남아 있지 않았다.

"문자 얘기부터 하자면, 이런 식의 일이 너무 자주 생기잖아. 근데 매일 체크까지 하면 똑같은 일만 반복될 것 같아. 너는 계속 나한테서 문제를 찾으려 하고 우리가 나눈 대화를 하나하나 다 분석하려고 해. 나는 그냥 같이 있으면서 재밌게 놀고 싶어. 데이트할 때마다 우리 관계가 어떤지 평가하는 거 말고 그냥 편하게 시간 보내고 싶다고. 맨날 우리 사이를 분석하고 또 분석하는 거, 진짜 힘들어. 나한텐 너무 버거워.” 해나가 설명했다.

해나의 말에 조엘은 또다시 거부당했다는 느낌에 휩싸였다. 해나는 자신만큼 노력하지 않는 것도 모자라, 노력 자체를 문제삼고 있었다. 조엘의 감정이 폭발했다. “그래, 알았어. 관계가 유지되려면 소통이 필요하다는 건 상식이잖아. 난 단지 우리가 더 나은 소통을 할 수 있게 애쓰는 거라고. 네가 그런 노력을 고마워하지 않는다면, 그런 노력을 고마워할 사람을 찾아보겠어. 이건 노동이야, 해나. 그거 알아? 문제를 계속 꺼내고 해결하려고 애쓰는 건 감정 노동이라고! 근데 넌 그런 노력을 할 만큼 성숙하지 못한 것 같네!” 조엘의 목소리가 점점 커지며 떨리기 시작했고, 눈가에는 눈물이 맺혔다.

“조엘, 난 관계를 위한 노력을 거부하는 게 아니야. 하지만 내 말 좀 들어봐. 우리는 내가 아는 그 어떤 커플보다 관계에 대해 무겁고 진지한 대화를 나눠. 서로가 한 말 하나하나를 분석하고 해부해야 해. 이건 뭐랄까, 필요 이상으로 감정의 롤러코스터를 타는 기분이야.” 해나가 차분하게 대답했다.

“그래, 알았어! 내가 너무 집착한다는 거지! 널 사랑해서, 우리 관계를 지키려고 발버둥 치는 게 그렇게 나빠? 내가 그렇게 정성 들여 쓴 메시지에 네가 달랑 몇 줄로 답했을 때 얼마나 비참했는지 알아? 우리가 계속 이런 식이면 차라리 죽고 싶다는 생각까지 했다고!” 조엘이 울부짖었다.

해나는 조엘의 말에 마음이 무거워졌지만 전혀 놀라지는 않았다. 둘의 대화는 늘 이런 식으로 흘러갔다. 결국 조엘이 극단적인 선택을 언급하며 끝나는 패턴이었다. 해나도 걱정되지 않는 건 아니었지만, 매번 반복되는 극단적인 감정 표출에 지쳐 있었다. 좀 편하게 지내자는 얘기조차 이렇게 격하게 번지는 게 너무 버거웠다.

"조엘, 우리 관계 때문에 네가 그렇게 힘들다면 그만 만나는 게 나을 것 같아. 너를 그렇게 괴롭히고 싶지 않아. 그리고 나도 이제 좀 편해져야겠어." 해나가 지친 목소리로 답했다.

해나의 이별 암시에 조엘은 순식간에 태도를 바꿨다. 관계를 끝낼 생각은 추호도 없었다. 앞으로는 관계를 좀더 가볍게 대하고, 사소한 것까지 집착하지 않고, 분석하고 파헤치는 일을 줄이겠다는 온갖 약속을 쏟아냈다. 자신을 떠나지 말아달라고 애원하면서, 지나치게 집착하는 건 인정하지만 해나를 너무나 사랑하기 때문이라고 간절하게 호소했다. 그날 저녁부터 다음 날까지 조엘은 정말로 변한 듯 보였다. 평소보다 훨씬 다정했고, 해나에게 무언가를 요구하는 일도 눈에 띄게 줄어들었다. 해나도 잠시나마 관계가 나아질 수 있다는 희망을 품었다. 하지만 일주일이 채 지나지 않아 똑같은 싸움이 다시 터졌고, 이번에는 조엘이 아파트를 박차고 나가 동네 술집에서 진탕 취해버리는 것으로 끝이 났다. 새벽녘 비틀거리며 집으로 돌아오던 조엘은 인도에서 넘어져 손가락이 부러졌고, 다친 조엘을 본 해나는 걱정과 연민에 사로잡혀 또다시 그를 돌보는 역할을 자처했다. 이런 일이 끝도 없이 반복됐다. 해나는 완전히 지쳐버렸고, 조엘은 해나가 지쳐가는 걸 느낄 때마다 버려질까봐 더욱 초조해하고 매달렸다.

경계선 성격장애의 정의

'경계선'이라는 명칭 자체가 이 성격장애의 본질을 드러낸다. 애초에 이 용어는 신경증과 정신증, 그 둘 사이 경계에 있는 사람들을 설명하기 위해 만들어졌다. DSM에서 정의하는 경계선 성격장애를 들여다보면 네 가지 핵심 패턴이 드러난다. 감정 조절이 어렵고, 대인관계가 늘 소용돌이치며, 자기 정체성은 흔들리고, 충동을 억제하지 못한다. 다른 성격장애와 마찬가지로 이런 증상들은 성인기 초기에 모습을 드러내기 시작한다. 경계선 성격장애 진단을 받으려면 아홉 가지 기준 중 적어도 다섯 가지를 충족해야 한다.

실제든 상상이든 유기를 피하려는 절박한 시도: 누군가가 떠나려 할 때 온갖 극단적인 방법을 동원해서 막는다. 가령 애원하기, 위협하기, 반복적으로 전화 걸기, 물리적으로 떠나지 못하게 막기, 스토킹하기 등이 있다.

불안정하고 치열하며 혼란스러운 대인관계: 이상화와 평가절하를 반복하는 극단적 관계 패턴을 보인다. 경계선 성격장애를 가진 사람은 상대를 순간적으로 우상화했다가 곧바로 악마화한다. 다른 사람들을 일관되고 균형 잡힌 방식으로 보는 게 어렵기 때문에, 그들의 관계는 심한 기복을 겪는다. 강한 친밀감을 갈구하다가도 금세 상대를 밀쳐낸다.

불안정한 자아감: 자아상과 자기 인식이 늘 불안정하다. 목표, 가치관, 진로 계획 등 정체성의 주요 영역이 급격히 변화한다. 자존

감 또한 빈번하게 변동한다.

자기 파괴적 충동성: 스스로를 해치는 위험한 대처 행동을 보인다. 충동 구매로 돈을 낭비하고, 약물을 과도하게 사용하며, 난폭 운전을 한다. 폭식을 하고, 위험한 성관계를 반복하기도 한다.

반복적 자살 행동: 자신의 몸을 칼로 긋거나 때리는 자해 행동을 되풀이한다. 자살을 암시하는 제스처를 보이고, 죽겠다고 위협하며, 실제로 자살을 시도하기도 한다.

극단적인 기분 변화: 수 시간에서 수일간 지속되는 뚜렷한 기분 변화를 경험한다. 주로 대인관계 스트레스에 반응하여 나타나는데, 일시적이지만 강렬한 우울, 과민함, 불안을 느낀다. 가까운 사람과의 갈등이나 유기 불안이 주된 촉발 요인이다.

만성적 공허감: 내면 깊숙한 곳에서 늘 공허함을 느낀다. 약물로, 음식으로, 또 새로운 관계로 빈 공간을 메우려 애쓰지만, 무엇도 오래가는 만족감을 주지 못한다.

분노 조절 문제: 화를 적절히 다스리거나 건전하게 표출하는 것이 힘들다. 성미가 급하고, 늘 분노가 끓어오르며, 사소한 일에도 폭발한다. 몸싸움까지 벌이기도 한다.

편집증적 사고 또는 해리 증상: 남들의 의도를 의심하는 편집증이 나타나거나, 자기 자신과 분리된 듯한 해리를 경험한다. 주로 극심한 스트레스 상황에서 나타나는데, 특히 유기 경험에 직면했을 때, 기존 대처 방식이 무력해졌을 때 발생한다.

2장에서 이야기했던 내용을 다시 떠올려보자. 성격장애라는 진단이 내려지려면 행동 패턴이 아주 명확해야 한다. 집에서만, 직장에서만 문제가 되는 게 아니라 어디서든 비슷한 양상을 보여야 한다. 일도, 가정생활도, 친구관계도 모두 어려워질 정도로 심각해야 한다. 그런데 18세가 안 된 청소년에게는 절대 이런 진단을 내리지 않는다. 대학원에 다닐 때 교수님이 하신 말씀이 아직도 생생하다. 만약 10대 대상으로도 성격장애 진단을 한다면 전부 하나씩은 해당될 거라고 하셨다. 맞는 말이다. 10대 시절은 원래 감정 기복이 심하다. 친구관계에서 끊임없이 실수하고, 앞뒤 안 가리고 행동하며, 나는 누구인가를 고민한다. 그래서 성인이 되어 이 격랑의 시기를 지나기 전까지는 섣불리 진단하지 않는다.

하지만 최근 들어 흥미로운 논의가 활발해지고 있다. 경계선 성격장애가 현재는 성격장애로 분류되지만, 이를 트라우마 장애 쪽으로 재분류해야 한다는 것이다. 경계선 성격장애를 가진 사람들을 만나보면 거의 예외 없이 트라우마 경험을 이야기한다. 그들의 증상을 찬찬히 살펴보면 트라우마에 대한 정상적인 반응으로 이해할 수 있다. 어린 시절 학대와 방치를 경험하고, 늘 불안 속에서 살았던 사람이라면 누군가 떠날 것 같은 기미만 보여도 극도로 예민해지는 게 당연하지 않을까. 성장기에 충분한 사랑과 인정을 받지 못했다면 자기가 누구인지 확신하지 못하고 마음 깊이 허전함을 느끼는 것도 이상하지 않다. 이렇게 트라우마의 관점에서 보면 모든 퍼즐 조각이 맞아떨어진다. 2장에서 언급했듯이 DSM은 끊임없이 수정되고 발전한다. 머지않아 경계선 성격장애가 트라우마 장애로 분류되는 날이 올 수도 있다. 그때가 되면 우리는 경계선 성격장애를 완전히 다른 눈으로 보게 될 것이다. 더 이상 비난의 도구로 삼거나 부정적인 꼬리표로 여기지 않지 않을까. DSM의 분류가 우리의 생각과 태도를 얼마나 크게 좌우하는지 알 수 있는 대목이다.

경계선 성격장애를 이해하는 가장 중요한 열쇠는 바로 유기에 대한 원초적 공포다. 이들은 자신이 소중히 여기는 사람이 떠날지도 모른다는 생각만으로 극도의 불안과 공포에 휩싸인다. 실제로 이들 대부분은 어린 시절 방치되거나 버려진 경험을 안고 있다. 가장 의지해야 할 존재로부터 받은 상처의 깊이를 몸과 마음으로 기억하기에, 성인이 되어서도 모든 관계에서 비슷한 아픔을 되풀이하지 않으려 안간힘을 쓴다. 문제는 이런 두려움이 관계를 오히려 망가뜨린다는 점이다. 상대가 떠날 조짐은 없는지 신경을 곤두세우다보니, 평범한 말 한마디도 거부 신호로 오해하고 사소한 행동 하나에도 과민하게 반응한다. 아이러니하게도 버림받지 않으려는 간절함이 도리어 사람들과의 거리를 벌려서, 결국 가장 피하고 싶었던 이별을 자초하게 된다.

경계선 성격장애를 한마디로 표현한다면 '불안정'이 가장 적절할 것이다. 우선 자기 자신이 누구인지조차 확실하지 않다. 내가 어떤 사람인지, 진짜 원하는 게 뭔지 아무리 찾으려 해도 뚜렷한 답이 없다. 인간관계도 끊임없이 흔들린다. 어느 순간에는 상대와 완전히 하나가 되고 싶어할 정도로 매달리다가도, 혹시 버려질까 싶은 불안이 엄습하면 갑자기 상대를 무가치하게 여기기 시작한다. 행동 방식도 들쑥날쑥하다. 감당하기 힘든 감정의 파도가 밀려올 때마다 건강하지 못한 방법으로 대응하려다 더 큰 문제를 만들어낸다. 경계선 성격장애와 함께 사는 사람에게는 확실하고 안정된 것이 하나도 없다. 자녀, 배우자, 가까운 친구, 부모 등 관계 맺은 모든 사람이 이 불안정함에 함께 휩쓸리며 살아간다.

경계선 성격장애를 표현하는 또 다른 단어를 꼽자면 '강렬함'이다. 당사자든 주변 사람이든, 이 장애와 엮이면 모든 게 강렬해진다. 감정은 폭발하고 행동은 극단으로 치닫는다. 사소한 일도 생과 사를 가르는 문제처럼 느껴지고, 가볍게 던진 말 한마디가 몇 시간짜리 분석 대상이 된다. 경계선 성격장애를 가진 사람들은 혹시 상대가 떠나려는 건 아닌지 늘 촉각을 곤두세우며 모든 언행을 지나치게 분석하기 때문이다. 가까이 오라고 했다가 멀리 가라고 하는 일이 반복되니 함께 있는 사람은 긴장의 끈을 놓을 수 없다. 버림받을까 하는 두려움을 잠재우려면 보통 사람이 상상하기 어려울 만큼의 위로와 정서적 지원이 필요한데, 아무리 많이 제공해도 근본적인 불안은 해소되지 않는다. 결국 주변 사람들이 지쳐서 잠깐이라도 숨 쉴 틈을 찾으면, 그 순간 유기 공포는 더 거세진다. 그러면 더 심하게 집착하고 더 많은 확인을 요구한다. 이런 악순환이 모두를 얼마나 지치게 하는지 굳이 설명이 필요할까.

실제로 경계선 성격장애를 가진 사람들의 감정은 보통 사람들보다 몇 배는 더 격렬하다. 이들은 이 강렬한 감정을 감당하기 어려워 자해나 무모한 행동이라는 극단적 방법을 택한다. 이런 행동이 문제를 악화시키고 생명을 위협한다는 것을 알면서도, 지금 당장 이 압도적인 감정에서 벗어나려면 달리 방법이 없다. 확실하게, 즉각적으로 이 감정을 잠재울 유일한 방법이기 때문이다. 주변 사람들은 이런 상황을 너무 잘 알기에 항상 긴장한다. 또 사소한 일이 걷잡을 수 없는 상황으로 번질 수 있다는 걸 알기에, 말 한마디, 표정 하나까지 신경 쓰며 조심조심 대한다. 하지만 아이러니하게도 이런 조심스러운 태도가 또 다른 문제가 된다. 경계선 성격장애를 가진 사람은 상대방의 조심스러운 태도를 금세 알아차리고, 자신이 너무 부담스러운 존재라서 결국 모두가 떠날 거라는 두려움에 다시 빠지고 만다.

앞서 언급했듯이 경계선 성격장애를 가진 사람들에게는 대개 트라우마 이력이 있다. 어린 시절의 트라우마는 인생 전반에 지대한 영향을 미친다. 자기 자신을 이해하는 일에서 시작해 누군가를 믿고 안정적인 관계를 만드는 일, 폭풍처럼 몰아치는 감정을 건강하게 처리하는 일까지 모든 게 어려워진다. 상처받은 경험은 사람과 세상을 바라보는 렌즈 자체를 바꿔놓는다. 사람이란 믿을 수 있는 존재라는 것, 싸워도 화해하고 관계를 회복할 수 있다는 것을 도저히 받아들일 수 없게 만든다. 그렇기 때문에 이들의 대인관계는 늘 불안정하다. 특히 모든 관계의 중심에 버림받을지 모른다는 두려움이 자리잡는다. 사랑하는 사람이 떠날까 불안해하면서 필사적으로 붙잡으려 하지만, 정작 버림받을 것 같은 신호가 감지되면 먼저 관계를 끊어버린다. 떠나는 사람이 되는 게 버려지는 사람이 되는 것보다는 덜 아프다고 믿기 때문이다.

경계선 성격장애가 있는 사람들은 분명 자기 손으로 문제를 만들어내곤 한다. 하지만 그들의 고통은 진짜다. 타인을 해치고도 아무런 죄책감을 느끼지 못하는 소시오패스와는 근본적으로 다르다. 경계선 성격장애 환자들은 누군가와 깊이 연결되고 싶어하고, 진정한 관계를 갈망하며, 관계가 틀어지면 진심으로 아파한다. 물론 이들과 함께 지내는 건 쉽지 않다. 감정이 시시각각 변하는 데다가 너무 격렬해서 주변 사람들이 지치기 십상이다. 그러나 한발 물러서서 보면 이들이 얼마나 간절히 노력하는지 알 수 있다. 버림받을 조짐이 보이면 폭발하고 상대를 조종하려 드는 건, 달리 어떻게 해야 할지 모르기 때문이다. 이런 벅찬 감정을 어떻게 다뤄야 하는지 배운 적이 없다. 비극적인 건 정작 이런 행동이 사람들을 떠나게 만든다는 사실이다. 버림받기 싫어서 하는 행동이 버림받을 가능성을 키운다니, 얼마나 잔혹한 운명인가. 그들의 행동을 받아들일 순 없어도 그 속에서 허우적대는 마음은 충분히 공감할 수 있다.

그런데 꼭 알아줬으면 하는 게 있다. 경계선 성격장애로 진단받은 많은 사람이 자신의 문제와 정면으로 맞서 싸우고 있다는 사실이다. 이들도 치료를 통해 삶을 개선할 수 있고, 실제로 대부분이 치료받기를 간절히 바란다. 누가 공허하고 불안정한 삶을 원하겠는가. 사랑하는 사람을 잃을까봐 매달리다가 오히려 관계를 망치고, 잘못된 방법으로 관계를 지키려다 완전히 파탄 나는 악순환을 누구보다 본인들이 가장 잘 안다. 그래서 이들은 정말 열심히 노력한다. 감정을 다스리는 새로운 방법을 배우고, 고통스러운 순간을 견디는 힘을 기르려고 애쓴다. 나아지고 싶다는 이들의 간절함은 진짜다.

그렇다고 해서 모든 게 긍정적이지는 않다. 경계선 성격장애 환자들이 때로 학대 행동을 한다는 사실도 솔직하게 인정해야 한다. 관계를 지키려는 간절함이 지나쳐서 감정이 폭발하는 경우가 있다. 특히 상대방이 잠깐 거리를 두고 싶어하거나 관계를 정리하려 하면 더 심해진다. 상대를 무시하고 깎아내리며 모든 잘못을 떠넘기는 잔인한 말들을 쏟아낸다. 때로는 떠나지 못하게 물리적으로 막아서기도 한다. 이들의 날카로운 경계심과 압도적인 강렬함은 주변 사람들을 숨 막히게 만든다. 말 한마디 잘못했다가는 끝없는 추궁과 감정싸움에 휘말릴까봐 눈치를 본다. 직접 겪어보면 알겠지만, 이런 사람과 친밀한 관계를 유지하는 일은 솔직히 말해 아주 버겁다.

경계선 성격장애가 아닌 사례: 라일라의 이야기

앵거스와 라일라가 또다시 싸움을 벌였다. 앵거스는 자신을 향한 라일라의 불평불만에 진저리가 났다. 사귀기 시작했을 때만 해도, 라일라는 누가 봐도 매력적인 여자였다. 자신감이 넘쳤고, 여유로웠으며, 미래 따위는 걱정하지 않는 쿨한 모습이 그를 사로잡았다. 하지만 지금의 라일라는 너무나 의존적이고 사사건건 트집을 잡았다. 앵거스는 독립적이었던 예전의 라일라가 그리웠다. 그땐 정말 자신감 있고 함께 있으면 즐거운 사람이었다. 잡고 싶어도 쉽게 잡히지 않는, 그래서 더 매력적인 여자였다. 하지만 이제 와서 보니 라일라에게는 숨겨진 또 다른 얼굴이 있었다. 요구 사항은 끝이 없고 감정은 시시각각 변했다. 숨이 막힐 지경이었다. 어디에 가는지, 누구를 만나는지 하나하나 확인하려는 라일라의 집착이 그를 미치게 만들었다.

라일라는 또 울고 있었다. 앵거스와의 관계가 왜 이렇게 급격히 나빠졌는지 도무지 이해할 수 없었다. 분명 시작은 완벽했고, 모든 순간이 편안하고 즐거웠다. 그런데 어느 날 갑자기 스위치가 꺼진 것처럼 앵거스가 못되게 변해버렸다. 오늘은 특히 더 억울했다. 친구들과의 저녁 약속에 앵거스가 아무 말 없이 나타나지 않은 데다가, 이를 따지자 오히려 화를 냈다. 라일라는 황당하고 서운했다. 못 온다는 연락 한 번 없이 안 나타난 사람은 앵거스였다. 라일라는 식당에서 얼마나 초조하게 기다렸던가. 핸드폰만 들여다보고, 문이 열릴 때마다 고개를 들어 확인했다. 혹시 무슨 사고라도 났을까 진심으로 걱정까지 했건만, 알고 보니 단순히 가기 싫었고 그 사실조차 알리기 싫었다는 것이다.

"뭐가 어때서? 피곤하면 네 친구들 만나는 데 빠지면 안 돼? 우리 맨날 걔들 만나잖아. 라일라! 너무 나를 통제하려고 하는 거 아니야? 내 시간이고 내 선택인데 왜 네가 이래라저래라야?" 앵거스가 목소리를 높였다.

"내가 그런 얘기 하는 게 아니잖아! 이게 왜 잘못됐는지 진짜 모르겠어? 적어도 못 온다고 말은 해줬어야지. 나는 사고라도 난 줄 알고 얼마나 걱정했는데! 피곤해서 못 오겠다고 하면 얼마든지 이해할 수 있어. 그런데 연락도 안 되고 그냥 안 나타나면 어떡하라고! 계획이 바뀌면 최소한 알려는 줘야지!" 라일라가 억울함을 토로했다.

"라일라, 내가 꼭 그래야 해? 너한테 허락받고 살아야 돼? 이건 내 삶이야. 10시간 일하고 파김치가 됐는데 네 친구들이랑 억지로 시간을 보내야 해? 내가 안 가고 싶으면 안 가는 거지. 네가 울든 말든, 화를 내든 말든 상관없어. 나를 조종하려고 하지 마." 앵거스가 차갑게 말했다.

"뭐? 조종이라니! 난 그저 계획이 바뀌면 연락해달라는 거야. 이게 그렇게 무리한 부탁이야?" 라일라의 목소리가 떨렸고, 눈물은 흐느낌으로 바뀌었다. '내가 정말 이상한 걸까?' 라일라는 자신에게 물었다. 통제하려던 건 아니었는데, 친구들과의 저녁 자리에서 혼자 남겨진 순간의 무력감과 수치심이 다시 밀려왔다.

"제발 그만 좀 울어! 넌 맨날 이래. 별것도 아닌 일로 호들갑 떨고는 울면서 내가 미안해하게 만들어. 하지만 이번엔 안 먹혀. 너 경계선 성격장애 그런 거 아니야? 모든 일에 과잉 반응하는데, 이번엔 달래주지 않을 거야." 앵거스가 차갑게 내뱉었다.

앵거스가 문을 박차고 나가자 라일라의 흐느낌은 통곡으로 변했다. 도무지 감정을 주체할 수가 없었다. 어쩌면 앵거스 말이 맞는지도 몰랐다. 계속해서 화가 나는데, 그 이유를 설명하려 하면 결국 자신만 바보가 되는 기분이었다. 라일라의 내면에서는 끊임없는 자기 의심이 소용돌이쳤다. '내가 너무 집착하는 건가? 정말 경계선 성격장애라도 있는 건가? 앵거스를 잃을까 너무 겁이 나서 사소한 것에도 이렇게 민감하게 구는 건가?'

이런 일이 있으면 라일라는 늘 그랬듯 온갖 사과를 다 할 게 분명했다. 장문의 메시지를 보내고, 앵거스가 하루가 지나도록 답하지 않으면 직접 찾아가서라도 용서를 빌 것이 뻔했다. 그럴 때마다 앵거스는 사과하는 것까지도 너무 오버한다고 핀잔을 주곤 했다. 울면서 빌어도 바로 받아주지 않고 며칠은 더 냉랭하게 대하며 라일라가 알아서 굽히게 만드는 것이 그의 패턴이었다.

하지만 진실은 이랬다. 라일라에게는 경계선 성격장애가 없었다.

상처받을 만한 상황에서 나타나는 지극히 정상적인 반응을 보였을 뿐이다. 오히려 성격장애를 가진 쪽은 앵거스였다. (어떤 장애인지 짐작이 가는가?) 아이러니하게도 진짜 조종하는 사람은 바로 그였다. 라일라의 정당한 감정을 문제로 만들고 진단명을 무기처럼 휘둘러 라일라가 과민 반응한다고 믿게 만드는 것이 그의 수법이었다. '통제적' '조종적'이라는 학대의 언어로 자신의 잘못을 라일라에게 전가하는 일도 예전부터 반복되었다. 앵거스가 만들어낸 이 왜곡된 서사, 즉 라일라가 관계의 가해자라는 프레임은 서서히 라일라의 자기 신뢰를 무너뜨리고 있었다.

경계선 성격장애의 무기화

경계선 성격장애라는 말이 상대를 공격하는 무기로 변질될 때, 희생양은 십중팔구 여성이다. 감정 기복이 심하다고 하면 우리는 본능적으로 여성을 떠올린다. 얼마나 불공평하고 터무니없는 편견인지 모른다. 실제로 상담실에서 만난 여성 내담자들을 떠올려보면, 남성 파트너를 경계선 성격장애라고 표현한 경우는 손에 꼽는다. 여성들은 문제 있는 남성을 보고 나르시시스트나 사이코패스라고 부를지언정, 경계선이라는 꼬리표는 붙이지 않았다. 흥미로운 건 경계선 성격장애의 실제 유병률이 성별에 관계없이 비슷하다는 사실이다. 그런데도 진단서에 오르는 이름은 압도적으로 여성이 많다. 이 불균형이 드러내는 진실은 명확하다. 경계선 성격장애라는 용어가 이미 여성을 향한 성별 편향적 잣대로 전락했다는 것이다.

경계선 성격장애의 핵심은 극단적 감정과 행동 패턴이다. 그 때문에 사람들은 누군가의 일시적인 감정 표출을 목격하고는 곧바로 경계선 성격장애라는 결론으로 비약한다. 하지만 진짜 경계선 성격장애는 그렇게 단순하지 않다. 한두 번의 감정 폭발로 규정할 수 있는 문제가 아니라, 훨씬 복잡하고 지속적인 패턴을 보이는 장애다.

그럼에도 여전히 사람들은 경계선 성격장애라는 개념을 왜곡하고 악용한다. 이는 주로 다음과 같은 세 가지 패턴으로 나타난다.

하나. 전체 관계를 보지 않고 나와의 관계만으로 판단한다

경계선 성격장애가 있는 사람들은 특정 누군가와만 문제를 겪는 게 아니다. 모든 친밀한 관계에서 비슷한 어려움을 반복한다. 연인과 극단적인 관계를 보이는 사람이 가족이나 친구와는 안정적 관계를 유지하는 경우는 거의 없다. 그들에게는 친밀해진다는 것 자체가 버림받을지 모른다는 두려움을 깨우고, 그 두려움은 감당하기 힘든 감정을 불러일으킨다. 경계선 성격장애 환자들이 느끼는 감정의 강도는 우리가 일반적으로 경험하는 수준을 훨씬 넘어선다. 자해를 하거나 충동적으로 위험한 행동을 하는 것도 그 감정이 너무 극심하기 때문이다. 그만큼의 고통 속에서는 극단적인 방법이 유일한 대처법처럼 느껴질 수밖에 없다.

하지만 우리가 누군가를 경계선이라고 할 때는 이런 전체적인 그림을 보지 않는다. 가장 중요한 관찰 단계를 건너뛰고, 나에게 보인 격한 반응만으로 성급하게 판단한다. 그 사람이 가족, 친구, 동료들과 어떤 관계를 맺고 있는지, 모든 가까운 관계에서 같은 패턴을 보이는지는 확인하려고 하지 않는다.

둘. 자해를 하면 무조건 경계선 성격장애라고 생각한다

자해를 하는 사람을 보면 우리는 곧바로 경계선 성격장애라는 진단을 떠올린다. 이것도 경계선이라는 용어를 잘못 사용하는 대표적인 예다. 물론 경계선 성격장애 환자 대부분이 자해를 하는 건 사실이다. 하지만 거꾸로 자해를 한다고 해서 모두가 경계선 성격장애인 것은 아니다. 자신을 해치는 방법으로 감정을 달래려는 사람들은 생각보다 많다. 다양한 정신적 어려움을 겪는 사람들이 무감각해지고 싶어서, 혹은 반대로 무감각함에서 벗어나 무언가를 느끼고 싶어서 자해를 선택한다. 더 문제적인 것은 경계선 성격장애 환자의 자해를 오로지 타인을 조종하려는 의도로 해석하는 시각이다. 물론 자해를 통해 다른 사람들이 자신을 더 조심스럽게 대하거나 떠나지 못하게 만드는 부수적인 효과가 발생할 수는 있다. 하지만 자해를 하는 사람들의 주된 목적은 그게 아니다. 자해나 자살 위협은 견딜 수 없는 고통을 달래는 동시에 표현하는 방법이기도 하다. 이를 단순한 조종 행위로 치부하는 건 명백한 오해다.

셋. 감정이 격하면 경계선 성격장애라고 단정한다

우리 눈에 사소해 보이는 일에 누군가 격하게 반응하면 우리는 즉시 병리적이라는 판단을 내린다. 사실 문제랄 것도 없는 상황에서 격한 반응을 보이면 더욱 그렇다. 지나친 감정 표현이 조작적으로 느껴지고 나와 우리 관계를 통제하려는 시도로 읽힌다. 하지만 사람들이 강하게 반응하는 데는 우리가 알지 못하는 이유가 있을 수 있다. 처음에는 보이지 않았던, 이해할 수 없었던 배경이 존재할 수도 있다. 감정이 격하다고 곧바로 성격장애로 규정하는 건 너무나 성급한 판단이다.

여기서 불안 애착 유형을 가진 사람들이 좋은 예다. 연인과의 관계가 흔들린다고 느끼면 그들은 집착하거나 감정이 격해진다. 문제가 해결될 때까지 격렬하게 대화하고 끈질기게 매달리는 모습을 보인다. 하지만 여기서 끝이다. 무모한 행동을 하거나 자해로 도피하지는 않는다. 자기가 누구인지 혼란스러워하는 정체성의 위기도 겪지 않고, 공허한 기분, 통제 불가능한 분노, 순간적인 피해망상 같은 증상도 보이지 않는다. 물론 관계가 끝날까봐 두려워하는 마음은 진짜고 고통스럽다. 하지만 경계선 성격장애에서 나타나는 공포는 근본적으로 다르다. 훨씬 더 강렬하고 공황에 가까운 수준이다. 이런 차이를 구분하는 일은 중요한데, 그 이유는 단순하다. 우리는 모두 인간이기 때문이다. 인간이라면 관계 속에서 감정적으로 흔들리며, 때로는 상대에게 매달리고 때로는 화를 내는 것이 자연스럽다.

좋든 싫든 우리는 모두 감정을 가진 존재다. 때로는 그 감정이 우리를 압도할 만큼 강렬해진다. 우리도 관계가 흔들릴 때 불안 애착을 가진 사람들과 비슷한 모습을 보일 수 있지만, 그렇다고 해서 경계선 성격장애는 아니다. 격한 반응을 보이는 사람마다 경계선이라고 낙인찍고 싶은 마음이 들 수는 있다. 그러나 이런 판단은 틀렸을 뿐 아니라 해롭기까지 하다. 경계선 성격장애가 수많은 측면을 가진 복잡한 진단이라는 사실을 완전히 간과하는 것이다. 더 솔직히 말하면, 누군가를 경계선으로 몰아가는 데는 숨은 이유가 있다. 우리가 상대에게 준 상처를 인정하고 싶지 않을 때, 이 진단명은 편리한 방패막이가 된다. 우리 행동이 왜 상처가 되었는지 이해가 안 가거나, 상대의 반응이 과하다고 여겨질 때, 가장 쉬운 해결책은 상대가 병리적이라고 규정하는 것이다. 하지만 사람들이 강하게 반응하는 데는 저마다 사연이 있다. 대부분은 성격장애와 전혀 무관한, 지극히 인간적인 이유들이다.

이 용어를 함부로 사용하면 안 되는 이유는 단순히 부정확해서가 아니라, 경계선 성격장애에 대한 편견을 심화하기 때문이다. 실제로 경계선 성격장애를 가진 사람들은 대개 어린 시절부터 극심한 고통을 겪어왔고, 어른이 된 지금도 그 고통 속에서 살아간다. 극도의 감정적 고통 속에서 그들이 가장 간절히 바라는 건 자신의 정체성과 대인관계가 안정되는 것이다. 그들이 자해를 하는 이유는 관심을 받고 싶어서가 아니다. 너무나 절박해서다. 충동적이고 위험한 행동을 하는 이유도 스릴을 즐기려는 게 아니다. 폭발할 것 같은 감정을 달리 처리할 방법을 모르기 때문이다. 이미 자기혐오와 수치심에 짓눌려 있는 그들에게 사회의 편견은 또 다른 무게를 더한다. 그러면 자신에게 연민을 가지는 일도, 도움을 요청하는 일도 점점 더 어려워진다.

그렇다면 우리는 어떤 태도를 가져야 할까. 경계선 성격장애를 가진 사람의 부적절하거나 해로운 행동을 옹호할 필요는 없지만, 그들을 악마화할 필요도 없다. 관계에서 보이는 미숙하고 답답한 모습들은 대부분 심각한 트라우마의 산물로, 누구나 공감할 수 있는 아픔이다. 또한 나르시시스트나 소시오패스와 달리, 경계선 성격장애 환자들은 관계 개선 의지를 보이고, 치료에 대한 수용성과 반응성도 높다. 물론 모든 경계선 성격장애 환자가 스스로를 돌아보고 변화하려는 의지를 가진 건 아니다. 그들과 가까운 관계를 무조건 유지해야 한다는 말도 아니다. 다만 우리가 필요한 경계를 세우면서도, 그들을 바라보는 시선에는 조금 더 온기를 담을 수 있다는 의미다.

마지막으로, 라일라와 앵거스의 사례가 보여주듯이 경계선 성격장애를 무기로 삼는 행위는 매우 효과적인 통제 전략이 된다. 누군가를 과도하게 감정적이고 비이성적인 존재로 그려내면, 그들의 감정은 정당하지 않고, 그들의 인식은 신뢰할 수 없다고 설득할 수 있다. 학대자들은 특정 단어를 활용해 잘못을 파트너에게 뒤집어씌우는 방법을 정확히 안다. 상대가 충분히 화낼 만한 상황이었는데도 언제나 자기 탓이라는 거짓된 현실을 믿도록 조작한다. 이러한 이유로 우리는 경계선이라는 말을 쓸 때 각별히 조심해야 한다. 이 진단명이 타인의 감정을 부정하고 통제하는 수단이 되어서는 안 된다.

내가 경계선 성격장애라고 지목됐을 때

관계에 문제가 생겨서 당신이 감정적으로 동요하고 있다면, 누군가 경계선 성격장애라고 했을 수 있다. 홧김에 나온 말일 수도 있고, 진짜로 당신을 걱정해서 나온 말일 수도 있다. 어느 쪽이든, 이런 일이 생겼을 때 해야 할 일은 다음과 같다.

대응하기 전에 먼저 감정을 가라앉히자

정신장애가 있다는 소리를 듣는 건 언제나 마음 아프다. 특히 싸우는 중이거나 화가 난 상태에서 그런 말을 들었다면 더 그렇다. 일단 마음을 가라앉히자. 어떤 말로든 대꾸하기 전에 차분함을 되찾는 게 먼저다.

상대방의 진짜 의도가 무엇인지 물어보자

이제 상대방에게 물어볼 차례다. 왜 그런 용어를 사용했는지 설명해달라고 하자. 당신의 감정 표현이 너무 격했기 때문일까? 진정하기를 바라는 마음에서 나온 말일까? 혹시 당신이 가까워졌다가 멀어지기를 반복하는 모습에 지쳤던 걸까? 사실은 예전부터 당신에게 경계선 성격이 있다고 생각했던 걸까? 아니면 그냥 화가 치밀어서 내뱉은 말일까? 양극성 장애 이야기를 했을 때처럼, 지금도 똑같은 구분이 필요하다. 상대가 심리학 용어를 무기로 휘두른 건지, 진짜 당신을 걱정해서 꺼낸 이야기인지 파악해야 한다.

상대의 말이 맞는지 스스로 점검해보자

상대가 던진 말에 대해 한 번쯤 생각해보자. 간단한 자문자답이면 충분하다. 주변 사람 중에 당신의 경계선 성격을 의심한 사람이 또 있었나? 트라우마 때문에 가까운 사람들과 친밀해지기 힘든가? 관계가 늘 롤러코스터처럼 극단적이었거나 빨리 끝났다고 느끼나?

낮은 자존감, 감당하기 벅찬 감정들, 스스로를 해칠 수도 있는 위험한 행동들, 자해나 자살 생각, 채워지지 않는 내면의 공허함으로 고통받고 있나? 이 질문들에 한 번이라도 고개를 끄덕였다면, 전문가를 만나 정확한 평가를 받아보는 게 좋겠다.

상대의 말에 일리가 있다면 전문가 진단을 받아보자

곰곰이 되돌아봤을 때 당신의 관계 패턴이 정말로 경계선 성격장애와 닮아 있다면, 이제는 전문가를 찾아가자. 진단 기준에 해당하는지 제대로 평가받아보자. 실제로 이 장애가 있다고 판명되더라도, 효과가 좋은 치료법이 많이 있다. 자책하거나 수치스러워할 필요 없다. 이런 장애가 생긴 건 당신 잘못이 아니다. 이제 알게 되었으니, 관계를 더 안정적이고 충만하게 만들어갈 길을 찾아나가면 된다.

당신의 진짜 감정과 이유를 솔직하게 설명하자

상대의 말은 알겠지만 그 비난이 틀렸다고 생각한다면, 왜 당신이 경계선 성격장애에 해당하지 않는지 차분히 설명해보자. 마음이 편하다면 솔직한 감정도 나눠보자. 그렇게 격하게 반응한 데는 이유가 있을 것이다. 어떤 두려움이 자극됐는지, 어떤 아픈 기억이 건드려졌는지 상대에게 알려주자. 당신의 반응은 병적인 증상이 아니고, 누구나 그럴 수 있는 상황이었다는 걸 이해시켜보자. 다만 이런 솔직한 대화는 서로 신뢰하는 관계에서만 가능하다. 만약 상대가 당신을 함부로 대하거나 학대하는 상황이라면, 굳이 이런 노력을 할 필요는 없다. 그냥 건너뛰어도 된다.

진단명을 무기로 쓰는 행동을 정면으로 지적하자

상대가 경계선 성격장애라는 말을 무기처럼 써서 모든 책임을 당신에게 떠넘기려 했다는 결론에 이를 수도 있다. 그렇다면 이제 정면으로 맞서야 한다. 당신의 정신 건강을 진심으로 걱정한다면 좀더 조심스럽고 사려 깊게 접근해야 한다고 말하자. 진단명을 빌려 당신을 판단하고 탓하려는 거라면 당장 멈춰야 한다고 분명히 전하자. 심리학 용어를 무기로 삼으면 진짜 대화가 불가능해지고 서로를 이해할 길이 막힌다. 다시는 이런 식으로 말하지 말아달라고 당부하자.

변하지 않는다면 이제 결정을 내리자

이렇게까지 노력했는데도 싸울 때마다 여전히 경계선 성격장애 운운하며 당신을 몰아붙인다면, 이제 결심해야 한다. 방법은 여러 가지다. 그냥 무시하고 넘어갈 수도 있다. 아니면 포기하지 않고 계속 문제를 지적해서 상대가 행동을 바꾸도록 노력해볼 수도 있다. 개인 상담을 받아서 자기 문제를 먼저 해결하라고 권유하는 것도 한 방법이다. 연인이라면 함께 커플 상담을 받아보자고 제안할 수도 있다. 관계에서 조금씩 거리를 두기 시작할 수도 있고, 더 이상 희망이 없다면 관계를 완전히 끝내는 것도 고려해봐야 한다. 정답은 없다. 당신의 상황과 마음에 맞는 선택을 하면 된다.

상대방에게서 경계선 성격장애의 징조가 보일 때

이 장을 읽다보니 주변에 있는 누군가가 생각났을지도 모른다. 설명이 너무 딱 맞아떨어져서 그 사람이 진짜 경계선 성격장애인지 궁금해졌을 수도 있다. 그렇다면 다음 조언을 계속 읽어보자.

상대를 진단하기 전에 내 마음부터 들여다보자

내 설명이 아는 사람과 정확히 맞아떨어진다 해도 섣불리 진단하지는 말자. 그 사람에게 경계선 성격장애가 있을지 고민하기 전에, 일단 편견 없이 상황을 들여다보자. 그리고 자신에게 솔직하게 물어보자. '만약 그 사람이 정말로 경계선 성격장애를 가지고 있다면, 나는 어떤 기분일까? 드디어 관계의 모든 문제를 그 사람 탓으로 돌릴 수 있어서 속이 시원할까? 아니면 우리가 계속 부딪혔던 문제들을 드디어 풀어갈 방법을 찾았다는 안도감이 들까?'

경계선 성격장애에 대해 충분히 공부하자

이 장만 읽고 무언가 결론을 내리기엔 충분하지 않다. 경계선 성격장애에 관한 책이나 자료를 더 찾아서 읽어봐야 한다. 다양한 인간관계에서 이 성격이 어떤 모습으로 나타나는지 파악하는 것도 중요하다. 앞서 말한 조언을 잘 따랐다면, 이미 마음가짐이 달라졌을 것이다. 그 사람이 경계선 성격장애일 거라고 확신하는 대신, 아닐 가능성도 똑같이 열어두어야 한다.

모든 인간관계에서 비슷한 패턴이 나타나는지 살펴보자

성격장애를 가진 사람은 특정 관계에서만 문제를 보이지 않는다. 이 점을 염두에 두고 그 사람의 인간관계를 차근차근 돌아보자. 늘 격렬하게 시작했다가 빨리 끝나는 관계를 반복해왔나? 혼자 남겨질까봐 불안해서 극단적인 행동도 서슴지 않나? 자해하거나 충동적으로 위험한 일을 벌이는 모습, 사소한 일에도 폭발하는 분노, 자기가 누군지 확신하지 못하는 불안정한 모습을 보인 적이 있나? 이런 패턴이 과거 연인들과의 관계에서도, 가족이나 친구들과의 관계에서도 반복되었나? 물론 이런 관찰만으로 확실한 진단을 내릴 수는 없다. 하지만 당신과 겪은 힘든 순간들만 따로 떼어서 판단하기보다는, 그 사람이 맺어온 모든 관계를 전체적으로 살펴보는 일이 필요하다.

혼자 고민하지 말고 전문가 조언을 구하자

이런 문제로 고민할 때는 전문가 의견을 들어보는 게 좋다. 상담사를 만나서 그 사람이 경계선 성격장애일 가능성에 대해 이야기해보자. 왜 알고 싶은지도 솔직하게 말하자. 그 사람이 치료를 받도록 돕고 싶어서일 수도 있고, 둘 사이의 감정 기복에 더 잘 대처하고 싶은 마음일 수도 있다. 물론 상담사가 직접 만나보지 않은 사람을 진단해줄 수는 없다. 하지만 전문가로서 유용한 조언을 제공할 수 있고, 당신은 그 조언을 토대로 앞으로 어떻게 할지 결정하면 된다.

관계를 유지할지 정리할지 결정하자

그 사람이 정말 경계선 성격장애를 가지고 있다면, 당신에게는 어떤 의미일까. 사람마다 받아들이는 방식이 다르다. 어떤 이들은 사랑하는 사람이 왜 그토록 힘들어했는지 비로소 이해하면서 오히려 안도한다. 원인을 알았으니 치료할 수 있다는 희망이 생기기 때문이다. 하지만 또 다른 이들은 경계선 성격장애라는 진단 앞에서 관계를 정리할 때가 왔다고 느낀다. 이때 만약 부모처럼 평생 이어질 수밖에 없는 관계라면 어떨까. 연을 끊는다는 건 상상하기도 어렵다. 그래도 상대의 행동을 이해하게 되면, 똑같이 힘든 일이 생겨도 전보다는 덜 흔들릴 수 있다. 친구처럼 상대적으로 거리를 둘 수 있는 관계라면 또 다르다. 그들의 격렬한 감정이나 끝없는 요구에 소진되지 않으려면 어느 정도 경계를 설정하는 편이 현명할 수 있다. 결국 중요한 건 이 사람이 당신 삶에서 차지하는 무게다. 계속 함께하고 싶은지, 함께하려면 어떤 경계선을 지켜나가야 할지 신중하게 따져봐야 한다.

만약 관계를 유지하고 싶다면 상대와 대화해보자

이제 당신의 우려를 그 사람과 나눌 때가 왔을지도 모른다. 대화를 시작한다면 최대한 부드럽고 따뜻한 태도로 다가가자. 상대를 이해하고 도우려는 진심에서 우러나온 말이라 해도, 이런 이야기를 듣는 건 누구에게나 쉽지 않은 일이다. 경계선 성격장애라는 진단이 둘 사이에 반복되는 문제들을 풀어나갈 열쇠가 될 수도 있다고 조심스럽게 말을 꺼내보자. 충분히 위로하고 안심시켜주면서도, 동시에 분명히 해야 할 점들이 있다. 당신이 하는 말을 진지하게 받아들여야 한다는 것, 그리고 본인이나 상담사가 그 진단에 동의하지 않더라도 스스로를 돌아보고 변화하려는 노력은 필요하다는 것 말이다.

물론 이런 대화를 반드시 해야 하는 건 아니다. "때가 왔을지도 모른다"라고 표현한 것도 그 때문이다. 연인이나 가까운 친구와는 이런 대화가 의미 있을 수 있지만, 부모나 다른 가족과는 상황이 다를 수 있다. 진단에 대한 우려를 나누고 도움을 권하는 것이 건설적인 결과로 이어질 때도 있지만, 오히려 불필요한 갈등만 키울 때도 있다. 지금 당신이 처한 상황이 어느 쪽인지는 스스로 판단해야 한다.

떠나는 것도 정당한 선택임을 인정하자

경계선 성격장애 진단이 내려졌든 아니든, 상대의 극단적인 감정이나 자해 행동이 당신에게는 너무 큰 짐일 수 있다. 공식 진단 같은 건 필요 없다. 이미 관계를 끝낼 충분한 이유가 있다. 떠나고 싶다면 떠나자. 마지막까지 상대를 배려하되, 한번 내린 결정에는 흔들리지 말자. 당신이 떠나면 상대는 무너질지도 모른다. 그렇다고 해서 이 관계에 남아야 하는 건 아니다. 여유가 있고 마음이 있다면, 상대가 도움받을 곳이나 기댈 사람을 찾는 걸 도와줄 수는 있다. 하지만 결국 가장 중요한 건 이거다. 우리 누구도 원하지 않는 관계를 억지로 지속할 이유가 없다.

'문제적'

'트리거'

'트라우마 유대'

요즘 무기화된 심리학 용어가 하도 많아서 책 한 권으로는 다 담아낼 수가 없었다. 그래도 이 정도는 알아두면 좋겠다 싶은 용어들이 몇 가지 더 있다. 각각 별도의 장을 마련하지는 못하겠지만, 여기서라도 잠시 조명해보자.

'문제적'인가, 나와 맞지 않을 뿐인가?

'문제적'이라는 딱지, 어쩌면 이거야말로 가장 문제적일지 모른다. 요즘은 "나쁜데 진짜 심각하게 나쁜" 것은 뭐든 '문제적'이라고 규정한다. 학대하는 사람도 문제적, 상처가 아물지 않은 사람도 문제적. 사이코패스부터 감정 조절 못하는 사람까지 모두 한 단어로 퉁친다. 레드 플래그나 나쁜 행동을 보이는 사람, 나르시시스트, 철없는 10대, 감정 기복이 심한 시댁, 선 넘는 친구, 말 안 통하는 사람. 이들을 죄다 '문제적 인간'으로 묶어버린다.

이 단어의 문제점이 보이는가? 실효성 있게 쓰기엔 너무나 모호한 개념이다. 관계의 온갖 부정적 측면을 뭉뚱그려 담아내지만, 정작 얼마나 나쁜지, 어떤 종류의 문제인지, 상황에 따른 일시적인 것인지 아니면 지속적이고 만연한 패턴인지는 전혀 구별해주지 않는다. 상처받거나 절박하게 설명이 필요할 때 쉽게 내뱉는 단어이지만, 실제로 무슨 일이 벌어지고 있는지, 더 중요하게는 우리가 어떻게 대처해야 하는지에 대해선 아무것도 알려주지 않는다.

파트너에게서 나를 통제하고 무력화하려는 행동 패턴이 보인다고 말하면, 상황을 명확히 파악할 수 있다. 하지만 누군가를 '문제적'이라고만 한다면 그 사람에 대해 아무것도 알 수 없다. 문제적이란 말은 행동을 지칭할 수도, 성격을 가리킬 수도 있어서 너무 모호하다. 특정 행동이 문제적이었던 건가?(대화를 두 번 차단한 것처럼) 아니면 그 사람 자체가 문제적인가?(주변 모든 사람을 비판하고 판단하는 것처럼) 게다가 행동을 말하는 거라면, 내가 상처받아서 문제적이라 느끼는 건지, 객관적으로 잘못된 행동이라 그런 건지도 불분명하다. 언니가 내 전화를 받지 않으면 거부당한 느낌에 고통스러울 수 있지만, 전화를 안 받는 것 자체가 문제적이거나 학대적인 행위는 아니다.

'문제적 관계'라는 표현도 마찬가지다. 너무 많은 의미를 담으려다 정작 아무것도 전달하지 못한다. 학대적 관계를 말하는가? 그럼 학대라고 명확히 말해야 한다. 학대는 의미가 분명해서 즉시 어떻게 도와야 할지 알 수 있다. 반복되는 갈등과 소통 부재가 문제인가? 그렇게 구체적으로 말한다면 그 상황에 맞는 도움을 줄 수 있다. 자기 성찰 능력이나 의지가 없고, 문제에서 자신의 책임을 인정하지 않는 감정적으로 미성숙한 사람과의 관계인가? 그렇게 설명한 뒤에 '문제적'이라고 표현하면 맥락을 이해할 수 있다. '문제적'은 모든 것이면서 동시에 아무것도 아니다. 이 형용사만 사용한다면 당신이 불행하다는 것 외에는 무슨 일이 벌어지고 있는지 전혀 알 수 없다.

가장 큰 문제는 무엇일까. 상대에게 문제를 이해하거나 해결할 기회조차 주지 않은 채, 이 표현을 관계를 끝내는 명분으로 쓴다는 점이다. 그 사람과 헤어지고 싶다면 그렇게 하면 된다. 문제 해결이다. 하지만 너무 많은 사람이 "넌 문제적이야!"라고 선언하고는 도망친다. 무엇이 문제인지 상대와 대화하는 더 어려운 작업은 회피하는 것이다. 이런 만능 용어에 기대는 것은 불건강한 관계 역학에서 자신이 맡았을지도 모르는 역할을 성찰할 책임마저 면제한다.

마지막으로 하나 더. 레드 플래그와 마찬가지로, 우리 모두 때때로 문제적인 행동을 보인다. 평생 문제적이지 않았던 사람은 본 적이 없다. 힘든 시기를 겪으며 소통과 대처 능력이 떨어지면 평소보다 더 문제적으로 행동하기도 한다. 하지만 그렇다고 문제적인 사람이 되는 건 아니다. 실제로 많은 연인관계가 '문제적 시기'를 거친다(이걸 공식 용어로 만들어야 할까?). 서로 제대로 소통하지 못하고, 갈등을 증폭시키고, 전반적으로 나쁘게 행동하는 시기 말이다. 일시적이거나 상황에 한정되는 문제 행동은 어느 정도 정상화해야 하지만, 동시에 '문제적'이라고 말할 때는 정확히 무엇을 의미하는지 명확히 해야 한다. 그래야만 관계에 도움이 필요한지 종료가 필요한지 판단할 수 있다.

'트리거'인가, 불편한 말을 들었을 뿐인가?

'트리거'라는 말이 진료실을 벗어나 우리 일상으로 스며든 지 오래다. 솔직히 말하자면 나도 이 책을 쓰면서 이 표현을 여러 번 빌려 썼다. 물론 임상적 의미보다는 일상적인 의미로 말이다. 이 단어의 어원은 총의 방아쇠다. 방아쇠를 당기면 총알이 날아가 상처를 입히듯, 감정의 방아쇠도 비슷한 원리로 작동한다. 누군가의 사소한 행동이나 무심한 말 한마디, 심지어 목소리의 미묘한 떨림까지도 우리 안의 오래된 상처를 건드릴 수 있다. 그러면 우리는 자신도 모르게 과민하게 반응하고, 결국 나 자신과 소중한 사람들에게 상처를 주게 된다.

하지만 임상에서 트리거는 훨씬 더 구체적인 의미를 지닌다. 정확히 말하면, 트리거란 트라우마 반응을 유발하는 단서를 뜻한다. 여기서 잠깐 트라우마를 짚고 넘어가자면, 이 말 역시 자주 오해받는 개념이다. 원래는 전쟁이나 교통사고처럼 생명을 위협하는 '빅 트라우마'를 의미했지만, 이제는 학교 내 괴롭힘이나 감정적으로 일관성 없는 부모처럼, 생명을 직접 위협하지는 않아도 심각한 고통을 주는 '스몰 트라우마'도 포함한다. 이런 트라우마 경험은 우리의 투쟁-도피 반응을 작동시키고 대처 능력을 압도해서, 훗날 비슷한 상황이나 자극을 맞닥뜨리면 그때의 반응을 다시 불러일으키는데, 바로 이 자극이 트리거다.

참전 군인들의 경험이 가장 명확한 예시다. 축제의 폭죽 소리가 울려 퍼질 때, 우리는 환호성을 지르지만 전쟁에서 돌아온 이들은 몸을 웅크린다. 폭죽 소리가 총성과 포탄 소리로 들리기 때문이다. 몸과 마음이 순식간에 전장으로 돌아가고, 생리적 반응과 심리적 공포가 동시에 밀려온다. 공황, 분노, 해리 같은 반응이 쏟아져 나오며 일상이 완전히 무너진다. 이것이 본래 의미의 트리거다.

하지만 요즘은 어떤가. 살짝 불편한 감정부터 심한 짜증까지, 부정적 기분을 일으키는 모든 상황에 트리거라는 딱지를 붙인다. 단순한 불쾌감도 트라우마인 척 과장한다. 더 큰 문제는 이 용어를 무기로 쓴다는 점이다. 사람들은 순간적인 감정 동요를 마치 목숨이 걸린 트라우마인 양 과장해서, 상대방이 즉시 행동을 멈추고 다시는 반복하지 말 것을 요구한다.

하지만 현실을 직시해보자. 가까운 사람일수록 우리의 예민한 지점을 건드린다. 바로 이 점이 관계를 어렵게 만든다. 부모님이 한숨을 쉬거나 연인이 짜증 섞인 말투로 대하면 가슴이 철렁 내려앉는다. 오래된 상처가 다시 쑤시는 듯한 느낌이다. 그렇다고 평생 화내지 말아달라고 요구할 수는 없다(나도 루커스에게 시도해봤다. 제발 긍정적인 감정만 보여달라고 부탁했더니, 인간의 모든 감정을 느낄 권리가 있다고 당당히 선언했다. 참 독한 남자다). 중요한 건 타인의 부정적 감정을 받아들이는 우리의 태도다. 누구도 나를 불편하게 하지 않는 세상은 환상에 불과하다. 건강한 관계라면 더더욱 그렇다.

물론 특별히 예민한 부분에 대해서는 배려를 요청할 수 있다. 어린 시절 고함 소리가 난무하는 집에서 자랐다면, 지금도 목소리가 커지는 순간 과거의 공포가 되살아날 수 있다. 파트너와 대화하다가 목소리가 높아지면 가슴이 조여오고 귀가 닫혀버린다. 이런 상처를 설명하고 화가 나더라도 목소리를 낮춰달라고 부탁하는 것은 정당하다. 하지만 상대가 항상 완벽하게 감정을 조절할 수는 없다. 때로 목소리가 커지고 우리의 불안이 되살아나기도 한다. 그렇다고 이것이 학대나 레드 플래그는 아니다. 우리가 성급하게 붙이는 다른 진단명도 아니다.

트리거라는 말이 원래 다른 의미를 지녔다는 점을 고려하면, 나는 확장된 용법을 받아들일 수 있다. 다만 조건이 있다. 무언가를 트리거라고 부르더라도, 그것을 상대에게 다시는 그러지 말라고 요구할 근거로 삼아서는 안 된다는 점이다. 자신의 예민한 지점을 아는 건 도움이 된다. 혼자서든 관계에서든 이런 상처들과 마주하며 성장할 수 있기 때문이다. 하지만 사랑하는 사람들은 필연적으로 우리의 아픈 감정을 건드린다. 그때마다 감정의 파도를 다스리는 것은 우리 몫이다. 불편한 감정을 일으키는 모든 사람을 피한다면, 남는 것은 고독뿐이다.

'트라우마 유대'인가, 고난을 함께했을 뿐인가?

여기서 '트라우마 유대'라는 용어를 다루는 데는 특별한 이유가 있다. 아직 다른 심리학 용어들처럼 무기화되지는 않았지만, 놀라운 속도로 본래 의미를 잃어가고 있기 때문이다. 많은 사람이 트라우마 유대를 힘든 시간을 함께 겪은 후 누군가와 느끼는 각별한 친밀감으로 착각한다. 하지만 실상은 완전히 다르다. 트라우마 유대는 학대

생존자가 자신의 가해자에게 느끼는 왜곡된 애착을 뜻한다. 상식적으로 생각하면 학대받은 사람이 가해자를 증오해야 마땅한데, 현실에서는 피해자가 트라우마 경험 때문에 오히려 가해자에게 애착을 형성하고 심지어 가해자를 두둔하는 일이 벌어진다.

이런 현상의 극단적 사례가 바로 스톡홀름 신드롬이다. 짧은 인질극 상황에서 피해자가 납치범에게 공감하기 시작하는 특수한 형태의 트라우마 유대로, 1970년대 스웨덴 은행에서 실제로 일어난 사건에서 유래했다. 강도들이 은행을 털려다가 계획이 어긋나는 바람에 직원 4명을 금고에 6일간 가둬두었는데, 바로 이 극한의 상황에서 예상치 못한 일이 벌어졌다. 인질들이 납치범들과 깊은 정서적 유대를 형성한 것이다. 더 놀라운 건 구조된 이후의 행동이었다. 인질들은 자신을 감금했던 사람들을 변호하고 그들의 안위를 걱정했다. 심지어 몇몇은 풀려난 후에도 납치범과 연락을 이어갔고, 한 사람은 강도의 변호사 비용을 대주기까지 했다.

트라우마 유대가 작동하는 심리적 메커니즘은 이렇듯 역설적이다. 피해자는 지속적으로 상처받고 이용당하면서도 가해자를 떠나지 못한다. 오히려 가해자를 이해하려 하고, 감사해하며, 다른 사람들 앞에서 변호하기까지 한다. 이런 심리적 왜곡은 단지 스톡홀름 신드롬 같은 극적인 상황에 국한되지 않는다. 일상의 학대 관계에서는 훨씬 더 은밀하고 체계적인 방식으로 전개된다. 가해자는 먼저 피해자의 자존감을 서서히 갉아먹는다. 너는 결함투성이고 부족한 존재라는 메시지를 끊임없이 주입하면서, 동시에 자신을 그런 상대의 모든 허물을 감싸주는 특별한 사람으로 위치시킨다. 이런 심리적 조작을 통해 피해자는 점차 왜곡된 현실을 내면화한다. 나를 받아줄 사람은 오직 이 사람뿐이라는 믿음이 깊이 뿌리내리면서, 공감과 감사, 병적 의존이 복잡하게 얽힌 감정의 올가미에서 벗어날 수 없게 되는 것이다.

그런데 요즘 사람들은 단지 함께 힘든 시간을 보냈다는 이유만으로 누군가와 '트라우마 유대'를 맺었다고 쉽게 말한다. 솔직히 말해 화가 난다. 가해자와 생존자 사이에 형성되는 이 역설적이고 해로운 관계를 설명할 정확한 언어가 우리에게는 필요하다. 이미 충분히 혼란스럽고 파괴적인 현상인데, 이를 설명하는 용어마저 빼앗아버리면 혼란만 가중될 뿐이다. 물론 언어는 시간과 함께 변화한다. 하지만 트라우마 유대는 왜 사람들이 학대적 관계에서 빠져나오지 못하는지를 이해하기 위한 핵심 개념이다. 그렇기에 본래의 의미는 반드시 지켜져야 한다.

그렇다면 함께 힘든 시간을 겪고 더 가까워진 느낌은 무엇일까. 이는 단순히 사회적 유대가 강화된 것이다. 대학 동아리 환영회나 군대 훈련이 추구하는 것도 바로 이런 유대감이다. 어려운 상황에서 서로 의지하며 버티다보면 자연스럽게 정이 든다. 하지만 이는 지극히 정상적인 관계 발전 과정이지, 트라우마 유대와는 본질적으로 다르다. 전우애가 좋은 예다. 함께 전쟁터를 누빈 군인들 사이의 끈끈한 정은 사회적 유대다. 비록 일반적인 관계보다 훨씬 깊고 특별하긴 해도 말이다. 반면 포로가 되어 적군을 옹호하는 군인이 있다면, 바로 이 경우가 진짜 트라우마 유대에 해당한다.

솔직히 말하자면, 나는 이 싸움에서 지는 편에 있을지도 모른다.

이 단어를 오용하는 현상이 너무 널리 퍼져버려서 이제 와 바로잡을 수 있을지 의문이다. 친구와 힘든 시기를 함께 보냈다고, 열악한 직장에서 동료들과 버텼다고 너도나도 '트라우마 유대'를 운운한다. 물론 앞서 말했듯 언어가 시대와 함께 진화한다는 것쯤은 나도 안다. 하지만 간과해서는 안 될 중요한 지점이 있다. 우리가 이 용어를 일상적 친밀감을 표현하는 데 남용하면서, 학대 관계의 병리적 역학을 설명할 적확한 표현을 상실하고 있다는 사실이다. 어쩌면 차라리 트라우마 유대라는 말을 되찾으려 애쓰기보다 완전히 새로운 용어를 만드는 게 나을지도 모른다. 스톡홀름 유착? 포획자와의 공모? 아직 좋은 이름을 못 찾았지만 계속 고민해볼 생각이다.

14장

우리는 모두 서툴다,
그럼에도 관계는 계속된다

자, 이제 우리는 무기화된 심리학 용어를 웬만큼 다 살펴봤다. 그런데 아직 풀리지 않은 질문이 하나 남았다. 당신이 맺고 있는 관계에 정말로 병리적인 요소가 있다는 우려가 든다면, 그럴 땐 어떻게 해야 할까?

앞선 장들에서 각각의 심리학 용어가 무기화될 때 어떻게 대응할지 간단한 가이드를 제시했다. 누군가 당신을 향해 그런 용어를 휘두를 때, 혹은 정말로 상대에게 문제가 있다고 느껴질 때 취할 수 있는 몇 가지 방법 말이다. 하지만 짧게 다룬 만큼 아마 충분하지 않을 것이다. 만약 특정 심리적 패턴이나 관계 문제를 더 깊이 이해하고 싶다면, 각 주제를 집중적으로 다룬 전문 서적을 찾아보는 것도 좋은 방법이다. 각종 성격장애, 강박장애, 경계 설정, 건강한 의사소통 등 영역마다 심도 있게 파고든 책이 많이 나와 있다. 이런 자료들을 통해 당신의 상황을 더 명확히 이해하고, 구체적인 대처 방안도 찾을 수 있을 테다.

이제 마지막 장이다. 여기서는 좀더 큰 그림을 그려보려 한다. 관계에서 마주하는 어려움들을 어떻게 헤쳐나갈지, 혹시라도 학대적인 관계에 놓여 있다는 생각이 들 때는 무엇을 해야 할지, 소셜미디어가 쏟아내는 콘텐츠들이 우리 사고방식에 미치는 영향력을 어떻게 다스릴지, 그리고 흔히 말하는 "관계를 위해 노력한다"는 말이 진짜로 의미하는 게 무엇인지 이야기해볼 것이다.

우선 깊게 숨을 한 번 들이쉬자. 관계라는 게 원래 어렵다는 사실을 받아들이면서 말이다. 나는 커플 상담사다. 매일같이 사람들이 관계를 개선할 수 있도록 돕는 일을 한다. 그런 나조차 내 관계에서 부딪히는 문제들 때문에 좌절하고 불안해한다. 힘든 시간 없이, 노력 없이 행복한 관계를 갖는 사람은 아무도 없다. 우리가 가까이 지내는 사람, 사랑하는 사람과 때때로 부딪치는 건 지극히 정상적인 일이다. 문제가 생겼을 때 절망할 필요는 없다. 어려움 안에는 기회가 숨어 있다. 관계를 더 단단하게 만들 기회, 각자 그리고 함께 성장할 기회 말이다. 설령 지금의 관계가 끝난다 해도, 당신은 이미 개인으로서 성장했을 거다. 그 자체로 충분히 가치 있는 일이다.

당신이 학대적인 관계에 있는지 파악하자

3장에서 한번 다뤘지만, 이 부분은 정말 중요해서 다시 이야기하려 한다. 솔직히 말해서 상대가 나를 학대하는 건지, 그냥 성격이 나쁜 건지 구별하는 일은 우리가 생각하는 것보다 훨씬 어렵다. 둘 사이의 경계가 아주 미묘하기 때문이다. 게다가 당사자는 이 차이를 알아차리기가 더 힘들다. 학대를 받다보면 내가 본 것, 느낀 것조차 의심하게 되고, 급기야 '이 모든 게 내 잘못인가?' 하는 생각에 빠지기 때문이다. 그러니까 만약 '혹시 내가 학대받고 있는 건 아닐까?' 하는 생각이 조금이라도 든다면, 절대 혼자 고민하지 말고 도움을 구해야 한다. 친한 친구든 가족이든 상담사든 믿을 만한 사람을 찾아가 솔직하게 털어놓자. 당신 이야기를 듣고 깜짝 놀라면서 진심으로 걱정하는 반응을 보인다면, 그건 당신이 정말로 건강하지 못한 관계에 갇혀 있다는 명백한 신호다.

물론 상대를 배신하는 것 같거나 화낼까봐 이런 이야기를 꺼내기가 쉽지 않을 수 있다. 하지만 관계에서 힘들 때 도움을 구하는 건 전혀 잘못된 일이 아니다. 나도 우리 사이가 삐걱거릴 때는 주저 없이 친구들과 이야기를 나눈다. 그렇다고 맨날 루커스 얘기를 하러 가는 건 아니다(집 안 곳곳에 물컵을 산더미처럼 쌓아두는 버릇은 예외다. 이건 정말 병적이라서 끝까지 지적할 거다). 그래도 관계에 어려움이 생기면 친구들에게 내가 어떻게 행동했는지, 루커스는 또 어땠는지 객관적으로 봐달라고 한다. 이 갈등을 어떻게 해결하면 좋을지 조언도 구한다. 고맙게도 내 친구들은 늘 현명하고 균형 잡힌 조언을 해주는데, 다들 상담사여서 그런지도 모르겠다. 어쨌든 핵심은 루커스나 내가 정말로 선을 넘는다면, 친구들이 가만있지 않고 분명히 말해주리란 믿음이 있다는 거다.

좋은 상담사를 찾는 일은 정말 중요하다(친구들 말고 전문가를 찾아야 한다는 말이다). 물론 내가 상담사라서 이런 말을 한다고 생각할 수도 있다. 상담의 힘을 믿는 사람이니까. 하지만 내 직업적 편견을 빼고 봐도 이건 사실이다. 지금 관계가 단순히 문제가 있는 수준인지, 아니면 학대적이어서 회복 불가능한 지경인지 판단하려면 객관적으로 볼 수 있는 제3자가 필요하다. 당신 편도 상대 편도 들지 않고, 오직 당신이 건강해지길 바라는 마음으로 도와줄 사람 말이다. 상담사가 당신 파트너를 직접 진단할 수는 없지만, 우려되는 행동 패턴을 포착하고 그런 행동이 당신에게 미치는 영향을 파악하는 건 충분히 할 수 있다.

그리고 결국, 상담이란 당신이 무엇을 할지 스스로 답을 찾아가는 자리다. 상대방이 왜 변해야 하고, 어떻게 변해야 하는지 50분 내내 떠드는 건 시간 낭비다. 파트너든 부모든, 상담실에 없는 사람은 변하지 않는다. 당신과 상담사가 아무리 머리를 맞대도 마찬가지다. 그 시간을 다르게 써보자. 내 관계를, 내 삶을 개선하기 위해 내가 무엇을 할 수 있을지 탐색하는 시간으로 말이다. 물론 상대도 함께 성장하도록 격려할 수는 있다. 하지만 모든 변화는 나로부터 시작된다. 내가 먼저 힘을 갖고 요청할 수 있어야, 상대도 비로소 행동을 바꿀 가능성이 생긴다.

상담을 통해서든 혼자 고민한 끝에든, 당신이 학대 관계에 있다는 사실을 알게 되었다면 답은 하나다. 떠나야 한다. 진정한 학대는 절대 바뀌지 않는다. 상대가 다른 사람의 아픔을 이해하지 못하고, 변하려는 의지도 없고, 자기 자신조차 제어하지 못한다면 더 그렇다. 학대자를 바꾸겠다고 당신의 몸과 마음까지 위험에 빠뜨릴 필요는 없다. 어차피 성공할 가능성은 거의 없고, 그럴 가치도 없기 때문이다. 이 책에서 설명한 권력과 통제의 수법을 쓰는 사람, 우리가 다룬 여러 문제적 특징을 보이는 사람과 함께 있다는 걸 깨달았다면 지금이 바로 떠날 때다. 친구, 가족, 상담사에게 도움을 요청하고, 가정폭력 상담센터 같은 전문 기관의 지원도 받자. 이 관계를 지키는 것보다 당신의 건강과 행복이 훨씬 더 중요하다. 세상에는 당신과 건강한 관계를 맺을 수 있는 좋은 사람이 많다. 지금 곁에 있는 사람은 그런 사람이 아닐 뿐이다.

물론 떠나는 일이 "그래, 잘 있어!" 한마디로 끝날 만큼 쉽지만은 않다는 걸 나도 안다. 학대 관계를 벗어나려는 그 순간이 가장 위험할 수 있다. 가해자가 분노하며 보복에 나설 가능성이 크기 때문이다. 특히 지금까지 신체적 폭력이 있었다면, 반드시 치밀한 안전 계획을 세워야 한다. 겁을 주려는 게 아니다. 당신이 주변의 도움을 충분히 받으면서 안전하게 빠져나올 방법을 찾길 바랄 뿐이다. 요즘은 가정폭력 상담센터, 해바라기센터, 여성긴급전화 1366 등 도움을 요청할 수 있는 곳이 많다.* 이런 기관들은 당신의 상황을 이해하고, 안전한 탈출 계획뿐 아니라 법적 지원, 임시 거처까지 제공하면서 실질적인 도움을 줄 수 있다. 혼자서 모든 걸 해결하려 하지 말고 전문가들의 도움을 받자.

그런데 만약 부모님처럼 관계를 끊기 어려운 사람에게 학대받고 있다면 어떻게 해야 할까. 참 난감한 상황임을 충분히 이해하지만, 그래도 할 수 있는 일들이 있다. 우선 확실한 경계를 긋는 것부터 시작해보자. 만나는 시간을 줄이고, 상대방 집에 머물지 않고, 마음을

---

* 이 책에서 소개하는 상담 기관은 한국 독자에게 실질적으로 도움이 될 수 있도록 국내 기관으로 옮겼다.—옮긴이

열어 보이는 정도를 조절하고, 시비나 말다툼에 말려들지 않는 것이다. 아주 제한적으로만 관계를 유지하면서 나를 지킬 수 있고, 필요하다면 완전히 연락을 끊을 수도 있다. 실제로 많은 사람이 부모나 가족이 너무나 해롭다는 걸 깨닫고 더 이상 관계를 유지할 수 없겠다고 결론 내린다. 일정 기간만 거리를 두는 사람도 있고, 평생 연을 끊는 사람도 있다. 이런 복잡한 가족관계로 힘들어하고 있다면, 가족상담센터나 심리상담센터에서 전문가의 도움을 받아보는 것도 좋다. 특히 건강가정지원센터 같은 곳에서는 가족관계 개선을 위한 다양한 프로그램과 상담을 제공하고 있으니, 혼자서 고민하지 말고 전문 지원을 받으며 당신에게 맞는 해결책을 찾아가길 바란다.

학대 관계가 아니라면 서로의 책임을 인정하고 노력하자

관계가 어려운 국면에 들어섰지만 학대까지는 아니라는 결론을 내렸다면, 이제부터가 진짜 시작이다. 관계 회복에 꼭 필요한 세 가지 요소를 기억하자. 바로 구체적으로 말하기, 마음을 열고 솔직해지기, 그리고 문제를 해결하겠다는 의지다.

먼저 상대에게 서운한 점을 이야기할 때 문제적이라느니 레드 플래그라느니 하는 추상적인 표현은 피하자. 대신 어떤 행동이 문제였는지, 어떤 일이 반복되고 있는지 분명하게 짚어서 말하자. 이때 상대의 성격 자체를 문제삼아서는 안 된다. 사람 자체를 공격하면 대화는 길을 잃고 만다.

그다음에는 지적한 문제가 당신에게 미친 영향을 솔직하게 말하자. 상대의 행동이 왜 상처를 줬는지 설명할 때는 "나는"으로 시작하는 문장을 쓰는 게 좋다. "너는 왜 맨날 전화를 안 해? 정말 이기적이야"보다는 "전화가 안 와서, 나는 혼자 남겨진 기분이었고 민망했어"라고 말하면 어떨까. 이렇게 하면 상대를 탓하기보다 내 마음을 전하는 데 집중할 수 있다. 아픈 마음은 위로하기 쉽지만, 비난받으면 누구나 자기를 방어하고 싶어진다.

마지막으로 문제를 꼭 해결하겠다는 의지를 분명히 하자. 상대를 사랑한다고 먼저 말한 뒤에 왜 함께 더 나은 길을 찾고 싶은지 이야기하면 좋다. 진심으로 사랑한다면 말이다. 예를 들어 이렇게 말할 수 있다. "우리 사이는 정말 좋잖아. 대화할 때마다 부딪히는 이 문제만 해결하면 훨씬 더 행복해질 거야."

이 지점에서 자연스럽게 치료에 대한 두 번째 제안으로 넘어가보자. 비교적 건강한 연애관계를 유지하면서도 고치고 싶은 문제들이 있다면, 커플 치료를 시도해보자. 우리 대부분은 관계 문제를 파악하고 해결하는 데 도움이 필요하다. 훌륭한 커플 치료사가 바로 그 도움을 줄 수 있다.

그렇다면 커플 치료사를 고를 때 무엇을 살펴야 할까?

먼저 심리학 학위와 그에 따른 면허를 갖춘 정신 건강 전문가를 찾아야 한다. 면허를 소지했다는 건 실무에 필요한 모든 자격을 갖추었고 윤리 규정을 준수한다는 뜻이다.

그다음으로 중요한 건 커플 치료를 전문적으로 훈련받은 사람을 찾는 일이다. 정말 이 부분은 강조하고 또 강조해도 모자라다. 웹사이트에 "커플 치료"라고 떡하니 써놓은 치료사들 중 실제로 커플을 상담해본 경험이 없는 사람이 얼마나 많은지 모른다. 상담을 진행하기를 고려하는 치료사와 이야기할 때는 반드시 물어봐야 한다. 어떤 교육 과정을 이수했는지, 관련 자격증은 무엇이 있는지,* 커플 상담을 할 때 어떤 접근법을 사용하는지(다시 말해 어떤 이론적 틀로 작업하는지) 말이다. 이를 구체적으로 설명할 수 있는 사람이어야 한다.

관계 개선을 도와줄 전문가를 물색할 때, 그들이 어떤 방식의 치료를 제공하는지도 꼼꼼히 따져봐야 한다.

가트맨 훈련을 받은 치료사: 꼼꼼한 평가를 거쳐 관계의 현재 상태를 파악하고, 과제를 내주며, 연구를 바탕으로 검증된 관계 개선법들을 차근차근 알려준다.

정서 중심 치료사: 당신의 애착 상처와 욕구를 찾아낸다. 그리고 서로 더 깊이 이해하고 연결될 수 있도록 경험적이고 강력한 방식으로 도와준다.

관계적 삶 치료를 하는 치료사: 어린 시절이 현재의 관계 대처 방식에 어떤 영향을 미치는지 살피고, 관계 속 힘의 균형을 맞추며, 모든 사람이 개선 과정에서 책임감을 갖도록 이끌어준다.

내가 언급한 것 말고도 다른 선택지들이 있으니, 당신의 관계에

---

* 한국에서는 상담 자격증이 법적으로 규정되어 있지 않으므로, 가장 공신력 있는 한국상담학회나 한국상담심리학회의 1급 또는 2급 자격증 보유 여부를 확인하는 것이 좋다. —옮긴이

가장 적합한 게 무엇일지 미리 알아보는 게 좋다. 가장 중요한 건 선택한 치료 방식에 정통한 치료사를 찾는 일이다.

마지막으로, 당신이 마음에 드는 치료사를 골라야 한다. 연구들은 치료 성공을 예측하는 가장 중요한 요인이 내담자와 치료사 사이의 궁합과 강한 유대감이라는 사실을 반복해서 증명한다. 다시 말해, 내담자와 치료사가 서로 호감을 느끼고 잘 협력해야 한다. 신뢰할 수 있고, 마음을 편안하게 해주며, 완전히 솔직해질 수 있을 것 같은 사람을 찾자.

정보 수집 단계에 머물러서는 안 된다

어떤 정보를 받아들이고 믿을지는 신중하게 결정해야 한다. 특히 온라인에서 찾은 정보라면 더 조심해야 하고, 진단명이나 임상 용어와 관련된 내용이라면 각별히 주의해야 한다. 소셜미디어에는 엄청난 양의 콘텐츠가 떠돌아다닌다. 물론 정확한 내용도 있고 실제로 당신 상황에 맞는 것도 있겠지만, 솔직히 대부분은 아닐 확률이 높다. 알고리즘의 속성을 떠올려보자. 당신이 좋아할 만한 영상을 보여주려고 이미 본 것과 비슷한 내용을 계속 추천하면서 확증 편향이라는 함정에 빠지게 만든다(우리 모두 경험해봤을 거다. 귀여운 너구리 영상 하나 봤더니 순식간에 먹이 씻는 너구리, 강아지 안아주는 너구리, 그냥 봐도 사랑스러운 아기 너구리들로 화면이 도배되는 현상. 딱 한 개만 봐도 이 지경인데, 앞으로 몇 주간은 너구리 천국에서 살게 된다. 경계선 성격장애 부모

관련 영상 한 편이 불러올 나비효과를 생각해보면, '경계선'이라는 개념 자체를 완전히 오해하게 될 수도 있다). 인터넷에서 본 내용이 뭔가 와닿는다 싶으면, 혼자 고민하지 말고 전문가를 찾아가자. 자신에게 양극성장애가 있을 것 같다면 제대로 된 평가를 받아보고, 파트너가 나르시시스트일지도 모른다고 생각된다면 자격을 갖춘 치료사를 찾자.

릴스를 아무리 많이 봐봤자 당신과 당신의 관계는 나아지지 않는다. 진짜인지 가짜인지도 모를 생각만 머릿속에 굳어질 뿐이다. 정보를 모으는 건 시작에 불과하다. 그런데 많은 사람이 거기서 멈춰서서 다음 발걸음을 떼지 못한다. 정보는 행동 지침을 주는 도구라는 걸 잊지 말자. 누군가 강박장애가 있다는 걸 알아차렸는데 아무 행동도 하지 않는다면, 그 깨달음은 무의미하다.

그리고 한 가지 더, 정보를 모을 거라면 제대로 된 출처를 찾아야 한다. 만약 소셜미디어에서 정보를 얻고 싶다면, 정식 자격증을 가진 정신 건강 전문가들이 운영하는 콘텐츠를 선택하자. 인터넷 검색을 할 때는 출처가 분명하고 과학적 근거를 제시하는 신뢰할 만한 사이트를 이용하는 게 좋다. 인플루언서의 말만 듣고 판단하는 건 위험하다. 아무리 그들의 이야기가 그럴듯하고 마음에 와닿아도, 그들은 전문가가 아니다.

전문적 도움을 받도록 곁에서 지원하자

누군가에게 정신적 어려움이 있다는 진단은 본래 희망의 시작이어야 한다. 서로를 더 깊이 이해하고, 실질적인 치료 계획을 세우는 계기가 되기 때문이다. 때로는 위험한 관계에서 벗어나는 출구가 되기도 한다. 하지만 진단을 모욕의 도구로 써서는 안 된다. 가까운 사람에게 전문적 도움이 필요하다고 판단된다면, 대화를 시작할 때 따뜻한 마음을 잃지 말자. 당신을 얼마나 힘들게 했든, 그 사람 역시 정말 고통스러워하고 있을 수 있다. 상대가 당신의 걱정을 진지하게 받아들이길 원한다면, 차분하고 부드럽게, 하지만 포기하지 않으면서 꾸준히 대화를 이어가야 한다. "지금 당장 치료받지 않으면 우리 사이는 끝이야!" 같은 최후통첩은 아무런 도움이 되지 않는다. 그보다는 이 문제 때문에 관계가 점점 무너지고 있고, 이대로는 함께하기 힘들 것 같다는 솔직한 마음을 전하는 게 낫다. 문제의 심각성을 알리는 것과 상대를 위협하는 건 완전히 다른 일이다.

그런데 여기서 조금 힘든 현실을 직시해야 한다. 실제로 도움을 받기까지의 과정은 험난할 수 있다. 그 사람에게 꼭 맞는 좋은 상담사를 만나는 일은 시간도 오래 걸리고 좌절감도 안긴다. 상대가 도움받을 마음의 준비가 되었다면, 치료사를 찾아보고 초기 상담을 예약하는 과정을 돕는 게 좋다. 복잡한 의료 시스템을 헤쳐나가는 동안 든든한 동반자가 되어주자. 따뜻한 격려를 보내고, 진심으로 귀 기울여 들어주며, 필요할 때마다 실질적인 도움을 아끼지 말자.

또한 기억해둬야 할 중요한 사실이 있다. 훌륭한 치료진을 만났다고 해서 곧바로 모든 게 나아지는 건 아니다. 오랫동안 변화의 신호를 기다려온 당신에게는 잔인하게 들릴지도 모르지만, 이 책에서 다루는 어떤 문제도 하룻밤 사이에 해결되지 않는다. 적합한 치료사를 찾고, 치료에서 진전을 이루며, 약물이 필요한 경우 알맞은 종류와 용량을 찾기까지는 오랜 시간이 걸린다. 이럴 때 기억하면 좋을 치료에 관한 오래된 지혜가 있다. 진정한 치유는 종종 더 깊은 아픔을 거쳐 찾아오며, 회복은 결코 일직선으로 진행되지 않는다는 것이다.

하지만 다시 한번 분명히 해두겠다. 모든 관계를 끝까지 지켜야 한다는 법은 없고, 예전만큼 친밀하게 지낼 필요도 없다. 상대가 전문적 도움을 받기 시작했어도 당신이 계속 곁에 머물거나 든든한 버팀목이 되어야 하는 건 아니다. 당신이 이미 충분히 지치고 힘들어서 더는 변화를 기다릴 마음이 없다면, 한 발짝 물러서거나 관계를 정리해도 된다. 문제를 제대로 파악해서 알려주고 치유의 첫걸음을 떼도록 도와줬다고 해서 반드시 끝까지 동행해야 하는 건 아니다.

내가 먼저 변화를 실천하자

훨씬 듣기 불편한 이야기를 꺼내야겠다. 상대방이 정말 심각한 잘못을 저질렀을 수도 있다. 아니, 최악의 사람일지도 모른다. 그럼에도, 정말로 학대를 당한 게 아니라면 당신에게도 책임이 있다. 관계를 되살리려고 안간힘을 쓰며 모든 걸 올바르게 하려 애써왔기에, 이런 말이 와닿지 않으리라는 걸 안다. 당신을 직접 만나본 적은 없지만, 진심으로 노력하고 있다는 사실은 의심하지 않는다. 다만 우리 인간이란 게 그렇다. 내 문제보다는 남의 문제가 더 잘 보이는 법이다. 학대가 아닌 이상, 관계가 틀어지는 건 어느 한 사람 때문만은 아니다. 당신도 모르는 사이에 관계를 해치거나 상황을 더 꼬이게 만드는 행동을 했을 수 있다. 그래도 괜찮다. 자기 잘못을 돌아보고 성장하기로 마음먹었다면, 대단한 용기를 낸 것이다. 진짜 문제는 내 부족함을 못 본 척하거나 바꾸려 하지 않을 때 생긴다.

이런 불편한 이야기가 오히려 당신에게 힘이 되길 바란다. 상대가 아직 변할 마음이 없어도 당신은 지금 이 순간부터 달라질 수 있다. 싸움이 번지려 할 때 멈출 수 있고, 관계에서 필요한 선을 지킬 수 있으며, 상대가 여전히 엇나가더라도 당신만큼은 더 성숙하게 대화할 수 있다. 한 사람의 변화는 결국 관계 전체를 움직인다. 우리는 관계라는 하나의 체계 속에서 서로 연결되어 있어서, 한쪽이 달라지면 다른 쪽도 어떤 식으로든 영향을 받게 마련이다. 물론 쉽거나 즐거운 과정은 아니겠지만, 분명 무언가는 바뀐다. 당신이 아무리 노력해도 상대는 끝까지 자기 몫을 거부할 수도 있다. 그때가 되면 결정을 내려야 한다. 언젠가는 그들이 변하기를 희망하며 곁에 남을지 아니면 떠날지를 말이다. 어떤 결말이든 상관없다. 중요한 건 당신이 이미 한 사람으로서 성장했고, 앞으로 맺을 관계에서는 더 나은 모습을 보이리라는 사실이다. 그게 바로 진짜 승리다.

기억하자, 인간은 끝없이 성장한다

건강한 관계를 형성하려면 당신과 당신에게 소중한 사람들 모두 자기를 돌아보고, 책임을 인정하며, 변해야 한다. 이런 과정은 한 번

거치고 마는 게 아니다. 관계가 지속되는 한 계속 반복되어야 한다. 서로 자신의 모습을 있는 그대로 보고, 잘못했거나 부족한 부분을 인정하며, 더 나아지려고 노력해야 한다. 배움과 성장을 다 마쳤다고 말할 수 있는 사람은 없다. 혼자일 때도 그렇지만 관계에서는 더욱 그렇다. 어쩌면 그게 관계의 진짜 가치인지도 모른다. 함께하는 동안 계속해서 더 나은 사람이 될 기회를 얻는다는 것 말이다.

만약 실수했을 때는 자신에게 너그러워지자. 솔직히 말해서, 당신은 분명 실수할 거다. 계속 강조하듯이 인간은 놀랍도록 불완전한 존재다. 머리로는 알면서도 몸이 따라주지 않을 때가 있다. 배우자와 싸울 때 빈정대는 말을 하면 안 된다는 걸 뻔히 알면서도, 화가 끓어오르면 결국 내뱉고 마는 것처럼 말이다. 그래도 잘못을 인정하고 진심으로 사과한 다음, 다시 앞으로 나아가면 된다. 물론 이런 행동이 "레드 플래그"일 수는 있지만, 우리 모두가 나름의 레드 플래그를 안고 산다. 상대방 역시 당신만큼이나 불완전한 존재라는 사실을 기억하면서, 그들의 실수에도 같은 너그러움을 보여주자.

관계 전문가라는 나조차 끊임없는 성찰과 성장의 과정에서 벗어날 수 없다. 이제 충분히 배웠고 더 이상 성장할 게 없다고 생각하는 순간, 어김없이 또 다른 과제가 나타난다. 결혼생활이 진화하듯 나역시 함께 진화해야 한다. 성장은 평생에 걸친 여정이고, 이건 오히려 감사한 일이다! 변화 없이 정체된 삶이 얼마나 무료한가. 새로운 강점과 능력을 발견할 기회가 없다면 얼마나 아쉬운가. 낙담하기보다는 이런 현실을 기꺼이 받아들이자. 당신은 관계를 지속하면서 지금으로서는 상상도 못 할 시험에 빠질 것이다. 그 순간이 오면 당당히 맞서자. 자신을 냉철하게 들여다보고 해야 할 일을 해나가면서, 같은 노력을 기꺼이 하려는 사람들과 관계를 쌓아가자.

이쯤에서 정말 중요한 질문을 하나 더 던져야겠다. 관계를 맺을 사람을 어떻게 선택할 것인가? 이토록 복잡하고 불완전한 인간들 사이에서, 함께하기에 좋은 사람을 어떻게 알아볼 수 있을까? 내가 생각하는 답은, 당신과 함께 자신을 돌아보고, 잘못을 인정하고, 더 나아지려고 애쓸 준비가 된 사람을 찾는 것이다. 당신을 위한 완벽한 사람은 애초에 존재하지 않는다. 절대 상처 주지 않고, 짜증나게 하지 않고, 화나게 하지 않을 마법 같은 존재도 없다. 가까운 사이가 되면 때로는 감당하기 힘든 감정들을 마주하기 마련이니, 그런 어두운 시간을 함께 견뎌낼 사람을 찾는 게 중요하다. 누군가 나쁜 행동을 하는 건 상대를 지배하려는 게 아니라 간절히 연결되고 싶어서라는 걸 기억해보자. 그런 사람은 자신을 돌아보고, 잘못을 인정하고, 변할 수 있다. 힘들어도 스스로를 성찰하고, 성장하려는 의지가 있는 사람이 좋다. 최악의 싸움 한복판에서도 떠나지 않고, 결국에는 이런 말을 할 수 있는 사람 말이다. "지금 우리 모습 정말 못 봐주겠다. 이렇게 싸우는 거 너무 지쳐. 그래도…… 난 당신을 사랑해. 어떻게든 우리가 이걸 같이 해결했으면 좋겠어."

이 책에서 단 하나만 기억한다면 이것이었으면 좋겠다. 인간으로 살아간다는 건 정말 어려운 일이고, 우리는 모두 이 세상을 헤쳐나가기 위해 각자의 방식으로 최선을 다하고 있다는 사실 말이다. 누구나 상처와 흉터를 안고 살며, 쉽게 고쳐지지 않는 나쁜 습관들을 가지고 있다. 별로 도움은 안 되더라도 자신을 지켜준다고 믿는 방어

막에 기대어 살아간다. 상처받거나 두려우면 사랑하는 사람마저 밀어내고, 좋은 부모, 좋은 형제자매, 좋은 친구가 되려다 번번이 실패한다. 안타깝게도 우리는 종종 이런 자신의 모습을 알아차리지 못한다. 완벽을 추구하는 현대인의 집착은 좋은 의도가 지나쳐서 생긴 결과다. 우리는 결코 닿을 수 없는, 아니 적어도 꾸준히 유지할 수 없는 완벽함을 좇으며 스스로를 괴롭힌다. 사람마다 세상을 보는 눈이 다르고, 자신을 보호하는 방식도 제각각이다. 누구에게나 레드 플래그가 있고, 감당하기 벅찬 감정이 있으며, 설명할 수 없는 기분 변화가 찾아온다. 누구나 가끔은 못되게 군다. 하지만 그렇다고 해서, 그들이 당신을 가스라이팅하고 있는 건 아니다. 십중팔구는 말이다.

15장

이제 무기를
내려놓을 때

매일 상담실에서 만나는 내담자들을 보며 마음이 무거워진다. 심리학 용어들이 관계를 치유하는 도구가 아니라 상처를 주는 무기가 되어버린 현실 때문이다. 내담자들은 상담을 시작하자마자 자신이 나르시시스트인지 묻고, 연인과의 모든 대화를 가스라이팅이라 부르며, 부모를 경계선 성격장애로 진단한다. 10년 넘게 이 일을 해왔지만 사람들이 심리학 용어에 기대는 정도는 갈수록 심해지고 있다. 부부 상담에서는 더 극적인 장면들이 펼쳐진다. 연애할 때부터 레드 플래그를 알아챘다고 서로를 탓하다가, 배우자가 내 감정을 무시한다며 학대라고 몰아가고, 마침내 상대방을 유해한 사람이라 낙인찍으며 언성을 높인다.

물론 이런 현상을 완전히 비정상이라고만 볼 수는 없다. 혼란스럽고 두려울 때 우리는 어떻게든 상황을 이해하고 정리하려 한다. 마침 정신 건강 지식이 널리 퍼진 덕분에 우리 손에는 관계 문제를 설명해줄 듯한 전문 용어들이 들려 있다. 복잡한 감정을 단번에 해결해줄 열쇠처럼 보이는 진단명들이 바로 눈앞에 있는 셈이다.

하지만 책 전반에서 내가 전한 메시지를 다시 한번 강조하자면,

이런 강력한 언어는 진짜 병리적이고 일탈적인 경험을 위해 아껴두어야 한다. 무분별한 오용은 말의 의미를 희석하고, 진단이 필요 없는 사람에게도, 꼭 필요한 사람에게도 해가 된다.

무기화된 심리학 용어는 진짜 피해자들이 도움받을 길을 막는다

이런 용어들의 의미는 날로 희석되어가지만 이상하게도 원래 가진 무게감은 사라지지 않는다. 그 결과 모든 사람이 심리적 문제를 안고 있고, 어디를 가나 임상적 장애와 학대가 넘쳐나는 세상처럼 보인다. 하지만 실제로 이런 일은 우리가 생각하는 것보다 훨씬 드물게 일어나며, 정말 일어났을 때는 삶을 뿌리째 흔들어놓는다. 관계를 완전히 파괴하는 악성 나르시시스트는 실재한다. 나르시시스트라는 말은 가끔 이기적으로 행동하는 사람이 아니라 바로 이런 사람을 부를 때 써야 한다. 진짜 임상적 나르시시스트와 살아본 사람들은 그 차이를 뼈저리게 느낀다. 실제 가스라이팅 피해자들도 있고, 러브 보밍을 당한 사람들도 있다. 소시오패스 때문에 인생이 망가진 사람, 심각한 강박장애나 경계선 성격장애를 가진 사람과 매일 싸우며 살아온 사람들도 있다. 이들의 고통을 평범한 연애 싸움과 같은 선상에 놓아서는 안 된다.

무기화된 심리학 용어는 진짜 가해자들에게 면죄부를 준다

누군가의 행동이 정말로 임상 진단이 필요한 수준일 때, 희석된 용어로는 심각성을 제대로 전달할 수 없다. 모두가 나르시시스트인 세상에서는 결국 아무도 나르시시스트가 아니다. 진짜 나르시시스트들은 이런 혼란 속에서 자유롭다. 자신의 문제 행동을 지적받아도 코웃음 치며 넘길 수 있으니 말이다. 더 끔찍한 일은 가해자들이 이 용어들을 거꾸로 피해자를 공격하는 무기로 쓴다는 것이다. 생각해 보면 당연하다. 자기 말에 무조건 동의해야 안심하는 사람일수록 작은 이견도 가스라이팅으로 몰고 가기 쉽지 않겠는가? 양심이 없고 조작에 능한 가해자만큼 심리학 용어를 악용하는 데 뛰어난 사람은 없다.

무기화된 심리학 용어는 편견을 심화한다

내가 다룬 임상 진단 중에는 당사자가 평생 안고 가야 할 극도로 고통스러운 장애들도 있다. 증상은 본인과 주변 사람 모두를 괴롭힌 다. 만약 마법처럼 하루아침에 나을 수 있다면 무엇이든 기꺼이 할 사람들이다. 그런데 우리가 이런 진단명을 남을 공격하는 무기로 쓰 면, 이미 병으로 고통받는 사람들의 상처에 소금을 뿌리는 격이 된 다. 이중의 고통을 안기는 것이다.

소시오패스나 나르시시스트를 싫어하는 건 어렵지 않다. 남을 해 치고도 아무런 가책을 느끼지 않는 사람들이니 우리도 편하게 미워 할 수 있다. 그러나 공감 능력을 가진 채 다른 장애와 싸우는 사람들 은 우리가 달리 봐야 한다. 건강한 관계를 원하며 치료를 받는 이들 에게는 비난이 아닌 이해가 필요하다. 물론 이들의 증상도 때로는 주 변을 힘들게 만든다. 하지만 정신 건강 문제를 안고 사는 많은 사람은 자신의 증상을 알아차리고 치료받으려 부단히 노력한다. 병이 인생 을 삼키도록 두지 않겠다는 결심으로, 오늘도 한 걸음씩 나아간다.

말을 무기화하지 않아도 관계는 이미 충분히 어렵다

인간은 풍부한 감정과 끊임없이 생각하는 능력을 동시에 가진 존재다. 축복이면서 저주이기도 한 이 능력 때문에 우리는 가끔 엉망이 되곤 한다. 아는 것과 행동하는 것이 늘 일치한다면 얼마나 좋겠는가. 하지만 현실은 다르다. 과거의 상처와 깊이 묻어둔 트라우마가 건드려지는 순간, 여러 감정이나 스트레스가 우리를 투쟁-도피 모드로 밀어 넣는 순간, 평소의 이성적인 모습은 온데간데없이 사라진다. 사람은 원래 감정적이고 비합리적이며 완벽과는 거리가 멀다. 기분이 바닥을 칠 때는 행동도 따라서 바닥을 친다. 이럴 때 우리에게 정말 필요한 건 서로를 향한 너그러운 마음이다. 다음번엔 더 잘하려는 노력도 빼놓을 수 없다. 주변 사람들에게 계속 정신적 문제가 있다는 딱지를 붙인다면, 우리는 함께 놀라운 관계를 만들어갈 소중한 기회를 우리 손으로 날려버리게 된다.

물론 불완전함을 받아들인다는 건 서로에게 엄청나게 취약해진다는 의미다. 앞서 말했듯이 심리학 용어를 무기처럼 휘두르는 행동은 바로 이 취약함으로부터 자신을 지키려는 본능에서 비롯한다. "파티에서 네가 내 말을 무시했을 때 진짜 창피했어. 다른 사람들이 다 보고 있었는데 넌 계속 딴 얘기만 하더라"라고 말하는 순간, 우리는 가장 취약한 부분을 드러내고야 만다. 상처를 준 바로 그 사람 앞에서 말이다! 그러니 우리는 이보다 훨씬 안전한 방법을 선택하게 된다. 바로 이렇게 말이다. "너 완전 나르시시스트 아니야? 항상 네 생각만 하고 살잖아."

문제는 이렇게 안전할 듯한 방법이 정작 아무것도 해결하지 못한다는 점이다. 상대는 마음을 닫고, 대화는 끊기고, 관계가 나아질 기회는 사라져버린다. 반대로 우리가 먼저 솔직해지고 취약함을 드러낼 때, 상대도 경계를 풀고 관계를 회복하는 일에 동참하게 된다.

호기심을 선택하고 인간의 불완전함을 받아들이자

가장 걱정되는 일을 하나 고백하겠다. 이 책을 다 읽고 난 사람들이 '무기화된 심리학 용어'라는 말을 또 하나의 무기로 휘두르기 시작하면 어쩌나 싶다. 참 씁쓸한 역설이 아닐 수 없다. 친한 사람이 당신한테 정신과 진단명을 들이밀거나 가해자 프레임을 씌우려 할 때, "어머, 무기화된 심리학 용어 쓰시네요? 정말 나쁜 짓이에요!"라며 되받아치고는 왜 그런 행동이 문제인지 줄줄이 설교하는 모습을 나는 원하지 않는다. 당신 말이 맞을 수도 있다. 나도 고개를 끄덕일지 모른다. 그러나 상대방의 무기화를 똑같은 방식으로 되갚는 행위는 우리가 빠져나오려던 늪으로 다시 발을 들여놓는 꼴이다.

나도 비슷한 일을 당해봤다. 웃기다고 해야 할까, 섬뜩하다고 해야 할까. 상담실 문을 나선 커플들이 내 말을 빌려 서로를 공격하는 모습을 목격한 적이 한두 번이 아니다. 여러 커플이 다음 상담 때 와서 하소연했다. 부부 싸움 중에 상대가 격분해서 내 말을 들먹이며 공격했다는 거다. "당신 지금 완전 방어적이야. 몰리 박사님이 그러지 말라고 했잖아!" 이런 식으로 말이다. 물론 부드러운 어조로, 진심 어린 마음으로 이런 말을 한다면 도움이 될 수도 있다. 문제는 대개 그러지 못한다는 데 있다. 논쟁에서 우위를 점하려고 상대의 잘못을 비난조로 꼬집는 경우가 대부분이다. 당연히 건강하지도, 생산적이지도 않다. 설상가상으로 공격받은 쪽도 반격에 나선다. 내가 상담 중에 했던 다른 말들을 꺼내 들고 맞불을 놓는다. 예를 들어 갈등 상황에서 비난에만 매달리지 말라는 조언 같은 걸 말이다. 결국 서로 누가 내 권고 사항을 더 심각하게 위반했는지 따지느라 끝없는 공방전이 벌어진다.

이제 정말 이런 악순환을 멈춰야 한다. 진단명 붙이기 경쟁이나 관계 분석 대결은 그만두자. 어떤 패턴이나 행동을 목격했을 때 곧바로 정신장애 딱지를 붙이거나 학대라며 호들갑 떨기 전에, 잠시 멈춰서 궁금해하고 곰곰이 생각해보면 어떨까. 사람은 누구나 완벽하지 못하다. 누군가 우리에게 상처를 줄 때도, 우리를 지배할 음모를 꾸몄다기보다는 자기 욕구를 채우려다 서툴게 실수한 경우가 대부분이다. 이런 관점으로 상황을 바라볼 수 있는 너그러운 태도가 필요하다. 우리와 가까워지고 싶어서 안달하다가 실수하는 사람들을 떠올려보자. 바로 이런 사람들이 자기를 성찰하고 달라질 수 있는 사람들이다. 내가 바라는 세상은 꼬리표 붙이기에 연연하지 않고, 관계를 발전시킬지 끝맺을지 스스로 결정할 힘을 기르는 데 마음 쏟는 세상이다.

심리학 용어를 빌려 쓰는 우리 자신도 따뜻하게 감싸안아야 한다. 무엇이든 분류하고 이름표를 달아서 파악하려는 건 사람의 타고난 성향이다. 라벨 프린터를 보면 괜히 설레는 이유도 마찬가지다. 밀가루 통에 '밀가루'라고 적힌 스티커 하나 붙여놓는 것만으로 묘하게 안심이 되지 않던가. 세상은 뒤죽박죽이고 사람은 더 복잡하다. 매번 섬세하게 들여다보고 궁금증을 품으며 살기란 불가능하다. 때로는 특정 집단이나 행동 양식을 설명해줄 명쾌한 이름표가 절실하다. 우리 뇌가 이렇게 작동하는 건 지극히 자연스러운 일이다. 다만 소중한 사람들을 파악하려 할 때는 이런 전문 용어를 함부로 쓰지 않도록 조심해야 한다. 이들은 우리에게 특별한 존재이기에 충분한 시간과 노력을 들여 이해받을 자격이 있다. 성급하게 딱지를 붙이기보다는 좋은 면과 나쁜 면, 그리고 그 사이의 모든 모습을 드러낼 수 있도록 여유를 주는 것이 먼저다.

이런 말은 논란으로 이어질 수도 있겠지만, 솔직히 심리학 용어가 상담실 밖에서까지 필요한지 의문이다. 실제로 나는 루커스한테 "이건 내 경계야. 당신은 이걸 존중해야 해"라고 대놓고 말한 적이 한 번도 없다. 그냥 일상에서 자연스럽게 내 경계를 지키며 살 뿐이다. 이런 전문 용어들이 상황을 파악하고 설명하는 데는 분명 쓸모가 있고, 우리가 어떻게 판단하고 행동할지 결정하는 데도 도움이 된다. 하지만 그렇다고 그걸 매 순간 입에 올려야 하는 건 아니다. 정 쓰고 싶다면 앞뒤 상황을 충분히 설명해야 한다. 달랑 단어 하나로 내 경험이나 상대 경험을 온전히 표현할 수는 없는 법이다. 요즘 유행하는 심리 용어 하나 툭 던져놓고 상대가 알아서 변하길 바라는 건 헛된 기대다. 진짜 필요한 건 반복되는 패턴을 들여다보고 서로의 아픈 마음을 솔직하게 마주하는 일이다.

우리 모두는 불완전한 존재다. 정말, 우리 모두가 말이다. 당신도 그렇고, 나도 그렇다(특히 나는 확실히 그렇다. 내가 이토록 많은 이야기를 털어놓은 걸 보면 당신도 고개를 끄덕일 거다). 지구에 발 딛고 사는 모든 이가 똑같다. 불완전함을 병리적으로 진단하려 들지 말고, 우리 자신과 타인의 불완전함을 따뜻하게 품어 안자. 사람들이 감정적으로 행동하고 가끔은 앞뒤 안 가리는 모습을 보여도 괜찮다고 말해주자. 배우고 성장하는 과정에서 똑같은 실수를 되풀이할 여유를 주자. 관계에서 잘못된 행동을 하더라도 스스로 깨닫고 다시 시작할 기회를 마련해주자. 인간은 원래 뒤죽박죽이라는 당연한 현실을 인정하고 나면, 우리 관계가 얼마나 풍성해지는지 깨닫게 될 것이다.

그리고 루커스, 혹시 이 글을 읽는다면, 뚜껑 안 닫는 습관 때문에 속상하게 해서 미안해. 앞으로도 계속 그럴 걸 알면서 미안하다고 말하니 더 미안하네. 하지만 아무도 결혼이 쉽다고 말하지 않았잖아. 모든 의미 있는 관계가 그래. 서로의 불완전함을 알고도 매일 함께하기를 선택하는 거, 그게 바로 우리가 써 내려가는 이야기의 진짜 가치라고 믿어.

무엇보다 먼저, 남편 루커스에게 고맙다는 말부터 해야겠어요. 20대에 내린 결정들 중에 잘한 게 참 많다고 생각하는데, 당신을 선택한 건 정말이지 내 인생 최고의 결정이었어. 생일 파티에서 우리가 서로를 발견했던 날이, 힘든 고비마다 함께 버텨온 시간들이, 이토록 행복한 지금을 만들어온 모든 순간이 너무나 소중해. 우리 결혼생활이 자랑스러운 건 남들 보기에 완벽해서가 아니라, 나한테 이미 충분히 완벽하기 때문이야. 함께 사랑하고 함께 웃고, 때론 지치기도 하고 견뎌내기도 하면서 우리는 계속 자라고 있지. 배우자한테 이보다 더 바랄 게 뭐가 있겠어. 내 꿈을 응원해주고 어떻게든 이루어지도록 도와준 당신에게 정말 고마워. 주말에 내가 글 쓸 때마다 아이들 돌봐주고, 책 제목 같이 고민해주고, 쓸데없는 걱정에 빠질 때마다 다독여주면서 늘 든든하게 곁을 지켜주는 당신. 이 길을 당신 말고 다른 사람과는 절대 걸어가고 싶지 않아.

다음으로 사랑하는 우리 애들, 메이플과 와일드에게도 꼭 고맙다는 말을 전하고 싶어요. 너희들 때문에 엄마가 이 세상에서 뭔가 의미 있는 일을 하고 싶어졌어. 너희들이 앞으로 계속 살아가야 할 세상이니까. 나중에 너희들도 엄마 아빠처럼 진짜 사랑이 뭔지 알고, 함께 성장하는 기쁨을 누릴 수 있는 사람을 만났으면 좋겠어. 아, 맞다. 아침마다 6시 반까지는 잘 자줘서 엄마한테 글 쓸 시간을 만들어준 거, 너무 고마워.

이 모든 과정을 처음부터 지켜봐준 가족들한테 진심으로 감사해요. 로버트, 앤 에클스, 샬럿 해밀, 제가 책 얘기를 입에 달고 살았는데도 끝까지 들어주고(참아주고!) 응원해줘서 너무 고마워요. 샬럿 언니, 내가 보낸 문자 개수는 세지 말아요. 언니니까 당연히 들어줘야죠 뭐. 초고도 읽어주고 의견도 줘서 진짜 고마워요. 로버트와 앤, 우리가 늘 '부모 콤비'라 부르는 엄마 아빠, 저한테 뭐든 할 수 있다는 자신감을 (굳이 안 해도 된다는 여유와 함께) 심어주셔서 감사드려요. 엄마, 초안 꼼꼼히 읽어주신 거 정말 감동이었어요! 엄마가 이 책의 첫 번째 독자라는 게 저한테는 엄청 특별해요. 아빠, 제가 여기까지 올 수 있었던 건 정말 많은 부분 아빠 덕분이에요. 언제나 제 편이 되어주고 믿어주셨으니까요.

정말 멋진 시부모님, 실비아 발데라마와 존 몰리께도 감사 인사를 드려요. 모든 순간을 함께 응원해주셨어요. 아이들의 갓난아기 시절부터 주방 공사, 제 직업적 변화까지 말이에요. 아이들이 아플 때나 연휴마다 돌봐주시고, 클리프도 보살펴주시고, 그리고 뭐니 뭐니 해도 루커스를 낳아 길러주신 거, 정말 감사해요. 복 받은 며느리라는 거 저도 잘 알아요.

베일리 해넥, 내 베스트프렌드, 정말 모든 게 다 고마워. 이 책에는 두 명의 부모가 있는데, 네가 바로 그중 한 명이야. 네가 없었다면 이 책은 존재할 수 없었어. 우리 사이에도 풍파가 있었지만, 그래도 넌 내 평생 친구야. 칠흑 같은 어둠이 와도 우린 꼭 함께 빛을 찾아낼 거야. 이 말 뒤에 얼마나 많은 이야기가 숨어 있는지는 너랑 나만 알지. 사랑해, 고마워. 그리고 어떤 일이 있어도 너와 함께할게.

캐서린 체이스, 당신의 사랑과 지지에 어떻게 감사를 표현해야 할지 모르겠어요. 늘 한결같이 열정적으로 지지해주는 당신이 있어서 정말 든든해요. 베일리와 제가 이 책의 엄마라면, 당신은 정말 최고의 산파였어요. 끝까지 단단한 징검다리가 되어준 거, 평생 가슴에 새길게요.

레베카 유디, 이 과정을 함께 걸어준 덕분에 모든 순간이 즐거웠어요. 챕터 구성을 몇 시간이고 의논해주고, 아이디어를 다듬어주고, 힘들 때 위로해주고, 작은 성취 하나하나를 축하해줘서 감사해요. 당신과 동시에 책을 쓰는 경험이 참 좋았어요. 우리 앞으로도 늘 이렇게 함께 써요, 약속해요.

출판사에도 감사를 전해요. 케일러 처치, 첼시 톰슨, 제네사 잭슨, 칼신 모스, 제니 밀러, 디자인 팀, 그리고 이 프로젝트에 참여한 모든 분께요. 기꺼이 이 책을 선택해주시고 최대한 빨리 독자들을 만날 수 있게 도와주신 거, 정말 잊지 못할 거예요. 책이 지금의 모습으로 완성되기까지 열심히 달려준 모든 분께 마음 깊이 감사드려요.

모교 윌리엄제임스칼리지에도 꼭 감사 인사를 드려야겠어요. 훌륭한 교육과 임상 훈련을 제공해주시고, 지금까지도 제 일을 지원해주셔서 정말 감사해요. 닉 코비노와 줄리아 클레멘트, 도서관을 계속 이용할 수 있도록 배려해주신 덕분에 많은 도움을 받았어요. 늘 감사한 마음을 간직할게요.

감사 인사에서 우리 토이푸들 클리퍼드를 빼면 섭섭하죠. 클리프, 넌 진짜 처음부터 내 곁에 있었지…… 루커스보다도 먼저였잖아! 내가 논문을 쓸 때 무릎에 앉아 있던 네가, 10년이 지난 지금은 사무실 네 침대에 누워서 이 책을 쓰는 걸 지켜봐줬구나. 넌 내 소중한 살구빛 수호천사야. 너무 사랑해.

욕설 클럽 멤버들(누군지 다 알죠?), 이 책을 위해 기여해준 모든 것에 감사해요. 이 주제에 푹 빠져서 정신없던 날 참아준 것도 모자라, 같이 빠져들어주고 내 열정에 불을 지펴줘서 정말 고마워요. 로라 몰리, 이렇게 좋은 친구 모임 만들어준 덕분에 좋은 인연들 만날 수 있었어요. 내 인생에 당신이 있다는 게 그저 감사할 뿐이에요.

물론 여러분도 다 소시오패스겠죠. 하지만 그래도 진심으로 사랑합니다.

심리학 용어가 이토록 일상의 언어가 된 적이 또 있었을까요. TV부터 소셜미디어까지, 어디서나 전문가들이 복잡한 인간관계를 단 몇 마디 진단명으로 명쾌하게 설명해주는 시대입니다. 모호했던 내 고통이 'ADHD'라는 네 글자로 설명되는 순간의 안도감, 이해할 수 없었던 연인이 '회피형 애착'이라는 프레임에 딱 들어맞는 순간의 쾌감. 우리는 어쩌면 진단의 달콤함에 빠져들고 있는지도 모릅니다. 저역시 대학원에서 이상심리를 배울 때 비슷한 유혹을 느꼈습니다. 솔직히 고백하자면, 모든 수업 중 이상심리가 가장 재미있었습니다. 교과서 속 증상들이 내 주변 사람들과 하나둘 맞아떨어질 때마다, 마치 그 사람을 다 알아버린 것 같은 묘한 전능감이 들었거든요. 하지만 정작 가장 힘들었던 수업은 '사례개념화'였습니다. 사례개념화는 한 사람이 왜 지금의 고통을 겪는지, 어린 시절부터 차근차근 그의 삶을 따라가며 복잡한 퍼즐을 맞추는 작업이었죠. 이상심리가 '정답찾기'였다면, 사례개념화는 '정답이 없는 여정'이었습니다. 진단명이라는 간편한 라벨 대신, 그 사람만의 고유한 역사와 맥락을 이해해야 했습니다.

대학 상담센터에서 일할 때, 진단명으로 자신과 타인을 재단하는 현상을 더욱 생생하게 목격했습니다. "제가 자기애성 성격장애인 것 같아요" "제 연인이 회피형이라서 이런 일이 생긴 거예요" 이렇게 스스로 진단을 내리고 찾아오는 학생이 점점 늘어났습니다. 그들에게는 묘한 공통점이 있었는데, 마치 복잡한 수학 문제를 다 푼 것처럼 "이제 나는 나를(혹은 상대를) 완벽히 이해했다"는 확신에 차 있었습니다. 하지만 정작 상담을 시작하면 막막했습니다. 한 사람의 마음은 하나의 방정식이 아니라 무수한 변수가 얽힌 우주와 같은데, 그들은 '성격장애'나 '회피형'이라는 단 하나의 공식으로 모든 걸 설명하려 했거든요. "그건 제가 회피형이라서 그래요" "엄마는 원래 그래요" 모든 대화가 이미 정해진 답으로 귀결되었습니다. 진단명이 이해의 출발점이 되어야 하는데, 그들에게는 이미 도착점이 되어버린 것이죠.

학교 현장도 예외는 아닙니다. '금쪽이'라는 말이 일상어가 된 교무실에서는 아이들의 행동 하나하나에 진단명이 따라붙습니다. 물론 빛과 그림자가 공존하죠. 실제로 ADHD나 선택적 함묵증처럼 조기 개입이 중요한 경우, 경험 많은 선생님의 직감이 아이의 인생을 바꾸기도 합니다. "이 아이는 뭔가 다르다"는 느낌으로 학부모에게 상담을 권유하고, 실제 진단과 치료로 이어져 극적으로 나아지는 아이들을 볼 때면, 이런 인식 변화가 가져온 축복이라 할 수 있겠죠. 하지만 그림자도 짙습니다. 유독 말썽을 부리는 아이, 늘 갈등의 중심에 서는 아이에게 "반사회성 성격장애" "품행장애" 같은 무거운 라벨을 붙이는 순간, 교무실에는 묘한 안도감이 퍼집니다. '정신적 문제가 있는 아이라면 이렇게 힘든 게 당연하지' '약물 치료나 특수한 개입 없이는 변화가 불가능하겠구나' 하는 체념적 위안이죠. 그 순간 선생님들끼리 나누는 위로와 공감 속에는 쓸쓸한 안도감이 섞여 있습니다. 문제는 그다음입니다. 언어란 참 신기해서, 머릿속 생각을 입 밖으로 꺼내는 순간 더욱 견고해집니다. 누군가를 좋아한다고 친구에게 털어놓는 순간 그 마음이 더 확실해지듯, 아이를 '문제아'라고 규정하는 순간부터 그 아이의 모든 행동이 '증상'으로만 보이기 시작합니다. 한번 진단명이라는 색안경을 쓰고 나면, 그 아이의 평범한 장난도 공격성으로, 수줍음도 회피로 읽히게 되죠. 결국 진단명이라는 프레임 속에 갇힌 아이와 선생님의 관계는 서로를 더 깊이 오해하며 파국으로 치닫습니다.

부끄럽지만 저 역시 이 함정에서 자유롭지 못했습니다. 오히려 상담심리를 전공했다는 자만이 더 깊은 수렁으로 이끌었죠. 전문 용어로 아이를 분석하고, 이론으로 행동을 해석하며, 나름의 '전문적' 진단을 내렸습니다. 하지만 진단명이라는 딱지를 붙이는 순간, 마법처럼 관계는 틀어지기 시작했습니다. 칭찬할 거리는 사라지고 문제 행동만 눈에 들어왔죠. '미우면 떡 하나 더 준다'는 속담과 달리, 현실에서는 떡 하나조차 아까워지는 게 솔직한 마음이었습니다. 그러다 우연한 순간, 그 아이의 전혀 다른 모습을 마주하게 됩니다. 예상치 못한 상황에서 진심으로 칭찬하게 되는 순간, 비로소 제가 스스로 판 함정에 갇혀 있었음을 깨닫습니다. 진단명이라는 프레임을 벗고 '진짜' 그 아이를 보기 시작하자, 관계는 극적으로 변했고 문제 행동도 자연스럽게 줄어들었습니다. 결국 필요했던 건 손쉬운 진단이 아니라, 그 아이만을 위한 맞춤형 이해와 긴 호흡의 관계 맺기였던 것이죠.

진단명은 이해의 시작점이어야 하는데, 우리는 그것을 결론으로 만들어버렸습니다. "아, 저 사람은 나르시시스트구나" "우리 아이는 의존성 성격장애구나" 딱지를 붙이는 순간, 더 이상의 탐구는 멈춥니다. 마치 복잡한 소설을 제목만 보고 다 읽었다고 착각하는 것처럼 말이죠. 저자가 책에서 날카롭게 지적했듯, 우리는 '진단의 폭력'을 일상적으로 행사하고 있는지도 모릅니다. 과유불급이라는 옛말이 떠오릅니다. 심리학 지식이 넘쳐나는 것도 문제지만, 그것을 섣불리 휘두르는 것은 더 큰 문제입니다. 만약 누군가 제게 "진단하기와 진단하지 않기 중 하나를 선택해야 한다면?"이라고 묻는다면, 저는 망설임 없이 후자를 택하겠습니다. 잘못된 이해보다는 차라리 모르는 편이 낫고, 성급한 판단보다는 느린 관찰이 낫습니다. 진단명 없이도 우리는 서로를 충분히 아프게 할 수 있지만, 적어도 회복의 가능성은 열어둘 수 있으니까요. 라벨을 떼고 나면 비로소 보이는 것들이 있습니다. 그 사람의 진짜 아픔, 진짜 이야기, 진짜 모습 말입니다.

그렇다면 진단명 너머에서 우리는 어떻게 서로를 이해할 수 있을까요? 심리학에는 흥미로운 관점이 하나 있습니다. 지금 누군가가 보이는 문제 행동은 사실 과거에는 최선의 생존 전략이었다는 것입니다. 예를 들어, 늘 거리를 두고 마음을 열지 않는 '회피형' 연인이 있다고 해봅시다. 답답하고 서운하기만 한 그 행동이, 어쩌면 어린 시절 "네가 울면 엄마가 더 힘들어"라는 말을 반복해서 들으며 자란 아이의 유일한 사랑법이었을지 모릅니다. 감정을 숨기고 혼자 견디는 것이 부모를 덜 힘들게 하는, 그 아이가 할 수 있는 최선의 사랑이었던 거죠. 그렇게 30년을 살아온 사람에게 갑자기 "마음을 열어"라고 요구하는 것이 얼마나 폭력적인지 이제야 보입니다. 이처럼 한 사람의 역사를 따라가다보면, 이해할 수 없던 행동들이 하나둘 맥락을 갖기 시작합니다. 그 사람이 걸어온 길에서 그것은 유일한 선택이었고, 최선의 적응이었으며, 가장 덜 아픈 방법이었음을 알게 되죠.

진정한 이해는 진단명을 붙이는 순간이 아니라 그 사람의 이야기를 끝까지 들어주는 순간 시작됩니다. 우리에게 필요한 건 더 많은 심리학 용어가 아니라 더 깊은 경청과 더 긴 호흡의 이해입니다. 진단은 지름길처럼 보이지만, 사실 이해로 가는 가장 먼 길일지도 모릅니다. 이 책이 한국의 독자들에게도 멈춤과 성찰의 계기가 되기를 바랍니다. 진단 너머 '사람'을 보는 시선, 라벨 너머 '이야기'를 듣는 귀를 열 수 있다면, 우리는 서로를 조금 더 온전히 만날 수 있을 것입니다.

더 읽을거리

Adult Children of Emotionally Immature Parents: How to Heal from Distant, Rejecting, or Self Involved Parents by Lindsay C. Gibson. [국역본] 린지 C. 깁슨, 『감정이 서툰 어른들 때문에 아팠던 당신을 위한 책』, 박선령 옮김(지식너머, 2019).

Divorcing and Healing from a Narcissist: Emotional and Narcissistic Abuse Recovery. Co-parenting After an Emotionally Destructive Marriage and Splitting up with a Toxic Ex by Theresa J. Covert.

Fight Right: How Successful Couples Turn Conflict into Connection by Julie Schwartz Gottman and John Gottman. [국역본] 존 가트맨·줄리 슈워츠 가트맨, 『행복한 커플은 어떻게 싸우는가: 세계적인 심리학자 존&줄리 가트맨 박사의 관계 심리학』, 정미나 옮김, 최성애 감수(해냄, 2024).

Gaslighting: The Narcissist's Favorite Tool of Manipulation by Theresa J. Covert.

Is It Supposed To Be This Hard? Telling the Difference Between Emotional Abuse and the Hard Work of Relationship by Mary Pat Haffey.

It's Not You: Identifying and Healing from Narcissistic People by Ramani Durvasula. [국역본] 라마니 더바술라, 『누구도 나를 함부로 대할 수 없습니다: 나를 갉아먹는 관계에 시달리는 사람들을 위한 해방 심리학』, 최기원 옮김(알에이치코리아, 2024).

Love Bombing: The Fine Line Between Devotion and Deception by Sara Sylvestri.

Loving Someone with Bipolar Disorder: Understanding and Helping Your Partner by Julie A. Fast and John D. Preston.

Loving Someone with OCD: Help For You and Your Family by Karen J. Landsman, Kathleen M. Rupertus, and Cherry Pedrick.

The New Rules of Marriage: What You Need to Know to Make Love Work by Terrence Real.

Psychopath Free: Recovering from Emotionally Abusive Relationships with Narcissists, Sociopaths, and Other Toxic People by Jackson MacKenzie.

Recovery from Narcissistic Abuse, Gaslighting, Codependency and Complex PTSD by Linda Hill.

Red Flags, Green Flags: Modern Psychology for Everyday Drama by Ali Fenwick. [국역본] 알리 펜윅, 『모든 관계는 신호를 보낸다: 유해한 관계와 무해한 관계를 해석하는 현대판 인간관계 매뉴얼』, 김문주 옮김(알에이치코리아, 2025).

Secure Love: Create a Relationship That Lasts a Lifetime by Julie Mennano.

The Seven Principles for Making Marriage Work: A Practical Guide from the Country's Foremost Expert (Rev. ed.) by John M. Gottman and Nan Silver. [국역본] 존 가트맨·낸 실버, 『행복한 결혼을 위한 7원칙』, 노동욱·박윤영 옮김(문학사상, 2017).

Should I Stay or Should I Go? Surviving a Relationship with a Narcissist by Ramani Durvasula.

Stop Walking on Eggshells: Taking Your Life Back When Someone You Care About Has Borderline Personality Disorder by Paul T. Mason and Randi Kreger. [국역본] 폴 T. 메이슨·랜디 크리거, 『잡았다, 네가 술래야: 경계성 성격장애로부터 내 삶 지키기』, 김명권·정유리 옮김(모멘토, 2022).

Us: Getting Past You and Me to Build a More Loving Relationship by Terrence Real.

더 읽을거리

When Loving Him Is Hurting You: Hope and Help for Women Dealing with Narcissism and Emotional Abuse by David Hawkins.

When Someone You Love Is Bipolar: Help and Support for You and Your Partner by Cynthia G. Last.

Abdulghani, H. M., Marwa, K., Alghamdi, N. A., Almasoud, R. N., Faraj, A. T., Alshuraimi, A. F., Mohamed, K. M., Alnafisah, O. S., Ahmad, T., Ahmed, M. Z., & Khalil, M. S. (2023). Prevalence of the medical student syndrome among health professions students and its effects on their academic performance. *Medicine*, *102*(43), Article e35594. https://doi.org/10.1097/MD.0000000000035594

Abramson, K. (2024). *On gaslighting*. Princeton University Press.

American Psychiatric Association. (1952). *Diagnostic and statistical manual of mental disorders*.

American Psychiatric Association. (1968). *Diagnostic and statistical manual of mental disorders* (2nd ed.).

American Psychiatric Association. (1974). *Diagnostic and statistical manual of mental disorders* (2nd ed., seventh printing).

American Psychiatric Association. (1980). *Diagnostic and statistical manual of mental disorders* (3rd ed.).

American Psychiatric Association. (1987). *Diagnostic and statistical manual of mental disorders* (3rd ed., text rev.).

American Psychiatric Association. (1994). *Diagnostic and statistical manual of mental disorders* (4th ed.).

American Psychiatric Association. (2000). *Diagnostic and statistical manual of mental disorders* (4th ed., text rev.).

American Psychiatric Association. (2013). *Diagnostic and statistical manual of mental disorders* (5th ed.).

American Psychiatric Association. (2022). *Diagnostic and statistical manual of mental disorders* (5th ed., text rev.).

Bielecki, J. E., & Gupta, V. (2022). *Cyclothymic disorder.* In *StatPearls.* Retrieved October 2, 2024, from https://www.ncbi.nlm.nih.gov/books/NBK557877

Bolton, D. (2013). Overdiagnosis problems in the DSM-IV and the new DSM-5: Can they be resolved by the distress-impairment criterion? *The Canadian Journal of Psychiatry / La Revue Canadienne de Psychiatrie, 58*(11), 612–617. https://doi.org/10.1177/070674371305800110

Bozzatello, P., Rocca, P., Baldassarri, L., Bosia, M., & Bellino, S. (2021). The role of trauma in early onset borderline personality disorder: A biopsychosocial perspective. *Frontiers in Psychiatry, 12,* Article 721361. https://doi.org/10.3389/fpsyt.2021.721361

Casassa, K., Knight, L., & Mengo, C. (2022). Trauma bonding perspectives from service providers and survivors of sex trafficking: A scoping review. *Trauma, Violence, & Abuse, 23*(3), 969–984. https://doi.org/10.1177/1524838020985542

Cho, C.-H., & Lee, H.-J. (2018). Why do mania and suicide occur most often in the spring? *Psychiatry Investigation, 15*(3), 232–234. https://doi.org/10.30773/pi.2017.12.20

Deo, M. S., & Lymburner, J. A. (2011). Personality traits and psychological health concerns: The search for psychology student syndrome. *Teaching of Psychology, 38*(3), 155–157. https://doi.org/10.1177/009862831141178

Dutton, D. G., & Painter, S. (1993). Emotional attachments in abusive relationships: A test of traumatic bonding theory. *Violence and Victims, 8*(2), 105–120. https://doi.org/10.1891/0886-6708.8.2.105

Engel, B. (2002). *The emotionally abusive relationship: How to stop being abused and how to stop abusing.* Wiley.

Fávero, M., Cruz, N., Moreira, D., Del Campo, A., & Sousa-Gomes, V. (2024). Violence in intimate relationships: Symptomatology and motivation for change. *Psychological Trauma: Theory, Research, Practice, and Policy, 16*(3), 462–469. https://doi.org/10.1037/tra0001471

Fishbein, R. (2023, September 8). Everyone is setting boundaries. Do they know what it means? *Washington Post.* https://www.washingtonpost.com/wellness/2023/09/08/setting-boundaries-therapy-words/

Frances, A. (2012, December 5). DSM-5 is a guide, not a bible: Simply ignore its 10 worst changes. *Psychiatric Times.* https://www.psychiatrictimes.com/view/dsm-5-guide-not-biblesimply-ignore-its-10-worst-changes

Frances, A. (2013). *Saving normal: An insider's revolt against out-of-control psychiatric diagnosis, DSM-5, Big Pharma, and the medicalization of ordinary life.* William Morrow.

Freud, S. (1923). The infantile genital organization (An interpolation into the theory of sexuality). In J. Strachey (Ed.), *The standard edition of the complete psychological works of Sigmund Freud: The ego and the id and other works* (Vol. 19, pp. 139–146). The Hogarth Press.

Freud, S. (1925). Some psychical consequences of the anatomical distinction between the sexes. In J. Strachey (Ed.), *The standard edition of the complete psychological works of Sigmund Freud: The ego and the id and other works* (Vol. 19, pp. 241–258). The Hogarth Press.

Freud, S. (1975). *Cocaine papers.* Plume.

Greenberg, L. S., & Johnson, S. M. (1988). *Emotionally focused therapy for couples.* Guilford Press.

Gottman, J. M., & Gottman, J. S. (2008). Gottman method couple therapy. In A. S. Gurman (Ed.), *Clinical handbook of couple therapy* (4th ed., pp. 138–164). Guilford Press.

Gottman, J. M., & Silver, N. (2015). *The seven principles for making marriage work: A practical guide from the country's foremost relationship expert* (Rev. ed.). Harmony.

Hardy, M. S., & Calhoun, L. G. (1997). Psychological distress and the 'medical student syndrome' in abnormal psychology students. *Teaching of Psychology, 24*(3), 192–193. https://doi.org/10.1207/s15328023top2403_10

Hassan, S. (1988). *Combatting cult mind control: The #1 best-selling guide to protection, rescue, and recovery from destructive cults.* Park Street Press.

Hill, D., & Scott, H. (2019). Climbing the corporate ladder: Desired leadership skills and successful psychopaths. *Journal of Financial Crime, 26*(3), 881–896. https://doi.org/10.1108/JFC-11-2018-0117

Holdwick, D. J., Jr., Hilsenroth, M. J., Castlebury, F. D., & Blais, M. A. (1998). Identifying the unique and common characteristics among the DSM-IV antisocial, borderline, and narcissistic personality disorders. *Comprehensive Psychiatry, 39*(5), 277–286. https://doi.org/10.1016/S0010-440X(98)90036-0

Hudek-Knezevic, J., Kardum, I., & Banov, K. (2023). The effects of the dark triad personality traits on health protective behaviours: Dyadic approach on self-reports and partner-reports. *Psychology & Health, 38*(8), 987–1005. https://doi.org/10.1080/08870446.2021.1998497

Jee, H. J., Cho, C. H., Lee, Y. J., Choi, N., An, H., & Lee, H. J. (2017). Solar radiation increases suicide rate after adjusting for other climate factors in South Korea. *Acta Psychiatrica Scandinavica, 135*(3), 219–227. https://doi.

org/10.1111/acps.12676

Johnson, S., & Brubacher, L. (2016). Clarifying the negative cycle in emotionally focused couple therapy (EFT). In G. R. Weeks, S. T. Fife, & C. M. Peterson (Eds.), *Techniques for the couple therapist: Essential interventions from the experts* (pp. 92–96). Routledge.

Kardum, I., Hudek-Knezevic, J., Mehić, N., & Banov Trošelj, K. (2024). The dark triad traits and relationship satisfaction: Dyadic response surface analysis. *Journal of Personality, 92*(4), 931–947. https://doi.org/10.1111/jopy.12857

Klein, W., Li, S., & Wood, S. (2023). A qualitative analysis of gaslighting in romantic relationships. *Personal Relationships, 30*(4), 1316–1340. https://doi.org/10.1111/pere.12510

Lee, H. J., Kim, L., Joe, S. H., & Suh, K. Y. (2002). Effects of season and climate on the first manic episode of bipolar affective disorder in Korea. *Psychiatry Research, 113*(1–2), 151–159. https://doi.org/10.1016/S0165-1781(02)00237-8

Logan, M. H. (2018). Stockholm syndrome: Held hostage by the one you love. *Violence and Gender, 5*(2), 67–69. https://doi.org/10.1089/vio.2017.0076

Loring, M. T. (1998). *Emotional abuse: The trauma and the treatment.* Jossey-Bass.

Möller, H.-J. (2014). The consequences of DSM-5 for psychiatric diagnosis and psychopharmacotherapy. *International Journal of Psychiatry in Clinical Practice, 18*(2), 78–85. https://doi.org/10.3109/13651501.2014.890228

Ociskova, M., Prasko, J., Hodny, F., Holubova, M., Vanek, J., Minarikova, K., Nesnidal, V., Sollar, T., Slepecky, M., & Kantor, K. (2023). Black & white relations: Intimate relationships of patients with borderline personality disorder. *Neuro Endocrinology Letters, 44*(5), 321–331.

O'Leary, K. D. (2015). Psychological abuse: A variable deserving critical attention in domestic violence. In R. D. Maiuro (Ed.), *Perspectives on verbal and psychological abuse* (pp. 23–42). Springer Publishing Company.

Pagura, J., Stein, M. B., Bolton, J. M., Cox, B. J., Grant, B., & Sareen, J. (2010). Comorbidity of borderline personality disorder and posttraumatic stress disorder in the US population. *Journal of Psychiatric Research*, *44*(16), 1190–1198. https://doi.org/10.1016/j.jpsychires.2010.04.016

Powers, A., Petri, J. M., Sleep, C., Mekawi, Y., Lathan, E. C., Shebuski, K., Bradley, B., & Fani, N. (2022). Distinguishing PTSD, complex PTSD, and borderline personality disorder using exploratory structural equation modeling in a trauma-exposed urban sample. *Journal of Anxiety Disorders*, *88*, Article 102558. https://doi.org/10.1016/j.janxdis.2022.102558

Scheiderer, E. M., Wood, P. K., & Trull, T. J. (2015). The comorbidity of borderline personality disorder and posttraumatic stress disorder: Revisiting the prevalence and associations in a general population sample. *Borderline Personality Disorder and Emotion Dysregulation*, *2*(1), Article 11. https://doi.org/10.1186/s40479-015-0032-y

Schusdek, A. (1965). Freud on cocaine. *The Psychoanalytic Quarterly*, *34*(3), 406–412. https://doi.org/10.1080/21674086.1965.11926355

Shen, H., Zhang, L., Xu, C., Zhu, J., Chen, M., & Fang, Y. (2018). Analysis of misdiagnosis of bipolar disorder in an outpatient setting. *Shanghai Archives of Psychiatry*, *30*(2), 93–101. https://doi.org/10.11919/j.issn.1002-0829.217080

Strutzenberg, C. C., Wiersma-Mosley, J. D., Jozkowski, K. N., & Becnel, J. N. (2017). Love-bombing: A narcissistic approach to relationship formation. *Discovery, The Student Journal of Dale Bumpers College of Agricultural, Food and Life Sciences*, *18*(1), 81–89. https://scholarworks.uark.edu/discoverymag/vol18/iss1/14

Talitman, E. (1996). *Predictors of outcome in emotionally focused marital therapy* [Doctoral dissertation, University of Ottawa]. University of Ottawa Digital Archive. https://ruor.uottawa.ca/server/api/core/bitstreams/a84469b8-2701-

Tan, K., Ingram, S. H., Lau, L. A. S. L., & South, S. C. (2022). Borderline personality traits and romantic relationship dissolution. *Journal of Personality Disorders, 36*(2), 183–200. https://doi.org/10.1521/pedi_2021_35_533

Walker, L. (1979). *The battered woman.* Harper & Row.

Weiss, B., Lavner, J. A., & Miller, J. D. (2018). Self- and partner-reported psychopathic traits' relations with couples' communication, marital satisfaction trajectories, and divorce in a longitudinal sample. *Personality Disorders: Theory, Research, and Treatment, 9*(3), 239–249. https://doi.org/10.1037/per0000233

Young, G. (2016). *Unifying causality and psychology.* Springer.

Zeigler, H. V., Hicks, P., & Brosch, N. (2024). Narcissism and romantic relationship functioning: The mediating role of the desire for power. *Personal Relationships, 31*(3), 734–757. https://doi.org/10.1111/pere.12551

참고문헌

그건 가스라이팅이 아니다

우리는 왜 사랑하는 사람을 가해자로 낙인찍게 되었나

초판인쇄 2026년 3월 10일
초판발행 2026년 3월 20일

지은이 이저벨 몰리
옮긴이 문가람
펴낸이 강성민 이은혜
책임편집 최유진
편집 양나래 심예진
관리 편집보조 김유나 김지우
마케팅 정민호 한민아 이민경 한경화 박진희 황승현 김경언 양지연
브랜딩 함유지 이송이 박민재 김하연 신은서 이준희 조다현

펴낸곳 ㈜글항아리 | 출판등록 2009년 1월 19일 제406-2009-000002호

주소 경기도 파주시 문발로 214-12, 4층
전자우편 bookpot@hanmail.net
전화번호 031-955-2690(마케팅) 031-941-5161(편집부)
팩스 031-941-5163

ISBN 979-11-6909-308-8 03180

잘못된 책은 구입하신 서점에서 교환해드립니다.
기타 교환 문의 031-955-2661, 3580

www.geulhangari.com